이야기를 활용한 수학 교수

Teaching Mathematics through Story

캐롤린 맥그래스 지음

김진호·박만구·박문환·서보억·이동환 옮김

KM 경문사

옮긴이의 글

Teaching Mathematics Through Story

다양한 매체를 통해 학교 수학교육의 실태에 대한 우려가 지속적으로 제기되고 있다. 이들의 공통된 메시지는 수학교실 수업에서 '수학에 대한 흥미의 부족', '부정적인 태도', '바람직하지 못한 수학 학습의 경험으로 인한 수학 포기 학생들의 급격한 증가' 등으로 요약할 수 있다. 실제로 수학에 대한 낮은 자신감과 부정적인 태도를 해소하고, 수학교육의 본질적 목적인 창의적이고 합리적인 문제해결 능력을 가진 인재양성을 위해 새로운 수학교육 방법의 필요성이 꽤나 오래 전부터 강하게 대두되고 있지만 우리를 만족케 할 만한 대안이 없는 것이 우리가 처한 현실이다.

우리나라의 수학교육계는 수학교육 선진화 방안, 수학교육종합계획을 통해서 '생각하는 힘을 키우는 수학, 쉽게 이해하고 재미있게 배우는 수학, 더불어 함께하는 수학'을 이슈화하였고, 학습자의 생각하는 힘을 키우고 학습자가 쉽게 이해하고 재미있게 배울 수 있도록 하기 위한 답을 찾는 과정에 있다. 이러한 과정 속에 다양한 많은 대안들이 펼쳐지고 있고, 2015 개정 교육과정에서는 이러한 노력을 구체적으로 명시하고 있다.

이러한 과정에서 최근 가장 주목을 받고 있는 대안적 방법 중의 하나가 수학교실 수업에서 스토리텔링의 도입이다. 수학교육에 대한 개선의 필요성에 의해 수학교육에 대한 인지적 측면과 더불어 정의적 측면을 동시에 고려하는 노력 중의 하나로 스토리텔링을 활용한 수학교육이 큰 호응을 받고 있다. 공식과 문제 풀이 위주의 무미건조하고 재미없는 수학 수업을 '스토리텔링' 요소의 가미로 흥미롭고 열정적인 수업으로의 전환 및 재미있는 수학학습으로의 전환을 기대하고 있다.

그렇다고 최근 강조되고 있는 스토리텔링을 가미한 수학 교수학습이 우리에게 전혀 새로운 교수학습 방법은 아니다. 수학수업시간에 근의 공식을 기억하기 위해 노래를 만들어 함께 부르는 활동이 인터넷에 화제가 된 적이 있는데, 이러한 활동이 스토리텔링과 전혀 무관하지 않다는 점이다. 수학교사가 수학개념을 설명하기 위해 활용하였던 다양한 이야기 소재들, 수학사와 관련된 일화, 실생활에서 쉽게 찾을 수 있는 수학적 소재 등이 스토리텔링과 깊은 관련이 있다. 그렇지만 학교현장의 교사들은 여전히 스토리텔링 수학수업에 대한 막연함과 더불어 이를 활용한 수업에 대한 자신감이나 확신이 부족한 실정이다. 특히 초등학교 수학교실에서 이러한 막연함이 더 절실한 상황이다.

이야기란 '이야기를 구성하는 요소들의 감정적인 의미를 표현할 수 있는 하나의 서술 단위'로, 갈등이 전개되는 도입부가 있고, 갈등이 복잡해지는 위기, 즉 절정구간이 있으며, 갈등이 해소되는 결말이 모두 갖춰진 특정한 종류의 단위이다. 따라서 이야기는 본질적으로 풀리지 않은 물음들과 갈등들이 내재되어 있고, 이러한 갈등과 마주치는 인물들이 이를 해결하기 위해 노력하는 과정이 요구된다. 이러한 해결과정을 통해 정보를 조직하고 알리거나, 혹은 우리의 삶이나 환경에 의미를 만들게 하는 힘이 있는 구조가 곧 이야기로 탄생하게 된다. 즉, 이야기는 사건들의 감정적인 의미를 고정시킬 수 있는 언어학적 단위'인 동시에 '특정한 지식 체계를 조직하는 구조를 담고 있는 것'이고, 이러한 구조 속에 수학이라는 추상적인 구조를 삽입하여 구체적인 상황과 연결하여 수학을 학습할 수 있도록 하는 것이 스토리텔링 수학교육의 핵심이라 할 수 있다.

이러한 핵심을 담고 있으면서, 구체적인 실행과정을 학술적인 관점에서 체계적으로 보여주는 실험 결과가 있다. 또한 스토리텔링을 수학교실 수업 관점에서 구체적으로 잘 풀어내고 그 결과를 한 권의 책에 담아 상세히 설명하고 있다. 초등학교 저학년 학생을 대상으로 수행된 프로젝트의 전체 과정을 교사와 학생의 시각에서 매우 자세하게 소개하고 있다. 다음은 프로젝트에 직접 참여한 교사의 고백이다.

> 나는 전통적인 수준의 이야기에 머물러 있는 선생이었다. 하지만 이 프로젝트에 참여하면서 성장하였다. 나는 수학 개념에 기초한 나 자신의 이야기를 만들 수 있게 되었고, 자신감을 가지고 이야기 구조를 활용하여 수학수업을 할 수 있는 자신감을 가지게 되었다. 특히, 전통적 수업에는 매우 소극적이었고, 내가 매우 과소평가했던 아이들이, 스토리텔링 수업에서는 자신의 의견을 자신 있게 드러내고, 수학적 생각을 표현하는 능력을

드러내는 것을 발견하고는 놀라지 않을 수 없었다.

이 책은 성공적인 스토리텔링 수학수업 실현을 위한 작은 밑거름이 될 것으로 기대한다. 여러분은 이 책에 제시된 프로젝트 상황을 경험하면서 우리 주변에 널리 알려져 있는 동화나 소설 등을 수학 수업에 활용해야겠다는 강한 도전감을 가지게 될 것이다. 또한 실생활 소재나 수학사를 도입하여 학생들이 수학을 보다 쉽게 이해하고 재미있게 배울 수 있도록 수업을 재구성하려는 의지가 생기게 될 것이다.

본 역자들은 이 책을 통해 우리나라 초등학교 수학교실이 생동감이 넘치고 활기가 넘치는 스토리텔링 요소가 가미된 수학교실 수업의 실현을 고대할 수 있게 되었다. 가장 중요한 교육당사자인 초등학교 교사가 스토리텔링 수학수업의 본질이 무엇인지 명확하게 인식하기를 기대할 수 있게 되었다.

초등학교 수학교실이 스토리텔링 요소가 실제적으로 작동하여, 학습자가 중심이 되고 학생들의 생동감이 넘치는 수학 수업이 되기를 간절히 기대하며 역자의 서문을 마무리한다.

역자 일동

차례

감사의 글

이 책의 바탕이 된 연구 프로젝트에 참여한 아이들과 학부모, 교직원과 예비교사들에게 감사드린다. 특히, Bristol의 Ashley Down 유아학교(Infant School)의 교직원과 아이들에게 감사를 전한다. 프로젝트 시작 당시 Ashley Down 유아학교의 수석교사였던 Susie Weaver(현재는 Wallscourt Farm Academy의 교장)는 프로젝트를 지원하였고 논의에 참여하여 많은 아이디어를 제시하였다. 특히, 여러 가지 수업 방식을 시도하며 프로젝트에 적극적으로 참여한 Lucy Walshe, Louise Cheshire, Suzanne Kelham, Kirsty Burns에게 감사를 전한다. 또한 아이들을 촬영할 수 있도록 허락한 학부모와 교직원들의 지원에 감사드린다. Anna Welsh, Heather Nicol, Dawn Balogun-Adeloa, Jean Maggs, Claire Williams, David Branfield, Charlie Baughan, Jane Robinson와 같은 교육학자들의 도움을 많이 받았다. 나의 딸 Orna와 지내면서 많은 아이디어를 얻었고, 이러한 아이디어를 프로젝트에서 실행하기 전에 집에서 먼저 검증해볼 수 있었다.

Julia Morgan 박사와 Nicholas Pratt 박사의 지원에 감사드린다. Plymouth 대학에서의 논의는 아이디어를 형성하고 이론적 관점을 개발하는데 도움이 되었다.

존경하는 전문 작가 Cassandra Wye과 Paula Brown에게 감사드린다. Cassandra는 전 세계의 예비교사와 교육학자를 양성하고 있다. Paula는 주로 Bristol 지역에서 활동한다. Little Lumpty처럼 아이들의 마음을 사로잡은 이야기 소품을 만든 Veronika Frydrychova에게 감사한다. 나에게 놀라움을 준 학생들에게 감사한다. 특히, Rebecca Belsten, Rachel Adcock는 연구 프로젝트에 많은 기여를 하였고, 이들의 이야기를 듣는 학생들에게 즐거움을 주었다. 전문적인 실력으로 사진을 촬영한 Douglas Hook에게도 감사를 전한다.

지역교육청 담당자로서 조언과 지도를 아끼지 않은 Frances Shillaber에게 감사한다. 또한 다양한 제안과 조언으로 아이디어 개발에 도움을 준 Olaf Raetzel에게 감사를 전한다. Eileen Browne과 같은 아동도서의 작가들에게도 감사를 전한다.

여러 해 동안 프로젝트의 운영을 지원하고 격려한 Stephen Atkinson의 헌신을 잊을 순 없다. 이러한 분들의 도움이 없었다면, 프로젝트가 현재와 같이 진행되지 못했을 것이다. 여러 가지 아이디어와 시행착오에 도움을 주고 조언을 아끼지 않은 모든 사람들에게 감사한다.

도입

'The Tyger'(1794)
호랑아! 호랑아,
밤의 숲 속에서 이글이글 불타는 호랑아,
어떤 신의 눈과 손이
너의 무시무시한 형상을 빚어냈느냐? (Blake, 1905)

호랑이 Augustus는 미소를 잃어서 슬펐다(Rayner, 2008). Augustus는 행복할 때는 미소를 짓게 된다는 것을 깨닫기 전까지 덤불, 나무, 산, 바다, 사막, 물웅덩이를 찾아 다녔다. Blake는 그가 생각하는 '호랑이'의 힘을 묘사하기 위해 사람을 능가하는 힘 있는 부분을 찾았다. 어린이들의 이야기와 어른의 시는 각자가 나름 인식하는 호랑이의 특징을 묘사하게 되고 우리는 그것에서 수학적 가능성을 찾을 수 있게 된다.

William Blake의 시는 사람과 자연이 이루어 놓은 것에 대한 것이다. 수학은 자연, 역사, 문학과 철학, 그리고 "인간 문화 일부로서의 꽃"까지 아우른다(Hersh 1998, p. 218). Augustus는 여행에서 방문한 장소의 순서로 접근한다. 그의 이야기에 나오는 언어에는 패턴이 있고, 제시한 문제와 발견한 답도 있으며, 그리고 대칭이 있다.

우리는 Augustus를 따라가며 우리의 상상력과 감정을 이끌어내게 된다. 미소를 잃어버린다는 것은 추상적인 생각이지만, 거기에는 우리가 관련지어 볼 수 있는 단순함과 신비함이 있다. 이 이야기의 핵심은 개개인에게 일반적으로 적용될 수 있다.

이야기는 의도적이든 비의도적이든 의미 있는 맥락에 수학적 아이디어를 가져다 놓을 수 있다. 이야기는 중력이나 상대성과 같은 어려운 개념을 설명할 때에 사용하곤 한다. Davies(2007)는 스토리텔링이 어떻게 교육과정 속에서 배우기 어려운 과목들을 쉽게 이해하도록 하기 위해 사용되었는지, 그리고 그들이 어떻게 접근 가능하게 만들어졌는지를 설명한다.

작가가 의도하거나 계획하지 않았던 경우에도 이야기 속의 수학적 적용 가능성은 대부분 풍부하다(Browne 2013; Burroway, 2009). 이야기를 통한 수학 교수의 아직 발견되지 않은 가능성이 계속해서 나타나고 있다. 어린이들은 Augustus의 캐릭터와 관련지을 것이다. 즉, 뭔가 소중한 것을 잃은 것에 대한 문제를 통하여 야기되었던 감정과 잃어버렸던 것을 찾았던 것에 대한 만족감 등과 연계하는 것이다. Augustus가 미소를 찾지 못하면 어쩌지, 호랑이는 절대 웃지 않는다는 걸 깨달으면 어쩌지, 혹은 가는 길에 표범을 만나면 어쩌지와 같이 이야기의 구성을 만들어볼 수 있는 가능성이 있다. Blake는 자연에서는 절대로 완벽한 대칭이 존재하지 않음에도, 형이상적이고 은유적인 질문을 한다. "어떻게 어떤 신의 눈 아니면 손이 너의 무서운 대칭을 빚어냈을까?" Pound와 Lee(2011, p. 129)는 어른과 어린이 모두 패턴의 특징을 알아내는 것을 어려워한다고 지적하면서 "예를 들어, [z]ebra skin은 일반적이거나 대칭은 아니지만, 그렇게 확인할 수 있는 것이기 때문에 패턴"이라고 설명한다. 어린이와 어른들은 비슷한 방법으로 Blake의 시에 문제를 제기할 수 있으며, 그렇게 함으로써 수학적 사고를 할 수 있게 된다.

이 책은 세 가지 목표를 갖고 집필하였는데, 그것은 수학을 가르치기 위한 교육적 도구로써 이야기를 탐색하고, 이 접근법의 적용 결과를 알아보고, 어린이와 어른이 구두로 된 수학 이야기를 활동하도록 장려하는 것이다. 이 책은 4~7세의 어린이들에게 이야기를 통하여 수학적 사고를 촉진시킬 수 있는 잠재력에 대한 연구를 수행한 프로젝트로부터 정보를 얻은 것이다.

이용 가능한 많은 문학에서의 이야기가 어떻게 문장을 해석하는 방법을 가르칠 것인지에 초점을 맞추고 있지만, 이 책은 이야기와 구두 이야기로 어린이들에게 수학을 가르칠 목적에 초점을 맞춘다. 독자는 수학의 교수에 있어서 특정 부분의 강조를 통하여 "교육적 도구로서의 이야기의 엄청난 다목적성"을 탐구하게 될 것이다(Grugeon & Gardner, 2000, p. 58).

이 책의 '어른'이라는 단어는 교사, 교육자, 조교, 견습생, 학생, 부모와 어린이 교육에 관련된 모든 사람들을 이르는 표현이다. 실제적인 생각과 도구와 함께 텍스트 안에서의 이론적 재료는 개개의 독자들에게 맞는 방법으로 사용될 수 있다. 앞 장들은 내용이 좀 더 이론적이며 더 실제적인 작업의 기반이 되는 기초로 설정되어 있다. 이 장들은 평가를 위한 이야기 학습에 기반을 둔 수학적 관찰 형식(Carr, 2001), 이야기의 창작과 분석을 위한 이야기 프로파일, 그림책의 선택과 분석을 위한 도움이 되는 학습의 특징적 뼈대와 같은 실제적인 도구를 고안하도록 이끌어주는 이론적인 관점을 포함한다. 이 책은 유연한 방식으로 읽을 수 있다. 몇몇 독자는 여행의 처음부터 끝까지 따라가는 방식을 선호할 수도 있고, 다른 독자들은 다른 곳에서 시작하여 나중에 앞 장으로 돌아올 수도 있을 것이다. 특정 부분은 다른 맥락과도 연관되어 있고 텍스트 읽기에 유연성을 주기 위해 여러 장에서 계속 반복된다. 연습 작업을 도와줄 재료들의 사본은 부록에 포함되어 있다.

자료로서의 이야기 사용은 수학 교육에 또 다른 차원을 부여한다. 독자는 수학적 가능성을 발견하기 위하여 이야기를 해체하는 기술, 이야기를 통한 수학적 연결을 만들어내는 기술, 독창적인 수학적 이야기를 재구성하고 만들어내는 능력을 탐색하도록 격려 받는다. 실제적인 접근법은 실무자들이나 발행된 자료 중에서 이야기의 전형으로 간주된 것이다. 어른으로서 우리는 같이 창의적이 되기는 어렵지만 어린이들이 창의적이 되기를 바란다. 이 책은 우리가 창의적인 수학 교사가 되도록 도울 기술을 제시한다.

이 책은 어린이, 전문 스토리텔러, 초임 교사, 조교와 유아교육의 기초 학위 과정을 수강하는 학생들의 활동을 기술하고 있다. 이러한 활동들은 수학을 위한 현재의 교육학적 선택을 보완할 대안적인 접근법을 제공하게 될 것이다. 이 책에서 나는 유아교육의 기초 학위 과정을 수강하는 학생들의 지도를 위한 자격을 갖춘 교사로서, 그리고 강의자로서의 내 경험을 기술한다. 이 책의 저술과 함께 박사학위(PhD) 연구도 병행한다. 나는 예리한 연구자의 눈으로 구두 이야기에 반응하는 어린이들을 관찰하고, 수학적 렌즈를 통하여 어린이들의 놀이와 이야기 재말하기를 탐구한다. 또한 나는 구두 스토리텔러의 역할을 하고 교사를 초빙하여 어떻게 어린이들이 이야기에 반응하는지 관찰하도록 한다.

이 창의적인 접근법으로 글로 된 이야기와 말로 된 이야기 사이의 연관성, 수학과 이야기 사이의 연관성, 수학과 놀이 사이와의 연관성 등 많은 연관성을 생각할 수 있다. 놀이에서 어린이의 자발적인 이야기나 수학적 이야기를 재말하기 하기는 어린이의 수학적 사고에 대한 통찰을 얻기 위한 관점에서 재검증된다.

이야기를 분석하고 이러한 프로파일은 무엇이 수학적 가능성이 될 수 있는지, 어떻게 이야기가 즉각적인 수학적 사고로 재생되도록 할 수 있는지에 대한 감각을 제공하게 된다. 수학적 사고는 미리 계획될 수 있으며, 이는 수학이야기의 구두 스토리텔러에게 통찰력을 제공하게 되는데, 이는 미리 계획하지 않으면 통찰력을 제공할 수 없을 수도 있는 것이다. 문제 제기와 해결, 패턴 만들기, 세기, 더하기, 빼기, 곱하기와 나누기의 각 예시를 고려할 수 있다. 이 책은 어린이들을 수학적으로 참여하도록 하기 위한 자료로 그림책, 전래동화와 구두 이야기를 사용한다. 책에서 이야기는 어린이들의 수학적 발달을 지원하기 위해 사용하지만, 이 책에서는 더 나아가 구두 이야기의 역할을 기술한다. 이는 수학적 사고를 자극시키기 위한 이야기 구성을 위하여 어느 정도까지의 범위를 고려할 것인지에 대한 고려를 포함하고 있다.

1장은 수학의 몇 가지 특징에 대한 이론적 관점을 제공한다. 여기에서는 특히 문제 제기와 문제 해결에 중점을 두고 있는데 이 아이디어는 후에 어린이들에게 놀이 속에서 그리고 스토리텔러로서 어린이들이 문제를 제기하고 해결할 통찰력을 제공할 아이디어를 제공한다. 놀이 속에서 그리고 스토리텔러로서 어린이의 수학적 행동을 관찰할 도구를 제시한다. 이 도구는 관찰자가 어린이들의 놀이와 스토리텔링을 수학적인 방식으로 볼 수 있도록 해준다.

2장은 이야기에 대한 이론적인 관점을 제공한다. 용어를 정의하여 공유된 이해를 정립하고, 이야기의 패턴에 영향을 미치는 기술들에 대해 탐색해 본다. 이야기의 요소와 질에 초점을 맞추고 이야기 프로파일 자료로서 제공하게 된다. 이 이야기 프로파일 자료는 수학적 가능성을 포함한 독창적인 이야기의 창작을 위한 안내를 위하여 사용할 수 있을 것이다.

3장은 암묵적으로나 또는 명시적으로 수학적인 놀이에 대하여 설명하면서 놀이에 대한 이론적 관점을 제공한다. 이 장은 놀이 속에서 명시적으로 수학적인 아이디어를 표현하는 어린이들을 기술하고 어린이들을 놀이에서의 수학적 서술 작가로 간주한다.

4장은 수학을 지원할 교육학적 선택으로서 어린이 문학의 아이디어를 제안한다. 이 장에서는 그림책의 지원적 학습 특성을 확인한다. 여기에서 Van den Heuvel-Panhuizen과 Elia(2012)가 제안한 지원적 학습 특성의 실제적 적용을 통한 Pat Hutchins의 〈The Doorbell Rang〉(1986)에 대하여 상세한 분석을 제공한다.

5, 6, 7장은 구두 수학이야기의 경험에 대한 모음이다. 5장에서는 수학적 가능성을 지닌 책 읽기에서 책 없이 말하기로의 이동에 대하여 언급한다. 6장은 수학적 구두 이야기

가 가져오는 창의적 대화 등의 가능성에 대한 범위에 초점을 맞춘다. 많은 사람들 앞에서 구두로 수학이야기를 말하는 도전에 대하여 교사 및 이 접근법을 실행한 스토리텔러의 경험에 비추어 기술하고 있다. 7장은 소집단에서의 수학적 구두 이야기에 대한 것이다. 소집단에서 어른들은 어린이와 '나란히' 앉아 있다(Haynes & Murris, 2012). 이 장은 어린이들이 소집단의 수학적 구두 이야기에 어떻게 반응하는지 그리고 어떻게 수학적 연결을 만드는지 기술하고 있다.

8장에서는 인형과 소품들이 어떻게 이야기와 수학 그리고 스토리텔러와 청자를 의도적인 방법으로 연결하는지 살펴본다. 인형과 소품은 수학적 생각이 명백해지도록 도와주게 되는데, 이는 어린이들에게 꼭 필요하다. 이 장에서는 어린 견습생이 어떻게 소품과 인형을 만드는지에 대한 설명을 제공한다. 학생들의 반성적 설명은 '고릴라' 만들기 이야기, 인형 그리고 '엘프와 신발장인'을 위한 소품을 어떻게 만드는지 말해준다.

9장에서는 주목할 만한 방법으로 어떻게 어린이들이 수학적 구두 이야기를 재말하기 하는지 알아본다. 수학적 구두 이야기에 대하여 Freya가 재말하기 한 것을 녹음기로 녹음한 것을 전사하였고, 어린이들이 한 설명으로부터 구두 서술 이야기가 학습 환경에서 어떻게 어린이들에게 수학적 사고를 촉진시키는지를 보여준다.

10장은 수학적 구두 이야기의 제작과 말하기에 대한 안내를 포함하고 있다. 이 창의적인 방법을 어떻게 최대한 잘 활용할 수 있을지에 대한 실제적 제안을 한다.

이 책은 예비교사나 어린이의 창의적인 수학적 사고를 증진시키는데 관심이 있는 교사나 어른들을 지원하기 위한 것이다. 설명하고 있는 창의적인 교육적 선택은 수학을 가르치기 위한 다른 접근법들의 보완을 위한 대안으로 제안된 것이다(Schiro, 2004; Pound & Lee, 2011). 이 책은 아래의 질문과 그에 대한 몇몇 반응을 제공하고 있다.

- 그림책에서의 수학적 가능성은 무엇인가?
- 그림책을 공유하는 것에서 이야기를 재구성하여 구두로 말하는 것으로 어떻게 옮겨갈 수 있는가?
- 어린이들이 수학적 구두 이야기에 어떻게 반응하는가?
- 어린이의 수학적 사고를 증진하기 위한 구두 이야기의 사용에 있어서 어려운 점은 무엇인가?

요약하면, 이 책은 수학과 어린이의 이야기 사이의 관계의 이용에 대한 잠재력에 대한 것이다. 독자는 수학적 이야기를 해체하고, 다시 만들고, 창조하는 점진적 단계를 따라가게 된다. 이야기를 통한 수학적 사고 증진의 가능성은 각 장의 핵심 부분이다.

대부분의 사람들은 자신이 어떤 이야기를 창조할 수 있는 능력에 대해서 확신하지 못하는데 더욱이 수학적 이야기에 관해서는 더욱 그렇다. 이야기를 구술하도록 하는 것은 우리로 하여금 이전에 알지 못하는 것을 습득하고, 연습하고, 세련되게 하도록 할 수 있는 하나의 예술이다(Grugeon & Gardner, 2000). 나는 이야기를 통하여 수학 교육을 지원하는 창의적인 교육적 도구가 되는 통찰력과 기술을 제시한다. 여러분이 이야기를 통한 수학 교육을 즐기면서 미소를 되찾는 교사가 될 수 있기를 바란다.

책에 나온 어린이와 어른들의 특징적인 수학적 구두 이야기 말하기에 대한 무료 오디오 녹음본이 있다. 이는 www.routledge.com/9780415688154에서 다운로드가 가능하다.

chapter

1 수학

Teaching Mathematics Through Story

> 마치 꽃이 피듯이 또는 나무가 뿌리를 더 깊이 내리고 가지를 더 높이 뻗듯이, 수학은 스스로 드러난다. (Hersh, 1998, p. 86)

이 장은 다음을 탐구하는 데 목적이 있다.

- 문제 만들기와 문제 해결
- 수학적 일반화하기
- 놀이 중에 그리고 스토리텔러로서 수학을 개념화하고 어린이들의 수학적 행동을 포착하는 관찰 도구

〈No Problem!〉

어느 날 아침, 생쥐 한 마리가 자기 집 앞문 밖에서 매우 크게 **쾅하고 나는 소리**에 잠이 깼어요! 뭐지? 생쥐는 생각했어요. 생쥐는 침대에서 슬쩍 빠져 나와서 앞문을 열고 밖을 봤어요. **엄청나게 큰** 소포가 문 앞에 있었어요. 이 소포는 갈색 포장지에 싸여 있었고 끈으로 묶여 있었어요.

앞쪽에 **조립품**이라는 도장이 찍혀 있었고, 옆쪽에 핑크 색 카드가 붙어 있었어요. 이 카드에는 다음과 같이 적혀 있었지요.

생쥐에게

네가 받은 것을 조립해.

그런 후, 올라타고 내 집으로 와!

사랑해. 쥐로부터.

"이런!" 생쥐는 찍찍했어요.

생쥐는 끈을 조금씩 전부 갉아 먹고, 포장지를 벗기고, 소포를 열었어요.

안에는 조립하는 데 필요한 것들로 가득 차 있었어요.

생쥐는 이것들에 코를 대고 냄새를 맡으면서 킁킁거렸어요.

생쥐는 이것들을 쿡쿡 찔러 보았어요.

생쥐는 "이것들을 조립할 수 있겠는데."라고 말했어요.

"문제 없어."

생쥐가 너무 서두르기 시작해서 조립 설명서를 찾는 것을 잊어 버렸어요.

생쥐는 포장지에 적혀 있는

조립품 조립하는 방법

을 못 보았어요.

생쥐는 조립하기 시작했어요.

생쥐는 파이프들을 연결하고 바퀴들을 고정시켰어요.

생쥐는 여기저기를 구불구불하게 만들었어요.

생쥐는 만든 것을 고치기도 하고 만지작거렸어요.

생쥐는 볼트를 죄이고 너트를 단단히 죄였어요

생쥐는 자전거는 아니지만 자전거처럼 보이는 것을 만들었어요. 생쥐는 이것을 'Bikeoodle-Doodle'이라고 이름 지었어요. 하지만 Badger를 만나고 나서 이름을 바꾸게 되었지요. Badgar는 이것을 고칠 수 있는 조립 설명서가 있는지를 물었어요. Badgar는 자동차처럼 보이는 것을 만들고, 이것에 'Jaloppy-Doppy'라는 이름을 붙였어요. 하지만, 이것은 움직이지 않았지요. 생쥐와 Badgar는 Otter를 만났는데, Otter는 생쥐와 Badgar에게 조립 설명서가 있는지를 묻고, 배처럼 생긴 것을 만들었어요. Otter는 이것을 'a boater-Roster'라고 이름 지었는데, 이것 또한 아주 잘 움직이지는 않았어요. 이들은 Shrew를 만났는데, Shrew가 모든 조립 설명서를 살펴보더니 조립 조각들을 정리하고 조립 설명서를 따라서 조립하고 비행기를 만들었어요! 이들이 쥐

집에 도착했을 때, 쥐는 조립하는데 문제가 없었는지 생쥐에게 물었어요. 이들은 "**문제 없어!**"라고 말했지요.

(Browne & Parkins, 1993)

그림 1.1 비행기! (Browne & Parkins, 1993).

1 도입

수학적 이해의 발달은 어린이의 마음속에서 연결을 형성하는 것과 관련된다. 우리의 목적은 어린이들이 수학적 연결을 형성하고 이 연결을 토대로 일관성 있는 네트워크를 형성하는 것을 돕는 데 있다(Haylock & Cockburn, 2013; Suggate et al., 2010; 2006). 이야기가 어린이들이 수학적 연결을 형성하도록 돕는 방법을 탐구하기 전에, 수학에 대한 다양한 아이디어들을 탐구해 보자.

수학은 개념화하기 어려우며(Casey, 2011; 1999), 연구자들은 어린이들의 수학적 행동을 관찰하기 위한 도구가 어린이들이 수학적인 방법으로 놀이하는 것을 관찰할 수 있도록 도와준다고 생각한다. 수학적 의도를 갖고 있는 이야기를 경청하는 동안, 우리는 이 도구를 이용해서 수학적인 방법으로 놀이하거나 수학적 이야기를 재말하기(retelling) 하는 어린이들을 기록할 수 있다. 이런 관찰 도구는 관찰된 어린이의 가족과 다른 성인들이 쉽게 해석할 수 있고 반성적 성찰을 할 수 있으며, 또 공유할 수 있는 방식으로 어린이들의 수학적 행동을 문서화하는데 목적이 있다(Carr, 2001). 이 관찰 도구는 수학에 대한 이론적 아이디어와 어린이들의 수학의 실제적인 적용을 함께 이끌어낼 수 있으며, 동시에 놀이 중에 한 어린이들의 녹음 또는 수학적 이야기를 재말하기 한 녹음에 의해 보충될 수 있다. 나는 윤리적 측면에서 고려해야 하는 몇 가지 점들, 특히 이 환경에 고용되지 않은 사람들을 위해서 비디오 촬영보다는 오디오 녹음을 사용할 것을 제안한다. 이것이 윤리적 문제를 덜 발생시킬 것이다.

이 관찰 도구는 Casey(2011, 1999)의 수학적 관점과 평가 원리들에 토대하고 있다. Carr(2001)은 이 평가 원리들을 활용해서 학습의 평가를 위한 학습 이야기 체계를 만들었다. 그 목적은 독자가 놀이 중에 그리고 스토리텔러로서 어린이들의 수학적 행동을 문서화하는 방법을 잘 다루게 하는 데 있다.

2 문제 만들기와 문제 해결

우리는 Browne와 Parkins(1993)이 집필한 〈No Problem!〉이라는 제목의 이야기로 시작하고 있다. 〈No Problem!〉은 문제 해결을 위한 몇 가지 시행착오적 시도들과 체계적인 전략을 알려준다. 생쥐는 ‘Bikeoodle-Doodle’을 만들고, Badger는 ‘Jaloppy-Doppy’를 만들고, Otter는 ‘a boater-Roster’를 만든다. 그러고 나서, 우리는 Shrew가 조립 설명서를 따라서 비행기를 만들 때, 이 문제를 해결하기 위해 요구되는 체계적인 전략을 본다. Haylock과 Cockburn(2013, p. 302)은 “문제를 해결하는 방법은 혼돈스럽고, 혼란스럽고, 우회적이고, 갈팡질팡하고, 되는 대로 하기도 하고, 시행착오적일 수 있지만, 풀이 과정를 제시할 때 문제해결자는 자신의 아이디어를 일관성 있는 논리적 순서에 맞게 조직할 필요가 있다”고 설명하고 있다. 스토리텔러로서, 우리는 이야기를 하면서 아이디어들을 논리적 순서에 맞게 조직하는 것을 시범 보여야 할 것이다.

2.1 여러 가지 문제 해결 전략

〈No Problem!〉은 적어도 두 가지의 서로 다른 문제 해결 전략(시행착오 전략과 체계적 사고; 둘 다 문제들을 해결하는데 가치 있는 수학적 전략들이다.)을 표현한다. 비행기를 조립하는 문제를 해결하기 위해서, 시행착오 전략은 여러 가지 결과를 산출해 냈지만, 좀 더 체계적인 접근이 요구된다(그림 1.2). Haylock과 Cockburn(2013)은 정보를 정리하는 체계적인 방법을 권한다. 왜냐하면 이 체계적인 방법이 어린이들이 패턴을 인식할 수 있도록 도와주기 때문이다. 비행하기 위해서는, 조립품들이 올바른 순서로 차례대로 조립될 필요가 있다.

2.2 문제 만들기와 문제 해결은 이야기와 수학을 연결한다

문제 만들기와 문제 해결은 수학과 이야기에서 모두 중요하다. 이야기의 등장인물들은 일반적으로 해결해야 할 문제들을 갖고 있다. 종종 이야기는 거기 어딘가에 수학적 아이디어를 갖고 있다. 이야기와 수학 간의 관계는 이야기에 대한 또는 수학에 대한 무엇인가를 변경함으로써 문제화될 수 있다. 예를 들어, 생쥐, Badgar, Otter가 Shrew를 만나지 않았다면 무슨 일이 벌어졌을까? Shrew가 조립 설명서를 본 적이 없다면 무슨 일이 벌어졌을까? "만약 ~이라면?"과 같은 질문은 새로운 질문을 제기한다. 이런 새롭게 제기된 질문은 새로운 답을 찾을 수 있도록 이야기와 수학적 사고를 촉발시킨다.

이야기의 줄거리(plot)에 변화를 제안하는 것은 수학적 사고를 필요로 하는 문제들을 제기하는 것이다. 〈Goldilocks and the Three Bears〉 이야기에서 금발머리가 친구와 함께 곰들의 집에 간다면 무슨 일이 벌어질까? 또는 곰 세 마리가 아니라 곰 네 마리가 사는 집이라면 무슨 일이 벌어질까? 이 이야기의 아이디어에 변화를 줌으로써, 우리는 생각해 보아야 하는 새로운 수학 문제들을 만들어 낼 수 있다. 죽 세 그릇을 두 침입자가 먹는 방법은? 또는 죽 네 그릇을 한 침입자가 먹는 방법은?

2.3 문제 만들기, 문제 해결, 문제 생성하기

> 미래의 수학자는 현명한 문제 해결자임에 틀림없다. 그러나 현명한 문제 해결자가 되는 것만으로는 충분하지 않다. Polya(1945, p. 205)

문제 만들기와 문제 해결은 이야기를 생성할 때 요구된다. 이야기는 해결해야 하는 문제에 대한 것이다. 이야기 생성하기는 익숙한 이야기를 재말하기 하는 사고에 이르기까지 여러 수준의 사고를 필요로 한다. 어린이들이 생성한 이야기는 놀이 내러티브에 대한 증거이다. 우리는 이것에 대해서 3장에서 다루고, 9장에서 스토리텔러에 대해서 다룬다.

그림 1.2 Shrew는 설명서에 따라서 조립 조각들을 정리하고 비행기를 만든다(Browne & Parkins, 1993)

2.4 거의 비슷한 동반자: 문제 만들기와 문제 해결 간의 관계

수학은 정의하기 어렵다. Hersh(1998, p. 18)는 질문이 수학에 동력을 공급하고 "문제를 풀고 새로운 문제들을 만들어 내는 것이 수학 활동의 본질"이라고 제안한다. 그는 "수학은 문제와 풀이가 그물처럼 서로 연결된 방대한 지식체이다."(Hersh, 1998, p. 6)라고 설명하고 있다. 개인들은 오래 된 아이디어들을 새로운 아이디어들과 연결하고 결합시키면서 수학을 만들었다. "수학은 강렬하게 서로 연결되어 스스로 상호작용한다. 새로운 이론은 과거의 이론과 생생하게 연결되어 있다. 과거의 이론은 새로운 이론과의 상호 작용으로 생기를 회복하고 풍부해지며 복합적으로 된다."(Hersh, 1998, p. 83) 수학은 문제를

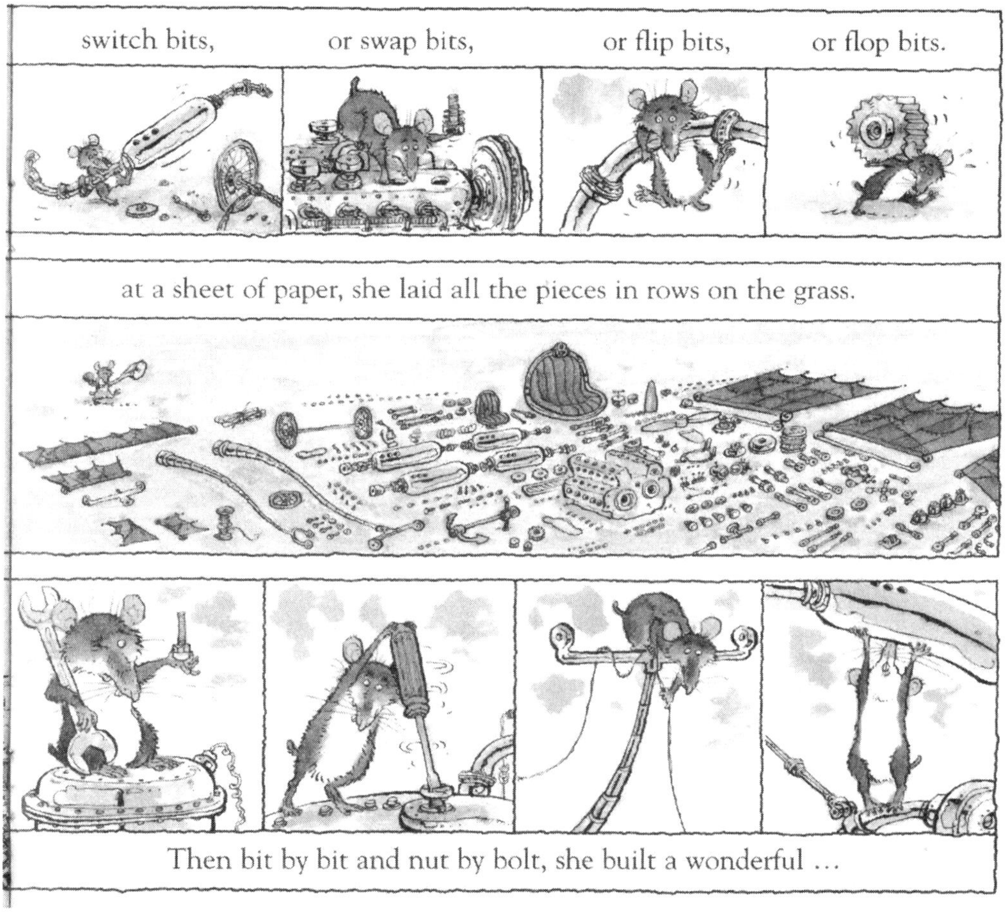

만들고, 풀고, 아이디어들 간에 연결을 만드는 것에 관한 것이다. 바로 앞서 살펴보았듯이, 문제 만들기와 문제 해결이 수학에서 중요한 것이기 때문에, 우리는 이제 이 둘이 어떻게 다르면서, 필요한 동반자인지를 생각해 볼 것이다.

2.5 문제 만들기

여러 가지 중에서 문제 만들기는 "무엇인가를 변화시킨다면?"이라는 특정한 사고의 맥락을 추적한다. 그런 질문이 문제 만들기와 지식 확장의 문을 열어 준다(McGrath, 2010). 어린이들은 의식적 표현 없이 말로 문제를 잘 만들어낼 수 있다. 어른들은 그런 질문들을 통해 여러 가능성에 대해 생각하고 물리적으로 해결하려 들 것이다. 예를 들어, 기어다니는 유아가 닿지 못하는 곳으로 사물을 옮기는 것처럼 말이다. 문제 만들기의 동반자인 문제 해결과 마찬가지로, 문제 만들기가 수학을 배우고 행하는 근본적인 부분이라는 사실은 주목할 가치가 있다(McGrath, 2012a). 문제 만들기는 과거의 문제들로부터 주어진 문제에 변화를 주는 것뿐만 아니라 새로운 문제를 만들어내는 것이다. 주어진 문제에 있는 정보들 중 하나가 변한다면? 이 출발점으로부터 솜씨 좋은 질문하기가 문제 만들기로 이어진다(McGrath, 2010). 문제 만들기는 중요한 사고 도전이다. 이야기 맥락에서, 우리는 우리가 새로운 문제들을 만들어 낸 이야기의 줄거리로 놀이함으로써 이 사고 양식을 연결한다.

만약 ~이라면?

우리가 주어진 이야기에 대해 무엇인가 변화를 주면 우리는 주어진 수학에 대해 무엇인가 변화를 주는 것이고, 반대로 우리가 주어진 수학에 대해 무엇인가 변화를 주면 우리는 주어진 이야기에 대해 무엇인가 변화를 주는 것이다. 이야기와 수학 사이의 본래 관계는 "만약 ~이라면?"이라고 물음으로써 변화된다.

2.6 문제 해결

본질적으로, 문제는 도전을 제기한다(McGrath, 2010). 문제 해결은 어린이들에게 자신들이 이미 알고 있는 것을 사용할 것을 요구한다. 서로 다른 문제들을 풀기 위해서 서로 다른 전략들을 사용해야 한다(McGrath, 2010). 문제를 해결하기 위해서 서로 관련된 기능들 중 일부는 합리적인 답이 무엇일 수 있는지 어림하기, 패턴을 인식하기, 자료를 기록하기, 주어진 문제를 그림으로 표현하기, 답이 합당한지 점검하기와 같은 것들이 있다.

문제 해결은 획득한 기능들을 활용하고 응용한다. 문제 만들기는 잠재적으로 지식을 확장한다. 여기에 둘 사이의 차이점이 있다. 우리가 답을 모를 수 있기 때문에, 문제 만들기는 발생 가능한 위험을 안고 있다. Brown(2003, p. 193)은 "가장 효과적인 방법은 수학을 문제 만들기와 문제 해결 사이클의 활동으로 가르치는 것이다."고 주장한다. Baxter(2005)와 한 논쟁에서 Marion Walter는 "모든 문제 해결을 잘하는 사람이 문제 만들기를 잘하는 것은 아니고, 또한 그 반대도 아니다."고 조언한다. 이것이 우리가 또 다른 관련된 요지에 이르게 한다. 이야기의 맥락 내에서 우리는 새로운 수학적 아이디어를 촉발시키기 위해서 주어진 이야기를 변화시킬 수 있다.

2.7 문제 생성하기

문제 만들기(creating problems)는 호기심, 지적 활동, 복합적 사고를 유발한다. 다른 사람들이 해결해야 하는 문제를 생성하는 것은 최고 수준에서의 문제 만들기 활동이다. 사람들은 전체를 한 눈으로 보아야 하고 주어진 문제의 구조에 내재한 결점들을 알아차려야만 한다(McGrath, 2010). 이것은 높은 수준의 창의적 활동이다. 어린이들은 문제 해결 기능과 문제 만들기 기능들을 결합해서 문제를 생성한다. 이야기의 맥락에서, 원작 이야기를 생성하는 것은 주어진 이야기의 몇 가지 특징에 변화를 주거나 익숙한 이야기를 재말하기 하는 것보다 더 도전적이다.

Polya(1945)는 문제 해결자가 되는 것으로 충분하지 않다고 조언한다. 문제 만들기와 문제 생성하기는 사람들이 이미 알고 있는 것을 적용하는 것, 즉 문제 풀기 하는 것을 넘어서서 한층 높은 수준에서 사고하기를 포함한다. Hersh(1998)는 질문이 수학에 동력을 공급하고, 문제를 풀고 새로운 문제들을 만들어 내는 것이 수학 활동의 본질이라고 제안한다. 문제 해결은 획득한 기능들을 응용하는 것에 관한 것인 반면에, 문제 만들기는 무엇인가를 변화시키는 것에 관한 것이다. 이것은 좀 더 위험한 일이다.

2.8 창의성은 위험 부담을 갖는다

문제 만들기는 창의성을 필요로 하기 때문에, 그만큼의 위험 부담을 갖는다. Haylock과 Cockburn(2013, p. 294)는 수학에서 창의성을 "엄격하게 생각하는 것 보다는 융통성 있게 생각하는 것, 수렴적으로 생각하는 것보다는 발산적으로 생각하는 것, 독창성과 창의력이 풍부함을 보이는 것, 그리고 위험을 감수할 준비가 되어 있는 것"으로 특징짓는다. 위험을 감수하는 것은 수학적 창의성에서 중요하다. 이야기 그리고 구두 수학 스토리텔링이 이루어질 때, 융통성 있고 발산적이며 창의적인 사고는 특히 더 강하게 조장된다(Haylock & Cockburn, 2013). 구두 이야기의 불확실성이 위험 부담이 있는 일인 것처럼, 놀이의 불확실성이 놀이가 위험 부담이 있는 일이 되게 한다. 우리는 6장에서 위험성에 대해서 다시 다룬다.

3 수학을 개념화하고 어린이들의 수학적 행동을 이해하기 위한 관찰 도구

수학을 표현하는 도전에 직면해서, 이 장은 Casey(2011, 1999)가 제안한 모델을 활용한다. 이 모델은 수학을 개념화하는 데 도움을 준다. 이 책 전체적으로 어린이들의 수학적 행동(말하기, 시연하기, 그림으로 수학적 아이디어 표현하기)은 수학과 이야기를 결합하는 것에 대한 주제와 덧붙여 강조된다. 학급 토론, 관찰, 놀이 시나리오에서 뽑아낸 발췌문이 어린이들의 수학적 행동을 밝혀준다. Casey(2011, 1999)가 제안한 아이디어들을 결합하는 관찰 도구와 Carr(2001)이 고안한 이야기 학습으로 알려진 평가를 위한 관찰 구조를 이용해서 수학을 개념화하면서 어린이들의 행동을 이해할 수 있다.

수학은 지식, 기능, 과정, 정서적 성향을 포함하고 있어서 복잡하다. 나는 Casey의 모델(2011, 1999)을 조정해서 우리가 수학을 개념화할 수 있다고 제안한다. 어린이들이 이야기를 듣고, 그 이야기와 관련된 물건들을 가지고 놀고 난 후 스토리텔러로서의 역할을 수행할 때, 우리는 어린이들의 수학적 행동을 관찰할 수 있다. Casey는 수학을 대체적으로 "**수학적 사실(facts)과 기능, 유창성, 호기심, 창의성**(Casey, 2011, p. 132)"의 획득으로 생각하고, "**알고리듬, 추측**(conjecture), **일반화, 동형과 증명**"을 중요한 수학적 방법론(Casey, 2011, p. 132)으로 생각한다. Carr(2001)이 제안한 체계를 토대로 한 관찰 도구의 일부인 목록에 이런 것들이 조정되어 있다(그림 1.3 참고).

Koshy(2001)는 Casey(1999)가 선택한 기능들의 획득이 어떻게 수학이라는 학문과 이 학문의 실제 사이의 균형을 공고히 하는지 설명한다. 어린이들은 수학적 사실과 기능들을 획득하고 어린이들이 호기심을 갖고 있는 아이디어들을 따를 자유뿐만 아니라 유창성을 계발할 필요가 있고, 이들 요소들 사이의 균형이 창의성을 위한 역량을 계발해 줌에 틀림없다(Koshy, 2001). 수학적 사실들에 대한 유창성이 수학을 잘 작동시키는데 요구된다(Koshy, 2001).

3.1 Casey(2011, 1999)가 제안한 수학적 방법

■ **알고리듬**: 알고리즘, 절차, 수학적 계산은 수학에서는 본질이다. 이들 중 일부는 덧셈, 뺄셈, 곱셈, 나눗셈을 포함한다.

■ **추측**: 추측은 생각하는 것이 맞는지 알아보기 위해서 검토해야 하는 진술이다(Haylock, 2006). 추측은 "이것의 진(眞)이 아직까지 성립되지 않았거나, 그 추측을 제기한 개인이 검토해 보지 않은" 주장이다(Haylock, 2006, p. 322). Haylock(2006, p. 311)은 추측의 예를 제공한다. 91은 소수이다. 하지만, 91이 7과 13으로 나누어질 수 있는지 검토해 보고 이 추측이 틀렸음을 설명하라. 소수는 자신과 1만으로 나누어질 수 있는데, 91은 1, 91, 7, 13으로 나누어질 수 있다. 이 경우, "91이 소수이다"는 추측은 참이 아니다.

수학 학습에 대한 어린이들의 성향은 중요하다. "무엇보다도, '만약 ~이라면' 하는 학습 성향을 계발하는 것이 수학에서 매우 중요하다(Pound & Lee, 2011, p. 9)". "만약 ~이라면?"을 생각하는 성향은 문제 해결의 핵심이고, Pound와 Lee(2011)는 이것을 추측하는 생각으로 언급하고 있다. "만약 ~이라면?"은 추측하는 질문이고, 이 질문은 문제 만들기와 문제 해결을 조장한다는 것이다. Sheffield(1999; Casey, 2011에서 재인용)는 "만약 내가 주어진 문제의 한 가지 또는 더 많은 부분을 변화시킬 수 있다면" 하고 질문하기를 추천한다. Watson과 Mason(1998; Casey, 2011에서 재인용)은 "만약 ~이라면?"과 같은 질문들을 통해서 어린이들은 많은 수학적 가능성들을 깨닫게 된다. "만약 ~이라면?"이라는 질문이 가능성 생각하기(possibility thinking)를 만들어내고, 가능성 생각하기는 수학적 이야기로 하는 창의적인 활동에서 중요하다. 나는 Pound와 Lee(2011)가 "만약 ~이라면?" 질문에 대해 한 해석을 이야기와 관련한 사고하기를 통해서 만들어지고 해결될 수 있는 추측 질문(conjectural question)이라고 진술한다. 이 작은 질문이 창의적 활동(Craft, 2001; Haylock & Cockburn, 2013; Pound & Lee, 2011; Sheffield, 1999, Casey, 2011에서 재인용; Waston & Mason, 1998, Casey, 2011에서 재인용)의 핵심에 있고, 이야기를 통한 수학적 아이디어에 대해 생각할 때 우리가 돌릴 수 있는 열쇠이다.

■ **일반화**: 삶에서 일반화는 부적절한 가정을 만들도록 이끌 수 있기 때문에, 일반화하지 않는 것이 현명하다. 일반화는 일반적인 또는 광범위한 진술을 만드는 것이다(Fairclough, 2011). 수학에서 패턴을 보는 것, 패턴을 서로 관련짓는 일반적인 진술들을 만드는 것, 그리고 왜 이것이 그런 것인지를 설명하는 것은 중요하다. 어린이들이 일반화를 할 때, 이들은 많은 특수한 사례들에 관해 참인 진술을 하나 만드는 것이다(Haylock & Cockburn, 2013). Haylock과 Cockburn은 일반화가 "**항상** 그 경우인 무엇인가를 의미하는 진술들을 하는 방법에 대해 설명한다. 자신들의 관찰에서 어린이들이 **각각, 모두, 어떤 것이든지, 모든, 항상, ~할 때마다, 만약에 ~라면, 그러면 ~** 과 같은 단어들을 사용하기 시작했다면 어린이들은 일반화하는 중이라고 볼 수 있다(2013, p. 297). 이런 단어들은 어린이들이 수학적으로 생각하고 있음을 특징적으로 보이기 때문에 이들 단어들은 어린이들이 한 추론의 표시이다(Haylock & Cockburn, 2013). 교육자로서 우리의 도전 중의 하나는 어린이들이 수학적 아이디어들에 대한 패턴을 인식하고 결합과 일반화를 해내도록 격려하는 데 있다.

패턴에 대해 설명하거나 패턴을 일반화하는 것을 촉진시키는 질문들

이 이야기 속의 패턴은 무엇인가요?

이것은 항상 발생하나요?

다음에 무엇이 일어날 것이라고 생각해요?

어떤 패턴을 이용하고 있어요? 또는 생각하고 있어요?

이것을 어떻게 검토할 수 있어요? (이야기와 관련된 소품들을 이용해서)

(Haylock & Cockburn, 2013, p. 299을 재구성)

수학에서 일반화는 패턴을 인식하는 것으로부터 비롯된다. Frobisher 등(1999, p. 240)은 "수에 관한 일반적 진술들의 관계, 형성, 기록이 패턴에서 근본이 되는 방법"에 대해 설명하고 있다. Frobisher 등(1999, p. 266)은 어떻게 "사칙연산에 대한 어린이들의 이해를 성장시키는 방법은 여러 가지 패턴에 주목하도록 하고, 그 패턴을 기반으로 하는 이해를 통해 크게 도움이 될 수 있다"고 강조한다. 어린이들은 뺄셈에서 패턴을 인식함으로써 예상할 수 있다. $10-2=8$이라면, $10-8$은 무엇일까? Frobisher 등은 "궁극적으로, 어린이들이 찾고 공부한 패턴이 일반화와 대수 공식과 같은 파워풀한 아이디어로 이끌어 줄 수 있다"고 설명한다(1999, p. 244). 대수적 표현들은 일반적인 언어로 패턴을 표현한다.

Casey(2011)은 일반화를 통해서 증명에 이르는 방법으로써 몇 가지 예들을 시도해 볼 것을 권한다. 예를 들어, "두 연속하는 수의 합은 항상 짝수이다"(Casey, 2011, p. 132). 아래에 있는 예는 이 예가 일반적인 방법으로 표현될 수 있는 방법을 보인다.

연속하는 두 수의 합은 항상 홀수이다.

첫 번째 수가 n이면 그 다음 수는 $n+1$이다.

연속하는 두 수의 합은 $n+(n+1)$이다.

이것은 $2n+1$로 표현될 수 있다.

$2n$은 n의 두 배이기 때문에, 이것은 짝수임에 틀림없다. 그렇다면 $2n+1$, 즉 $2n$ 다음에 있는 수는 홀수임에 틀림없다.

이 일반적 패턴은 대수적으로 $n+(n+1)=2n+1$로 표현될 수 있다.

(Casey, 2011, p. 133)

이야기는 여러 가지 예를 매번 시도하는 장면들을 반복할 수 있다. 그 이야기를 재말하기 하는 것은 좀 더 많은 예를 이용하고, 어느 단계에서 패턴과 일반화를 서로 관련짓는 것이 적절할 수 있다. 어린이들은 이 수학적 패턴을 설명하기 위해서 그 이야기에 있는 언어들을 사용하는 것이다. 우리는 후속 장들에서 이 주제를 다시 다룬다.

■ **증명**: 증명은 의심 많은 사람에게 일반화가 실제로 모든 경우에 있어 참임을 확신시키는 것에 관한 것이다(Haylock & Cockburn, 2013, p. 303). 초등학교 어린이들이 증명

을 할 수 있을 것으로 기대되지는 않을지라도, 이들은 간단한 설명을 공식화할 수 있다(Haylock & Cockburn, 2013). 어린이들은 이야기의 맥락을 이용해서 수학적 아이디어들을 잘 설명할 수 있다. 우리는 6장에서 이것을 다시 다룬다.

어린이들은 여러 가지 패턴들을 서로 관련짓도록 격려 받아야 한다. 어린이들이 이것을 할 수 있도록 격려 받을 수 있는 두 가지 유력한 방법이 있다. 한 가지는 변한 것을 설명하는 것이고, 다른 한 가지는 같은 상태로 남아 있는 것을 설명하는 것이다(Haylock & Cockburn, 2013). 패턴에 관한 설명을 통해서 어린이들은 무엇이 다음에 발생할 것인지를 예상하거나 일반화할 수 있다. 매번 무슨 일이 벌어지는지에 대한 설명을 하는 것은 어린이들이 수학자처럼 사고하게 하는 것, 즉 일반화하는 것이다. Frobisher 등(1999)은 어린이들은 패턴을 일반화함으로써 말로 설명할 수 있게 될 뿐만 아니라 이것이 왜 그런 것인지도 설명할 수 있다고 조언한다.

일반화에 대한 설명을 촉구하는 질문

설명할 수 있어요?

이것이 왜 발생한 것인가요?

무슨 일이 일어나고 있나요?

(Haylock & Cockburn, 2013, p. 303)

■ **동형**: Casey(2011)는 자신의 모델에서 이 요소를 중요하게 생각한다. 그는 동형을 발견하는 것을 서로 다른 상황들이 공통의 수학적 구조를 공유하고 있음을 인지하는 것으로 설명한다. 즉, 동형은 같은 수학적 기능들을 필요로 하는 서로 다른 상황들을 연결하는 것이다. 같은 풀이방법이 두 가지 서로 다른 상황 또는 맥락화된 문제들에 작용한다. 수학적 이야기에 따른 소품들을 가지고 하는 놀이 기회를 제공받음으로써, 어린이들은 서로 다른 상황에서의 수학적 이야기에 대해서 생각한다. 몇몇 예에서, 이것이 놀이 맥락에서 여러 가지 이야기에 있는 수학적 아이디어를 응용하는데 거리낌이 없게 해준다. 이것은 Casey(2011, 1999)가 의도한 것과는 다른 수확이다. 우리는 Casey의 동형이라는 아이디어를 "어린이들에게 이야기에서 들은 수학적 아이디어들을 취하고, 어린이들이 자신이 수학적 내러티브를 쓴 맥락에서 놀이하는 것"으로 조정한다.

다른 수학적 과정들도 있다. 이 과정들 중 몇 가지에 대해서 Casey는 자신의 모델 밖에 있다고 진술하고 있다(Casey, 2011, p. 135). 또 다른 과정들(의사소통-경청하기, 말하기, 보이기; 세기, 일대일 대응시키기; 분류하기(classifying and sorting); 대응시키기; 기호화하기(기호를 이용하기)); 추정하기; 추론하기; 체계적으로 활동하기; 정당화하고 검토하기; 순서짓고 패턴화하기; 반성하고 기록하기)은 어린이들이 놀이를 할 때 좀 더 일반적으로 관찰된다. 수 관계는 수 본드, 뺄셈 보수, 배수, 같은 두 수의 합을 포함한다. 어린이들이 기초셈(number facts)에 융통성을 갖기 위해서 보수는 중요하다. 0부터 9까지의 10의 보수는 10을 만드는 데 필요하다(Haylock & Cockburn, 2013, p. 164). 그리고 이것들은 20까지 그리고 그 이상에 이르는 기초셈의 즉각적인 인출을 돕는다.

3.2 수학적 오류와 발화(發話; utterances)

Carr(2001, p. xiii)는 오류를 무엇인가 잘못된 것을 만들어내는 방법이고, 이런 오류들은 새로운 학습의 자원이라고 생각한다. 나는 '수학적 오류'를 관찰 도구에 포함시켰다. 왜냐하면 나는 어린이들이 오류를 바로 잡는 방법, 성인들이 오류를 만들고 이것을 바로 잡기를 피하는 방법(때때로 이들은 오류를 간과한다.), 오류를 놓쳐버렸을지라도 되돌아와서 다시 반성해 볼 기회를 제공하는 방법을 관찰하는 것이 매혹적이라는 것을 발견했기 때문이다. 이 프로젝트에 참여한 어린이들은 무당벌레의 점들을 일렬로 세우기, 검토하기, 또는 다른 어린이가 세도록 하기와 같은 전략들을 이용해서 세기를 하는 중에 오류를 바로잡는다. 나는 관찰 도구에 '수학적 발화'를 포함시켰다. 왜냐하면 나는 특히 어린이들이 이야기 속에 나오는 언어들을 이용해서 수학적 아이디어들을 설명할 때 사용하는 표현들에 관심을 갖고 있기 때문이다.

3.3 어린이들의 수학적 행동을 포착하기 위한 관찰 도구(그림 1.3)

이 관찰 도구는 본질적으로 수학의 관점들로 일람표를 만들어서 우리가 어린이들의 수학적 행동을 포착하려는 도전을 할 수 있게 해준다. 관찰한 어린이의 내러티브 설명은 기록되고, 그런 후 화살표 또는 형광펜으로 표시하기를 이용해서 수학과 관련된 아이디어들을 대상으로 서로 서로 연결하는 선들을 긋는다. 나는 놀이 중에 또는 수학적 이야기를 재말

수학적 관찰	
수학적 특징	**내러티브 설명**
추측하기: "만약 ~이라면?" (문제 만들기)	
알고리듬 (예를 들어, +, −, ×, ÷)	
수학적 발화 (수학 용어들)	
수학적 사실	
일반화 (패턴을 인식하면서 수학적 연결하기)	
수학적 실수와 잘못된 이해	
수학적 아이디어들을 놀이 맥락에 전이시키기	
호기심 (수학적 맥락 내에서)	
융통성 (수학적 아이디어 활용의 용이성)	

제목	어린이의 나이 (OO년 OO개월)	성	맥락	관찰자의 이니셜	날짜	음성 녹음된 참고물

촉진	관찰자 의견
수학적 아이디어를 놀이 또는 이야기를 재말하기 하기와 같은 맥락에 전이시키기 소품의 활용 들은 원작의 이야기와 연결하기 아이디어를 확장하기 속편	

어린이와 논의한 결과	학부모와 논의한 결과

그림 1.3 이야기 학습을 위한 체계를 기초로 한 어린이들의 수학적 행동을 포착하기 위한 관찰 도구(Carr, 2001).

하기 할 때 그것을 녹음하는데에 구수녹음기(dictaphone)를 사용할 것을 추천하고, 음성 녹음과 관찰 노트는 어린이들, 동료연구자들, 학부모들과 함께 공유할 것을 추천한다.

이 도구는 수정될 수 있고, 수학을 개념화하고 수학적 경험(전체 학급 구두 이야기, 소집단 구두 이야기, 이야기와 관련된 소품들을 가지고 놀이하는 어린이들)의 질을 조사하고 어린이들의 수학적 행동(말하기, 시연하기, 표현하기)을 포착하는 3가지 목적으로 활용될 수 있다. 이 도구는 3장에서 활용된다. 우리는 한 어린이가 즐기면서 그리고 목적을 갖고 이야기와 관련된 소품들을 이용하면서 〈Ladybird on a Leaf〉를 재말하기 하는 것을 관찰한다(그림 1.4). 이 관찰 도구는 실제로는 수학적 렌즈를 통해서 어린이의 행동

그림 1.4 설탕 종이로 만든 무당벌레와 점들을 이용해서 〈Ladybird on a Leaf〉를 재말하기 하는 제이크.

을 인지하기 위한 쉬운 방법이 필요한 성인을 위해 만든 것이다. 이 관찰 도구는 3장에서 활용되고 있다. 이 관찰 체계의 복사본이 부록 1에 제시되어 있다.

4 결론

〈No Problem!〉(Browne & Parkins, 1993)를 이 장의 서두로 선택하고 있다. 왜냐하면 생쥐가 비행기를 타기까지의 과정에 대한 이야기가 수학적 문제 해결 전략들을 개념화하고 있기 때문이다. 이 이야기는 문제 만들기, 문제 해결하기 순서를 따르고 있다. 〈No Problem!〉은 생쥐의 문제와 수학적 문제 해결 전략 사이의 조화로운 관계를 보인다. 이 이야기는 어린이들이 수학적 문제 해결의 경이로움을 경험하고, 수학과 이야기 속를 상상하며 아이디어들 사이의 연결이 존재한다는 것을 인지하고, 서로 다른 성향을 가진 동물들이 창의적인 방법으로 문제를 해결하는 가상의 세계를 이해할 수 있도록 돕는다. Shrew는 조립 설명서를 체계적으로 따르고 비행기를 만든다. 어린이들에게 한 가지 고정된 방법 이상의 방법으로 문제를 해결하도록 허용해 줌으로써, 우리는 융통성 있는 사고를 장려하고, 추론하는 다중적 방법들을 탐구하고, 전략들 사이의 연결을 고려한다.

이 장은 문제 만들기와 문제 해결 사이의 관계를 탐구한다. 문제 만들기와 문제 해결은 거의 비슷한 동반자이다. 문제 만들기와 문제 해결 사이의 관계는 켤레로 있어야 하는 낡은 슬리퍼와 같은 것으로 설명될 수 있다. 문제 만들기와 문제 해결은 수학과 이야기를 연결하는 공통된 실타래(common thread)이다.

이야기 속의 단어들과 소품들을 통한 가상의 수학적 이미지에 기초한 머릿 속의 전략들은 수를 다루고 패턴들을 서로 관련시키는 자신감을 발달시킨다. 우리는 어린이들이 이들 패턴들을 서로 관련짓고, 이야기 속의 언어를 이용해서 수학적 아이디어들에 대해 일반화하도록 조장하는 것이 중요하다고 생각한다. 이것에 대해서는 6장에서 다시 다룬다.

수학을 개념화하려는 시도는 쉽지 않다. 우리가 제안한 관찰 도구는 어린이들의 이야기를 들을 때, 어린이들이 이야기와 관련된 소품들을 가지고 놀이를 할 때, 그리고 구두 수학적 이야기들을 재말하기 할 때, 어린이들의 수학적 행동을 이해할 수 있도록 돕는다. 성인들은 어린이들에게 맞는 수학적 이해를 전개하는 방식으로 이야기를 가지고 활동할 수 있다. 이야기와 수학적 아이디어들 사이의 관계는 마치 꽃이 개화하는 것처럼 아이들의 이해를 지원하기 위해 펼칠 수 있다.

chapter

2 이야기

> …(전략)… 우리는 항상 이야기라는 관점에서 세상을 바라보려는 경향이 있다. 이러한 경향은 우리를 둘러싸고 있는 세상을 설명하고 묘사하여 구조화시키는 가장 자연스러운 방법이다. (Booker, 2004, p. 573)

이번 장은 다음을 탐구하는 데 목적이 있다.

- '담론(discourse)', '내러티브(narrative)', '줄거리(plot)', '이야기(story)'라는 비슷한 용어들에 대한 이해를 공유하기
- 이야기의 특성, 구성요소와 같은 이야기 구조에 대한 통찰을 획득하기
- 수학을 가르치기 위한 교육적 수단으로써 이야기를 고려하기

〈Handa's Surprise〉

Handa는 그녀의 친구 Akeyo를 위해 일곱 종류의 외국산 과일을 바구니에 담고, 그 바구니를 머리 위에 얹은 채 친구의 마을로 출발한다. 친구의 마을로 이동하는 도중에 일곱 종류의 서로 다른 동물이 한 번에 한 개씩 Handa의 머리 위 바구니에서 과일을 몰래 훔쳐 간다.

"Handa는 친구 Akeyo를 위해 바구니에 일곱 개의 맛있는 과일을 담았다. Handa는 Akeyo의 마을을 향해 출발하면서 친구가 매우 기뻐할 것을 기대하였다.

Handa는 Akeyo가 가장 좋아할 과일은 무엇일까 궁금해하였다.

Akeyo는 부드럽고 노란 바나나를 좋아할까, …

아니면 달콤한 향이 나는 구아바(guava)를 좋아할까?

Akeyo는 둥근 오렌지를 좋아할까, …

아니면 잘 익은 붉은 망고를 좋아할까?

Akeyo는 까칠한 껍질을 가진 파인애플을 좋아할까, …

부드러운 초록색의 아보카도를 좋아할까, …

아니면, 강한 냄새가 나는 자주빛의 시계꽃 열매를 좋아할까?

Akeyo는 어떤 과일을 가장 좋아할까?"

끈에 매여 있던 한 마리의 염소가 우리를 탈출하여, 나무와 강하게 부딪힌다. 이 충돌로 인해, Handa의 빈 바구니 위로 밀감 한 개가 떨어진다.

Handa는 "안녕, Akeyo. 깜짝 선물을 가지고 왔어."라고 말했다. Akeyo가 "밀감! 이게 내가 좋아하는 과일이라고!"라고 말했다. Handa가 "밀감이라고? 정말 놀라운 일이네."라고 말했다.

(Browne, 1998)

1 도입

'이야기(story)'의 뜻이 무엇인가라는 질문에 대해 우리는 조금도 망설임 없이 대답할 수 있을 만큼 이야기의 뜻은 명확히 알고 있다. 그러나 동시에 그것에 대한 답변을 회피하고 싶은 것도 분명할 것이다. '이야기'라는 용어의 뜻을 이해하는 것은 충분히 관심을 받을 만한 가치가 있다. 특히 수학을 창의적으로 가르치기 위한 접근 방법으로 '이야기'를 활용하고자 한다면 더욱 더 그러할 것 같다.

만약에 당신이 어린이들을 위해 이야기를 창작한다면, 당신은 등장인물이 존재하는 문제 해결을 위한 공간과 그들이 가지고 있는 마음가짐 등에 대해서 고려해야 하고, 당신은 왜 등장인물이 문제를 해결해야만 하는지에 대해서도 고려해야 한다. 또한 당신이 창

그림 2.1 원숭이는 일곱 종류의 과일이 담긴 과일바구니에서 바나나를 훔친다(Browne, 1998).

작하는 이러한 이야기에는 일련의 사건들에 대한 잘 정렬된 순서가 존재해야 한다. "그 다음에는 어떻게 된다는 것이야?"라는 질문은 당신이 이야기의 순서를 결정하는 데 도움을 줄 수 있다. 이러한 순차적인 방식의 사고활동은 수학적으로 고려될 수 있다.

'이야기'와 '수학' 사이의 관련성에는 최소한 세 가지의 수준이 존재한다. 첫 번째 수준은, 이야기는 순차적으로 발생하고, 그것은 마치 수학적인 것처럼 보일 수 있어야 한다. 둘째 수준은, 등장인물의 문제제기, 문제해결에 대한 경향은 사고방식에 대한 수학의 유형에 의해 실행되어야 한다. 세 번째 수준은, 만약 우리가 이것을 추구하도록 선택하는 경우라면, 이야기의 본질이 수학적으로 풍부하도록 구성되어야 한다(McGrath, 2010). 〈The Doorbell Rang〉(Hutchins, 1986),* 〈The Giant Jam Sandwich〉(Lord & Burroway,

* 이 책은 〈초인종이 자꾸자꾸 울리네〉(신형건, 보물창고, 2006)으로 번역되었다.

1972), 〈Handa's Surprise〉와 같은 이야기는 수학적으로 가능성이 풍부한 수학동화들이다. 내가 〈Handa's Surprise〉의 저자인 Browne에게 이 그림책에서 수학적 기회를 찾는 것에 대해 설명하였을 때, Browne(2013)는 나에게(McGrath) 전자메일을 보내어 "그 동화책을 쓸 때는 전혀 의도하지 않았었지만 결국 이 책은 수학적 맥락을 갖게 되었다"고 자신의 책에 대해 설명해 주었다. 〈Handa's Surprise〉는 의도하지 않게 우연히 수학적인 요소가 가미된 책이다. 예를 들어 어린이들은 이 이야기를 통해서 '하나 더 작게'라는 수학적 생각을 가질 수 있다. 매 기회마다 각 동물이 과일을 하나씩 가져감으로써 과일의 개수가 하나씩 더 작아진다. 7보다 하나 더 작으면 6, 6보다 하나 더 작으면 5 등의 표현이 가능하다. 우리가 '이야기'와 '수학' 사이의 관련성을 꼼꼼히 따져볼 때, 우리는 수학적 사고를 향상시키기 위해 어떻게 이야기를 사용하는 것이 최선의 방법인지에 대해 통찰할 수 있을 것이다.

이번 장의 목적 중의 하나는 '내러티브', '줄거리', '이야기', '담론'의 정의를 내리는 것이다. 이러한 용어들은 수학을 가르치는 교육적 도구로써 이야기가 어떻게 활용될 수 있는지 그 방법에 대해 이해하도록 할 것이다. 우리는 이 책을 읽는 독자들이 '문장'과 '이야기를 말하는 것' 사이의 전환에 대한 준비를 갖추는 것과 더불어 자신만의 이야기를 만들 수 있도록 이야기의 구조와 특성에 대해 이해하기를 기대한다.

2 용어들에 대한 공유된 이해 형성하기

용어가 개념을 설명하기 위해서 사용될 때 그 용어의 뜻을 명확하게 하는 것은 매우 중요하다. 이를 통해 우리는 그 용어가 의미하는 바가 무엇인지를 이해하고 다른 사람과 동일한 생각을 공유할 수도 있다. 또한 우리는 용어가 무엇을 의미하는지에 대한 생각을 만들 수 있고, 새로운 상상과 새로운 가능성을 열 수 있도록 한다.

일반적으로 사용하고 있는 용어들을 정의하는 것은 믿을 수 없을 만큼 어려운 것일 수 있다. Bal(1985, 재인용 McQuillan, 2000, p. 82)은 이러한 측면에서 용어의 뜻을 명확하게 하는 것이 중요하다고 지적하고 있다. Bal은 얼핏 보기엔 명확해 보이는 용어가 사용자 개개인 마다 서로 다른 의미로 쓰인다는 것을 지적하고 있다. 예를 들어, **'문헌**

(literature), 문서(text), 내러티브(narrative), 시(poem)'와 같이 매우 일반적이고 명확해 보이는 용어에 대한 개념이 여기에 해당한다(1985, 재인용 McQuillan, 2000, p. 82). 나는 '놀이(play)'와 '수학'과 같은 용어의 개념을 정의하기 어려운 것처럼, '이야기'의 개념도 정의하기 어렵다고 생각한다. 그럼에도 불구하고, 용어나 개념의 의미에 대해 서로 동의하도록 할 수 있는 한 가지 방법은 바로 그 용어의 개념을 묘사(설명)하면서 정의하는 것이다.

2.1 이야기의 형상: 순서(sequence)와 패턴

Booker(2004)는 이야기가 어떻게 인간의 사고 구조 속에 '생소한 순서(차례)'라는 심상을 만드는 것인지에 대해 설명한다. 이야기는 "우리의 상상력, 즉 우리의 눈앞에 실재하지 않는 대상들에 대한 이미지를 우리의 의식적인 인식으로 내놓는 능력을 요구"한다(Booker, 2004, p. 3). 이미지들의 이러한 순서를 넘어서면, 그곳에는 이야기의 전반적인 패턴이 존재한다. 이야기의 형상은 일반적 패턴을 중심으로 펼쳐지게 되고, 이야기의 의도는 이 패턴이나 구조가 "이야기에 만족스러운 형상"을 제공하도록 만든다(Booker, 2004, p. 4). 역사 전체를 통해 볼 때, 이야기는 매우 유사한 패턴을 공유하고 있고, 또한 여러 이미지들이 차례대로 결합된 형태로 나타나며, 줄거리라는 큰 흐름에 의해 묶여 있다. 만약 이것들이 서로 잘 구조화되어 있다면, 이야기는 비로소 매우 만족스러운 형상을 가지게 되는 것이다.

2.2 대화

담론학(narratology)은 담론적 문서에 대한 이론이며, 대화와 이야기 사이의 차이점을 철저하게 규명하는 학문이다. McQuillan(2000, p. 317)은 "대화는 매개체(문서, 구두, 영화)와 형식(표현의 순서, 관점, 화자 등)이라는 두 가지 구성요소를 가지고 있다"고 설명하고 있다. 이야기는 글로 표현하거나, 말로 표현하거나, 영상을 통해 표현될 수 있고, 서로 다른 다양한 관점으로 표현될 수 있다. 또한 이야기는 어떻게 제시되었느냐에 따라 서로 다른 형식을 가지고 있다.

만약 우리가 '이야기'는 많은 사건들에 대한 순서들의 집합이고, '대화'는 표현된 이야기를 전달하는 매개체라는 생각을 간직하고 있다면, 우리는 두 용어(이야기, 대화)에 대한 공유된 이해를 가지고 있다고 할 수 있다. 이후 장들에서, 우리가 구두로 하는 수학적 이야기에 대해 논의할 때, 우리는 글로 표현된 것보다는 말로 표현하는 대화에 더 의존할 것이다.

2.3 내러티브

우리는 내러티브를 어떻게 이해하고 있는가? 이 개념은 매우 이해하기 어려운 용어이다. 이 용어의 경우, 내러티브 이론 분야에서는 매우 가변적인 개념으로 남아 있다고 한다 (McQuillan, 2000). Lyotard(1984, 1992, 재인용 McQuillan, 2000, p. 323)는 역사적으로 볼 때 내러티브라는 용어를 라틴어의 'gnarus', 'knowing'에 근원하고 있으며, 지식의 한 양식이라고 규정짓고 있다. 글로 표현된 문서, 구두에 의한 내러티브는 우리가 수학적 아이디어를 증진시키기 위해서 사용하기를 원하는 지식의 표현 양식들이다. McQuillan(2000, p. 323)은 "내러티브가 어떻게 지식의 가능성에 대해 규정하는지, 또 그래서, 주어진 사회에서 어떻게 작용하는지"를 기술하고 있다. "우리는 현대 사회의 유치반과 초등학교 교실에서의 수학적 지식과 행동의 가능성에 대해 관심을 가지고 있다."

2.4 줄거리

이야기에 내재된 사건들의 순서 뒤에는 이들을 움직이게 하는 힘이자 기차의 연결되어 있는 차량들을 끄는 엔진과도 같은 줄거리(plot)가 존재한다. 줄거리를 정의하는 한 가지 방법은 줄거리를 내러티브에 존재하는 핵심적인 사건이라고 생각하는 것, 즉 사건의 순서를 압축하는 것이다. 하지만, 여기에는 고려해야 할 미묘한 점이 있다. 이야기는 연속적인 것 혹은 연대기적인 것으로 규정될 수 있고, 줄거리는 결과 혹은 인과성으로 규정될 수 있다는 것이다(McQuillan, 2000, p. 325). 이야기의 순서는 "그 다음에는 어떻게 된다는 것이야?"라는 질문을 통해 잘 정리할 수 있지만, 이에 반해 줄거리는 이야기와의 차이를 인식하기 위해서 "왜?"라는 질문이 필요하다.

함께 정의하기

만약 '구두'는 대화의 형식, '내러티브'는 지식의 표현 양식, '이야기'는 사건의 순서라고 한다면, '구두의 내러티브 이야기'는 '구두의 수학적 내러티브 이야기'로 확장된다. 우리는 공유된 이해를 갖기 위해서 '구두 이야기' 혹은 '구두의 내러티브 이야기', '구두 수학적 이야기'와 같은 새로운 어구를 단어들의 결합을 통해 창조한다.

우리가 이야기의 줄거리로 놀이하는 것을 시작하기 앞서서, 우리는 담화와 이야기 사이의 관계성을 살펴봄으로써 줄거리의 의미를 얻을 수 있다. 생활 속에서 우리는 내러티브 속에 푹 빠져 있다. 예를 들어, 우리는 다른 사람들의 대화 속에서 필요한 것을 포착하고, 새로운 소식을 듣고, 또 그 외의 것들을 한다. 하지만 우리가 기억할 것은 "모든 이야기는 내러티브이지만(사건들을 차례대로 얘기하는 것), 모든 내러티브가 이야기는 아니다"는 점이다(McQuillan, 2000, p. 328). 이 차이는 줄거리가 있는 이야기를 명확하게 한다. Forrester(1963, 재인용 McQuillan, 2000, p. 45)는 "우리는 올바른 시간 순서대로 정렬될 수 있는 내러티브적 사건들을 이야기로 정의해 왔다. 줄거리는 또한 인과관계를 강조하는 내러티브적 사건이다."라는 점을 확인해 주고 있다. 줄거리는 장면이지만, 이런 장면에는 왜 그 사건이 일어났는가에 대한 부가적 인과의 측면이 존재한다. Forrester(1963, 재인용 McQuillan, 2000, p. 45)는 "그 다음은 어떻게 된다는 것이야?"라는 질문이 독자들의 호기심에 의존하고 있다고 제안한다. 줄거리는 "왜?"라는 질문을 통해 기억과 지능에 의존하고 있다. 이야기는 줄거리를 가지고 있고, 설명은 줄거리를 가지고 있지 않다. 그러나 이야기와 설명 둘 다 내러티브적인 것이다.

이야기와 관련하여 명심해야 하는 세 가지 질문

"그리고 그 다음은 어떻게 된다는 것이야?" 질문: 이야기 순서

"왜?" 질문: 이야기 줄거리

"만약 ~ 이라면?" 질문: 수학적 사고를 촉진하기 위해 줄거리와 함께 활동하기

2.5 예술 형식으로서 이야기

이야기와 관련된 용어인 '대화', '내러티브', '줄거리'에 대한 정의를 한 이후에도, 여전히 우리는 불만족스러우며, "정말로 이야기란 무엇인가?" 하고 계속 묻게 될지도 모른다. Bryant(1947, p. 20)는 "이야기는 본질적으로 예술작품이다. 그리고 그것의 주요 기능은 예술을 사용하는 취지에 따라 추구해야만 한다."고 제안하고 있다. 여기서 그 기능은 독자에게 즐거움을 줄 것이다. Bryant(1947)은 이야기의 목적은 교육을 넘어 학생들에게 즐거움을 주어야 하는 것이라고 명확하게 설명하고 있다. 어떤 의도이든지 수학을 가르치기 위해 이야기를 사용하기 위해서는 즐거움을 유지할 필요가 있다. 예술의 즐거움과 수학적 아이디어의 균형점을 찾기 위해서 세심하게 노력을 기울일 필요가 있다.

어린이들 관점에서 설명하는 이야기 경험

"나는 여섯 살 된 한 어린이에게 "이야기를 읽을 때 혹은 구두로 이야기를 들었을 때, 어떤 일이 일어나는지"를 설명해 달라고 하였다. 그들은 다음과 같이 말하였다.

그림책에 대해서:

"그림을 볼 수 있어요. 이 그림은 어떤 사람이 한 상상이에요. 어떤 사람이 상상해서 그린 그림을 볼 수 있어요."

그림이 없는 책을 읽었을 경우에 대해서:

"이야기를 상상만 할 수 있어요."

들려주는 구두의 이야기를 들었을 경우에 대해서(내 스스로 지어낸 이야기): "나 자신의 그림을 상상할 수 있어서 이게 더 좋아요."

이론적인 관점에서 구두로 하는 이야기 경험:

"그런 경험의 흥분과 즐거움은 명백하게 그러한 융합의 신비로움의 결과이지 않을까요? 당신은 듣고 있어요. 당신은 이야기 속에 있어요. 당신은 스토리텔러의 이야기 속에 있어요. 당신은 더 이상 혼자가 아니에요. 이야기 덕분에, 당신은 이야기와 관련된 모든 사람들이 됩니다."

(Berger & Mohr, 1982, 재인용 McQuillan 2000, p. 172)

2.6 구조

Bruner(1986, p. 21)는 우리가 이야기 구조에서 찾아야 하는 것은 곤경, 등장인물, 인식의 상태를 어떻게 통합하는가라고 제안한다. 이야기는 "등장인물들 사이에서 곤경에 대해 기저에 깔린 자각의 불공평한 배분을 필요로 한다." 등장인물들은 서로 다른 수준에서 이야기의 줄거리의 핵심에 있는 문제를 자각한다. 즉, 모든 등장인물들이 서로 다른 수준의 역할을 수행한다. 〈Handa's Surprise〉에서 염소가 나무와 부딪혔기 때문에, Handa는 과일바구니에서 사라진 과일들이 밀감으로 대체된 것을 알아채지 못하였다. Bruner(1986, p. 21)는 "이야기를 통일감 있게 해주는 것은 시작, 발전, "끝나는 느낌"을 가진 구조를 양산해 내기 위해 곤경, 등장인물, 인식의 상태가 상호작용할 수 있도록 하는 것"이라고 제안한다. 이야기는 이들의 상호작용에 의해 형상화되는 것이다.

3 이야기의 구조에 대한 통찰: 이야기의 구성요소와 특성

3.1 어린이들을 위한 성공적인 이야기의 특성

우리는 이야기 분해하기, 이야기 재구성하기, 이야기 창조하기를 할 때, 우리가 참조할 수 있는 관점에서 이야기의 특성에 대해 살펴볼 것이다. Bryant(1947)는 이야기들의 특성을 이끌어 내기 위해 세 가지 성공적인 이야기에 초점을 맞추었다. 이 성공적인 세 이야기는 〈The Three Little Pigs〉,* 〈The Three Bears〉,† 〈The Old Woman and Her Pig〉‡이며, 이들로부터 다음 세 가지 특성을 제안하였다.

* 아기 돼지 삼형제
† 곰 세마리
‡ 할머니와 그녀의 돼지

성공적인 어린이용 이야기의 특성

이야기의 각 단계는 사건이다.

"무엇인가가 항상 일어난다. 각 이야기의 모든 단계는 사건이다. 설명, 묘사 혹은 사람들이 어떻게 느낄 것인가에 대한 언급 등의 시간 낭비가 존재하지 않는다. 이야기는 사람들이 무엇을 행하였는지 말하고, 그들이 무엇을 말하였는지 말하고 있다. 그리고 사건들은 가장 유사한 유형들이 순서대로 연결되어 있다. 시간적인 측면과 인과적인 측면에서 연속적으로 이어져야 하고, 사건들이 가능하면 즉각적으로 연결되어 있어야 한다. 공백도 존재하지 않고, 줄거리의 복잡함도 존재하지 않는다." (Bryant, 1947, p. 58)

단순함이 어린이들과 이야기의 세계를 연결한다.

"당신이 짧은 이야기들을 훑어 갈 때, 당신은 각 사건이 서로 다른 상상을 할 수 있는 그림을 제공하고 이들 그림들은 매우 간단한 요소들로 구성되어 있음을 알 것이다. 이 요소들은 어린이들에게 친숙한 것이거나 친숙한 무엇인가와 유사한 것들이다. 각 대상과 발생하는 사건들은 일상적인 것과 매우 비슷하지만 신비적인 요소가 풍부하다는 점에서 미묘한 차이를 느끼게 된다. (Bryant, 1947, p. 59)

반복:

"여전히 이야기에 대해 언급할 때 회자되는 세 번째 특성은 반복되는 정도이다." (Bryant, 1947, p. 59)

만약 우리가 어린이를 위해 〈Goldilocks and The Three Bears〉*의 예를 든다면, 각각의 순서가 이야기와 매우 잘 연결되어 있을 때 최고의 이야기가 될 수 있음을 알 수 있다. 사건들의 순서에서의 단순함, 즉 먹을 수 있는 음식, 앉을 수 있는 의자, 잠을 잘 수 있는 침대, 마치 어린이들의 일상과 관련하여 생생함이 있다. 세부 사항은 단순함과 신비함이 있지만, 어린이들에게 매우 친숙함을 제공해 주고 있다. 곰의 세계와 우리의 일상생

* 금발미녀와 곰 세 마리

활이 서로 나란하게 배치되어있다. 어린 아이들을 위해서, 동일한 단어나 어구의 반복 혹은 행동의 반복이 그들의 주의집중을 지속할 수 있도록 도와주고 있다(Byrant, 1947). 이러한 반복적인 어구는 어린이들이 주의집중이 약해져서 다른 생각을 하는 것을 막고 이야기에 다시 집중하게 하고, 어린이들의 자신감을 도출할 수 있도록 한다.

이야기 구조: 구성요소와 특성

이야기의 구성요소를 함께 추출하기 위해서, 다음 요약을 살펴보자. 이야기는 끊임없이 일어나는 사건들의 연속체이다. 동시에 이러한 사건들은 특정한 장소와 위치에서 곤란한 문제(곤경)에 처한 등장인물과 관련되어 있다. 그리고 이야기는 어떤 특정한 관점을 전달한다. 등장인물은 종종 문제에 대해서 인식하고 있고, 또한 그것은 문제와 등장인물과 또 이야기를 구성하는 자각이나 인식과 연결된다. 사건들은 이야기의 처음과 중간부분과 마지막까지 순서대로 진행될 것이다. 성공을 보장하기 위해서는 각각의 단계 혹은 이야기의 각 부분들은 사건으로 이루어진다. 상세한 것을 단순하게 표현함으로써, 어린이들은 자신의 경험과 이야기의 세계 사이를 연결하고(예를 들어, 세 마리 곰은 의자에 앉아 있고, 숟가락으로 먹고, 침대에서 잠을 잔다), 반복을 통해 집중을 유지하고 자신감을 이끌어준다. 이러한 특성은 예술적 형태로 이야기를 보존하는 방법 안에서 수학적 아이디어도 동시에 필요로 한다(Bryant, 1947).

이러한 관점으로부터, 우리는 이야기에 대한 이해를 돕기 위해 이야기 분석표(story profile: 부록 2 참조) 양식을 만들었다. 이를 통해 어린이들에게 호소력이 있는 이야기, 이야기의 구성요소, 이야기의 특성들에 대하여 생각하였다. 이야기 분석표는 〈No Problem!〉(Browne & Parkins, 1993)에서 잔소리 심한 여자와 같이 우리가 이야기를 부분 부분으로 분할할 수 있도록 도와주는 도구로 사용될 수 있다. 부록 3에서는 〈Handa's Surprise〉를 대상으로 수행한 이야기 분석표가 제시되어 있다.

이 분석표는 이야기를 창작하기 시작하는 초기에 사용할 수 있다. 또한 이러한 도구와 더불어 이야기를 창작하는 초기에 요구되는 세 가지 핵심질문이 존재한다.

우리가 이야기를 만들 때 필요한 3중 검사

자연스러운 순서로 이루어진 행동들로 가득 차 있는가?

따분함이 없는 간단하고 단순한 이미지들이 있는가?

그들은 반복적인가?

(Bryant, 1947)

4 수학을 가르치는 교육적 도구로서의 이야기

개인적으로 볼 때, 이야기는 역사적으로 발전을 거듭해온 문화의 일부분이다. 이와 같은 관점에서 Bruner는 다음과 같이 진술하고 있다. "이야기는 문화-역사적 양식과 분리되어 독립적으로 '홀로' 있을 수 없다"(1986, p. 67). 우리의 문화와 그 문화의 이야기는 우리 생활양식의 일부분이다. 우리는 우리가 태어난 곳의 문화의 이야기에 의해 양육되고 성장하게 된다. 우리는 우리의 유전자로부터 자유로울 수 없고, 동시에 우리의 문화를 변화시킬 수도 없다(Bruner, 1986). 어린이들은 그들이 속한 문화와 그 속에 존재하는 이야기에 의해 형상화된다.

이야기는 우리 인간들의 생활양식을 비추어 주고 있다. Booker(2004, p. 8)에 의하면, 이야기는 '우리의 심리', '우리의 도덕', '역사와 정치의 패턴', '종교의 본성', '우리의 개인적인 삶의 목적과 기초적인 패턴' 등을 설명해 주고 있다. 우리가 우리를 둘러싸고 있는 세상에 내면적으로 대응하는 것처럼, 어른과 어린이들은 우리들에 관한 이해의 폭을 넓이기 위해서 이야기를 찾는다.

어린이들은 자신이 태어난 세상에 대한 상식을 넓히기 위해 최선의 노력을 다한다. 어린이들은 이야기를 통해 "많은 세상의 관점이 존재할 가능성이 있고, 의미와 현실은 창조된 것이지 발견된 것은 아니며, 협상이라는 것은 서로 다른 사람들 사이의 관계성을 정립하기 위해서 새로운 방식과 의미를 만드는 기술이라는 것"을 깨닫게 된다(Bruner, 1986, p. 149). 자신들이 속한 문화에 대한 한 어린이의 이해는 그들이 듣는 이야기를 통해 구성된다.

4.1 어린이들은 수학적인 이해를 구성한다

이야기를 통해 수학을 지도하는 근본적인 목적은 수학적인 이해를 잘 구성하도록 지원하는 데 있다. 어린이들은 수학적 패턴을 인식하고 수학을 경험한다. 이야기를 여러 번 듣고 난 다음, 어린이들은 패턴을 정확하게 인식하게 되고, 말로 묘사하고, 상상한 것을 일반화한다. 어린이들은 이야기의 수학적 아이디어를 조직하고 내면화하며, 의미를 구성한다.

이야기는 수학을 가르치는 대안적인 방법이 될 수 있다. 따라서 여기에서는 이야기와 놀이의 교육적 접근을 활용한 가치가 무엇인가에 초점을 맞추어 보자.

> 수학과 교육과정에 대한 명확한 서술에서, 수학적 개념을 어린이가 파악하는 상황에서 이야기와 놀이가 매우 중요하고 효과적인 방법이라는 증거에 대한 언급은 교사들에게 용기를 돋우어줄 수 있다.
>
> (Haylock & Cockburn, 2013, p. 86)

수학을 가르치기 위한 방법으로 이야기를 활용한 접근은 어른과 학습자 모두에게 유익한 무엇인가를 제공한다. 거기에는 읽기, 말하기, 이야기 창조하기에 대한 만족이 존재하는데, 이러한 경험은 교육자인 어른과 학습자인 어린이 상호간 모두에게 이득이 되는 것이다.

이 책에서 제안하는 이야기는 관례에 따르는 양식화된 수학적인 이야기와는 다르다. 이 책에서 언급되고 있는 이야기들은 일반적으로 그것들의 중심에 **줄거리**를 가지고 있는 것이다. 즉, 그것은 진심에서 우러난 이야기 경험인 것이다. 여기에 제시된 이야기들은 단순히 수학을 전달하고 전수하기 위한 내러티브는 아닌 것이다. 이야기가 내러티브로 되었을 때, 우리는 경험을 재형상화하고 통제할 필요가 있다. 이를 통해 **진정한** 이야기 경험을 하도록 되돌릴 수가 있다. 이미 책으로 출판이 되어 있는 우수한 어린이 문학서적을 이용하여, 우리의 작업을 수행하는 것은 관례화된 수학적 내용의 함정에 빠지는 것을 피할 수 있도록 우리에게 유익한 도움을 제공한다. 매우 균형이 잘 잡힌 기초적인 자료를 창작하기 전에, 우리는 이미 출판된 우수한 이야기, 그 이야기의 줄거리와 함께 놀이로부터 작업을 시작하였다.

4.2 근접발달영역

Vygotsky가 근접발달영역(Zone of Proximal Development, ZPD)이라는 개념을 제안하였을 때, 그는 어린이들의 학습에서 성인과 능력 있는 또래로부터 학습의 가치를 옹호하고 있다.

> 근접발달영역은 혼자서 주어진 문제를 해결할 수 있는 것에 의해 결정되는 실제적 발달수준과 어른의 안내 혹은 능력 있는 또래의 도움을 통해 주어진 문제를 해결할 수 있는 것에 의해 결정되는 잠재적 발달수준 사이의 거리이다.
>
> (Vygotsky, 1978, p. 86)

Rogoff는 Vygotsky의 사회문화적 이론을 언급하였다. 그의 언급에서는, 어떻게 학습자가 인지적 발달 수준이 다른 타인의 학습에 의존하고 있는지를 설명하고 있다. 여기서 인간은 학습에서 더 많은 경험을 가진 타인의 도움을 교양과 수학적 사고 성장을 위한 문화적인 도구로 사용한다(Rogoff, 2003, p. 237). Rogoff는 안내된 참여의 관점에서 어른의 중재를 언급하였다. 또한 "ZPD 내에서의 상호작용에 있어서, 어린이는 자신이 속한 공동체 내에서 읽고 쓰기, 수 체계, 언어, 계획을 위한 수단 등을 포함하는 지적인 도구들을 사용하는 방법에 대해 학습하게 된다."고 설명한다. Vygotsky(1978)에 의해서 이론화된 ZPD는 수학적인 발달 상황에서 이야기를 통한 어른들의 중재활동을 지원하기 위해 사용할 수 있다.

이야기는 어린이들의 인지적 발달을 지원하는 역할로 작용한다. 여기서 도전할만한 것은 미성숙한 수학적인 기능들이 성숙될 수 있도록 하는 방법으로 이야기가 작용하도록 할 것이라는 점이다. 이 책의 목적은 이야기를 통해 아이들의 수학적 발달을 안내하도록 성인들을 격려하는 것이다.

4.3 구두 이야기

Schiro(2004)는 인간의 삶에서 이야기는 중요한 역할을 수행하고 있으며, 이야기는 "인간 사고의 근본적 행동"이 된다는 점을 언급하고 있다. 오래전부터 스토리텔러들은 이야기 속에 교육적 요소를 결부시키려고 하였는데, 이러한 경향은 거의 모든 문화권에서 동일하게 나타나는 현상이다(Rogoff, 2003). 이야기는 우리 자신은 물론, 우리와 다른 또 다른 대상들을 이해하는 수단이었다. Schiro(2004, p. 53)는 "이야기를 활용한다면 (문화적 정보, 태도, 가치를 전수하는 동안) 어린이들이 의미를 만들어내는 방식과 수준에 맞춰서 스토리텔러가 어린이들에게 말하는 것이 가능하다."고 설명하고 있다. 구두 이야기의 사용은 옛 전통으로 이끌어주기는 하지만, 구두 이야기를 활용해서 수학적 아이디어들을 의사소통하는 것은 의도적으로 계획된 것은 아니다. 구두 이야기하기를 사용하게 되면, 교사와 어린이들에게는 하나밖에 없는 유일한 경험을 형성하게 한다. Grugeon과 Gardner(2000, p. 2)는 이야기를 읽는 것과 이야기를 말하는 것 사이의 차이를 극명하게 설명하고 있다. 이야기를 읽는 것은 누군가에 의해 생성된 글을 해석하고 공유하는 과정인 반면, 이야기 말하기는 하나밖에 없는 유일하고 개인적인 실행의 과정이다. Schiro (2004, p. 55)는 "인간의 목소리는 문자로 된 단어와는 매우 다른 매체이기 때문에 구두로 전달된 이야기는 문자로 된 이야기와 다르다."라고 설명하고 있다. 전래 동요인 Humpty Dumpty는 동화책에 등장하는 등장인물 어린 럼프티를 자극하였고, 이 출판된 이야기를 구두로 재말하기는 다른 무엇인가를 발생시켰다. "이러한 재구성에서는 목소리를 매개로 하였기 때문에 새로운 반향을 가져오게 하였다"(Grugeon & Gardner, 2000, p. 121). 우리는 이 책의 5장에서 2의 배수로 세기 활동의 수학적 아이디어를 촉진하기 위해 "Little Dumpty"의 이야기를 다시 말하기 하는 경험을 하게 될 것이다.

Schiro의 영향을 받은 교사들 중의 한 명은 "자신이 구두로 이야기를 들려 줄때면 교실에는 다른 에너지가 있는 것처럼 보인다."고 설명하면서, "구두 이야기의 내재적인 힘"에 대해 언급하고 있다(Schiro, 2014, p. 104). 구두 스토리텔링은 매우 강력한 경험이 될 수 있다. 교사가 서술되어 있는 이야기를 단순히 읽었을 때, 학생들은 이야기와 분리된 상태로 남을 수 있지만(Schiro, 2004), 교사가 구두 이야기를 창조하였을 때 이야기와 청중 사이의 친밀도가 발전한 것으로 나타났다. Schiro(2004)는 구두 스토리텔링을 사용하기 위해 어린이 이야기책을 활용하는 교사들을 비교 관찰하였으며, 어떻게 스토리텔러가 문헌으로부터 자유로워지는지, 또 왜 자발적으로 되는 것이 필요한지에 대해 설명하고 있다. 또한 그들이 청중과 더 밀접하게 관계짓는 것, 개인적인 인식 등에 대해 자세히 묘사하고 있다. 구두 이야기에는 본질적으로 자유로움이 존재하고 있다. 사실, 말하는 것은 스토리텔러가 청중의 필요에 적합하도록 하기 위해 원래의 버전에 적절한 첨가와 변화를 주고 있으므로 원래의 문헌으로부터 자유로울 수 있다. 구두 이야기는 청중을 포함하여 그 범위가 분명하게 존재하고 있고, 오로지 하나만 존재할 수밖에 없는 상호작용이 발생하게 된다. 구두 스토리텔링의 이러한 유연성은 이야기와 수학적 아이디어 사이를 연결하기 위해 매우 효과적인 도구로 개발될 수 있다.

4.4 상상력

Egan(1988)은 상상력이 학습의 도구로서 소홀히 다루어지고 있다고 생각한다. Egan은 "어린이들의 지적인 능력에 대한 균형 잡힌 평가를 통한 교수의 실제와 교육과정에 대해 재고해야 한다."고 제안하면서 상상력을 강조하고 있다. 사실 상상력이 무엇인지 이해하기도 어렵다. 그리고 상상력에 초점을 맞춘 교육적인 연구도 많지 않은 것이 현실이다(Egan, 1988). 사실, Egan은 교수와 교육과정에 관한 원칙 중 일부는 "어린이들의 상상력을 억제하고 상상력을 활용한 교육의 잠재성을 훼손한다."고 주장한다. Schiro(2004, p. 77)는 "어린이들의 지적인 삶에서 가장 강력한 부분 중의 하나가 그들이 가지고 있는 상상력과 공상적인 능력이다."라는 관점을 취하고 있다. Schiro(2006, p. 46)는 구두 스토리텔링의 목적과 의도를 상상력에 의한 방법과 개인화되고 배경화된 수학적 이해로 설명하고 있다. Schiro는 "환상, 상상력, 직관적, 감정, 유쾌함이 교육적 과정의 중심에 있어야 한다."는 관점을 표명하고 있고(2004, p. 46), 이러한 관점에서 어린이들의 수학적 발전을 지원하기 위해 구두 이야기의 사용을 조언하고 있다.

4.5 어린이들은 추상적인 방법으로 학습할 수 있다.

Egan(1988)은 어떻게 어린이들이 추상적이고 환상적인 이야기를 다루고 있는지에 대한 방법을 이해하고, 이를 통해 어떻게 구체적인 것으로부터 추상적인 것으로 옮겨갈 수 있는가에 대한 원리에 대해 도전하고 있다. Egan은 "어린이의 구체적인 대상에 대한 활동적인 조작이 추상적이고 기호적인 학습에 선행한다."는 원칙에 대해 동의한다. 그러나 그는 "어린이가 **모든 것**을 그러한 경험을 통해 가장 잘 배우는가?, 그들은 그러한 경험으로부터**만** 배울 수 있는가?, 그러한 경험을 통해 배울 **수 없는** 내용을 없는가?" 등에 대한 의문을 가지고 있다. Egan은 비록 어린이들이 추상적 개념을 명확히 하는 것을 어려워하고, **어떤 종류**의 추상적인 개념을 다루기 어려워 하지만, “일반적으로 추상적인 개념이 어린이들에게 어려움이 있다는 것”에는 동의하지 않는다. Egan(1988)은 어린이들의 지적인 발달에 있어서 추상적인 움직임 이전에 구체적인 출발이 전적으로 다루어져야 한다는 것은 아니라는 점을 옹호하고 있다. 따라서 Egan은 어린이들이 이야기를 통해 추상적인 아이디어에 더 잘 관련될 수 있도록 하는 것을 제안한다.

어린이들의 개념적인 능력은 그들이 어떻게 이야기를 관리하고, 그들이 어떻게 이야기의 리듬과 연관시키는지를 통해 명백하게 드러난다(Egan, 1988). 구두 스토리텔링은 추상적, 객관적, 연역적인 수학을 상상과 감정의 세계로 변환시킨다(Schiro, 2004). 또한 이야기의 추상적인 아이디어를 통해 어린이들이 추상적인 수학적인 아이디어에 접근할 수 있게 한다.

구두 수학이야기는 수학적인 언어를 촉진한다. 문제의 의견 표명에서 출발한 것이 마지막에는 아이디어의 표현으로 마무리한다. Schiro(2004)는 이야기를 통해 수학적인 언어를 어떻게 어린이들이 재학습하는지 설명하고 있다. 스토리텔러로서의 우리의 도전은 수학적인 표현양식(어휘)이 이야기 구조에서 안정되어 있음을 확실하게 해주고 있다. Pratt(2006)는 “표현양식(어휘)은 ‘사용된 용어’와 ‘관련되어 있는 아이디어의 이해’ 사이의 역동적인 관련성 안에서 그것에 대한 사용을 통해서 선택되어질 수 있고, 그것의 사용 이전에는 불가능하다.”고 설명한다. 이것은 수학적인 아이디어의 표현을 위해 관련된 소재를 가진 이야기의 표현양식을 다루고 있는 다음 장에서 확인할 것이다.

Schiro(2004)는 수학교사가 ‘구두 이야기의 교육적 힘’과 그들의 창의력을 사용하기 위해 성인을 돈우어주는 것, 그들 자신으로부터 이야기를 제공하는 것에 대해 탐구하는 것을 옹호하고 있다. 구두 스토리텔링은 수학을 개인화하는 것, 자신의 창의력에 그것을 연결하는 것을 인정하고 있다. 다음 장에서는 창의적인 수학적 대화를 생성하는 수단으로써 어린이에게 들려줄 이야기를 개작하게 될 것이다. Schiro의 관점을 유지하면서(2004), 구두 이야기는 다른 교육적인 선택의 한 방법으로 제안되어졌지만, 이것이 수학교육의 구원자는 아니라는 점도 기억하자.

5 결론

이번 장에서는 이야기와 관련된 용어들에 대한 공유된 이해를 위해 용어의 의미에 대해 명료화하였다. 우리는 이야기와 관련된 용어로서 “구두(대화가 매개체), 수학적 내러티브(지식의 양식), 이야기(줄거리에 의해 둘러싸인 순서), 즉 구두 수학적 내러티브 이야기 혹은 더 간단하게 구두 수학이야기”를 가져왔다.

무엇이 성공적인 이야기를 만드는가에 대한 통찰은 이야기를 선택할 때, 이야기를 재구성할 때, 이야기를 창조할 때 유익한 도움을 줄 수 있다. 어린이를 위해 이야기의 각각의 단계는 사건으로 이루어져 있는 이야기의 형태로 구조화되어야 한다. 몇몇의 간단한 세부 항목은 또 다른 세상, 되풀이되는 어구, 어린이를 사로잡는 행동으로 어린이들과 연결된다.

나는 이번 장에서 이야기가 수학적인 기회를 제공한다는 점을 제안하였다. 아동 문학은 종종 우연히 수학적이다. 우리의 목적은 이야기 속에서 수학적인 기회를 활용하자는 것이다. 이야기와 수학 사이의 관련성을 만드는 것이고, 수학과 다른 수학적인 아이디어를 연결하고, 이야기 이면에 있는 수학적인 아이디어를 보는 것이다. 어른은 이야기를 통해 학생들의 참여를 안내하고, 어린이들의 수학적인 발전에 대한 비계설정을 할 수 있을 것이다. 이야기는 수학교사를 위해서는 수학적으로 아이들을 격려하는 교육적 도구이고, 아이들을 위해서는 수학을 마음에 그려서 시각화할 수 있는 새로운 세상인 것이다(그림 2.2 참조).

그림 2.2 Ikran은 즐겁게 〈Handa's Surprise〉를 놀이로 하고 있다.

chapter

3 수학적인 방식으로 놀이 연계하기

Teaching Mathematics Through Story

> 놀이에서 사고는 대상과는 구별이 되고, 행동은 대상 자체보다는 아이디어에서 나온다. 나무 한 조각이 하나의 인형이 되고, 막대기 한 개가 한 마리의 말이 될 수도 있다.
>
> (Vygotsky, 1978, p. 97)

이 장에서는 세 가지 주제를 탐구하는 것을 목표로 한다.

- 암묵적으로 하는 수학적인 놀이하기
- 놀이에서 명시적으로 수학적인 아이디어 표현하기
- 놀이에서 수학적인 묘사를 하는 작가로서의 어린이 되기

러시아 이야기에서 번안한 〈Teremok〉

(이 이야기는 Arnold 1994; Ransome 2003에서 볼 수 있음)

이것은 숲 속에 있는 작은 오두막에 대한 이야기다. 작은 고양이가 빈 터에 도착한다. 고양이는 오두막의 앞, 뒤, 위, 옆, 아래를 보고 오두막 안에 무엇이 있는지 궁금했다. 고양이는 노크하기 시작했다. “Knock, knock, knock, Tere-teremok, 누가 내 노크에 대답할까?” 아무도 대답하지 않아서 고양이는 안으로 올라가 잠에 빠진다. 벌이 빈 터에 왔고, 오두막 안이 궁금하여 노크하기로 한다. “Knock, knock, knock, Tere-teremok, 누가 내 노크에 대답할까?” 고양이가 대답했고, 벌은 안으로 들어가 잠들었다. 다른 동

물이 올 때마다 노크를 하였고, 안으로 마지막에 들어간 동물들이 문을 열어준다. 그런데 크고 쾅쾅거리는 발자국 소리가 들린다. 곰은 오두막의 앞, 뒤, 위, 옆을 살펴보고 오두막 안에 무엇이 있는지 궁금해한다. 곰은 자기가 그 오두막에 들어가기에는 너무 크다고 생각했고, 동물들은 곰이 오두막 위에 앉을 것이라고 말하는 소리를 듣는다. 안에 있는 동물들은 패닉상태에 빠졌고 뒤에 들어온 동물부터 시작해서 순서부터 한 마리씩 도망치기 시작했다. 그런데 곰은 숲 속에 있는 오두막 위에 앉지 않기로 마음먹었다.

(Brown, 2013a)

1 도입

이 장은 수학과 놀이를 어떻게 연결할 것인지에 대한 아이디어에 대한 설명으로 시작한다. 우리는 수학적인 렌즈로 놀이를 바라본다. 즉, 놀이에서 문제 제기와 문제 해결은 수학적이다. 어린이들은 Arnold(1994)가 어린이 그림책으로 다시 쓴 러시아의 전통적 이야기인 〈Teremok〉을 구두로 듣는데, 이 이야기는 Ransome(2003)의 모음집의 특징을 나타내는 〈Who Lived in the Skull〉라는 제목을 가진 이야기와 비슷하다. 어린이들은 스토리텔러인 Paula Brown 선생님이 재말하기 하는 이야기를 들은 후에 직접적으로 관련되지는 않지만 어느 정도 연계된 소품들을 사용한 놀이를 관찰하게 된다. 어린이들은 놀이에서 〈Teremok〉에 있는 몇 가지 수학적 아이디어들을 표현하게 된다.

한 남자 아이는 〈Ladybird on a Leaf〉 이야기를 들은 후에, 자신만의 방법으로 수나 숫자 패턴으로 만든 이야기를 가지고 놀이하는 것을 관찰하게 된다. 1장에서 제시한 관찰 도구를 이용해서 이 어린이의 수학적 행동을 포착할 수 있다. 놀이에서 어린이가 문제 제기와 문제 해결을 하고, 상상의 세계를 만들고, 추상적인 아이디어를 상징적으로 나타내고, 이야기와 관련된 수학적 아이디어를 명확하게 표현하도록 한다는 점에서 놀이는 암묵적으로 수학적이라고 할 수 있다.

이 장의 문제 제기와 문제 해결의 핵심은 Pound 선생님과 Lee 선생님이 어떻게 하는지를 묘사한 부분에 나타난다.

> 놀이에서 어린이들은 여러 가지 시도를 해볼 것이고, 그것들을 보다 세련되게 만들기 위해서 다시 곱씹으면서 생각하고 다른 각도에서 살펴보고, 어린이들은 여러 가지 시도를 해볼 것이고, 그것들을 세련되게, 다시 꺼내 생각해 보고, 다른 각도에서 살펴보고, 그들이 탐구한 바를 다른 어린이들도 공감하도록 하고, 역할을 바꾸어 가면서 해결할 수 없을 것 같았던 문제의 실마리와 해답을 발견하게 된다.
>
> (Pound & Lee, 2011, p. 64)

어린이들이 놀이에서 접근하는 이와 같은 특징은 수학적 이해를 위해 요구되는 것과 비교할 만하다(Pound & Lee, 2011). 이 장의 목적은 교사들에게 놀이를 수학적인 방식으로 보는 것과 어린이들의 놀이 행위를 수학적인 방법으로 해석할 수 있도록 하는 것이다.

2 암묵적인 수학놀이

어린이들은 자신들이 하는 방법으로 놀이 묘사를 통하여 아이디어를 엮어간다. 놀이에서의 묘사를 서로 얽히고 생생하게 만드는 즉흥적인 생각, 단어, 행동이 있다. 새로운 영역을 찾는 곤충의 안테나처럼 놀이에서 어린이들은 아이디어의 방향을 찾고 다시 방향을 바꾸면서 새로운 방향을 탐색한다. 어린이의 놀이에서 미리 그들의 아이디어가 어디로 향해 갈지 알 수 없다. 그것들은 현재 확장해가며 뻗어나가면서 현재 상태에 왔고, 계속 뻗어가면서 새로운 상황을 만들어 가게 된다.

2.1 놀이: 즉흥적인 사고를 위한 팁

만약 당신이 어린이 옆에서 함께 놀이를 한다면 놀이의 즉흥성을 느낄 것이다. 만약 당신이 어른으로서 어린이로 하여금 상상의 놀이로 이끌기를 허용한다면, 이는 마치 줄로 끄는 것과 유사하다. 어린이들은 이 실을 당기면서 다음에 어떻게 될지 모르는 불확실성에 의하여 이끌림을 받게 된다. 이 방식으로 놀이를 할 때 어린이들은 즉흥적인 사고를 해야 하는 장면에 놓이게 된다. 이 방식으로 놀이를 할 때는 가능성에 대해 열린 마음의 태도가 요구된다(Craft, 2001). 이 방식의 놀이에서는 미리 결정된 것은 없다.

2.2 놀이에서 가능성의 사고: 만약에 ~한다면?

창조성의 핵심은 혁신을 이끄는 가능성의 사고이다. Craft(2001)는 창조성의 질로서 혁신에 대하여 묘사했다. Craft(2001, p. 91)는 창조하거나 상상의 접근 방법으로 가능성의 사고의 표현으로서 "만약에 ~한다면?"이라는 질문을 포함한다고 제안했다. 놀이는 가능성의 사고에 대한 것이다. 놀이에서 어린이들은 소품의 가능성을 시험한다. 이야기와 수학의 가설적인 추측으로 "만약에 ~한다면?"이라는 질문은 놀이에서도 똑같은 특징이 있다. 만약 이 플라스틱 접시가 자동차 핸들이라면 어떨까? 이 빨간 담요가 바다라면 어떨까? 우리가 어린이들의 놀이를 볼 때 우리는 만화경적인 과정을 발견할 수 있다(Ginnis & Ginnis, 2006). 한 어린이의 아이디어가 계속 들어가고, 계속 바뀌고 바뀌면서, 밖으로 나오고 나오면서, 새로운 아이디어가 생성되게 된다. 어떤 놀이 시나리오는 어린이가 깊이 생각하는 동안에는 이 변화의 속도를 늦추게도 한다.

2.3 추상적 사고

Vygotsky는 어린이가 가상적인 상황을 만들어 내는 것이 추상적인 사고 발달의 방법과 동일하다고 생각했다. "발달의 관점에서 볼 때, 가상의 상황을 상상하는 것은 추상적 사고가 발달하는 방법으로 생각될 수 있다"(Vygotsky, p. 103). 가상적 상황을 만들 때, 어린이는 이러한 가상적인 세계를 위해 추상적인 아이디어를 표현하기 위한 자료를 선택하게 된다.

미래를 위한 놀이

나는 유아교육 기초를 수강하는 학생들에게 매년 '미래를 위한 놀이(Play for Tomorrow)'라는 제목의 녹화된 TV 다큐멘터리를 보여준다. 이 다큐멘터리에서 Colwyn Trevarthen은 어린이들이 놀이하는 모습의 비디오 영상을 보여준다. 그는 어린이들이 어떻게 두루마리 휴지심을 망원경으로 생각하는지를 묘사한다. 그는 어린이들이 놀이 과정에서 어떻게 이것이 망원경이라는 것에 동의하는지를 보고 매료되었다. 두루마리 휴지심은 망원경이 되었고 어린이들은 더 이상 이의를 제기하지 않는다. 이 놀이의 시나리오에서 어린이들은 이러한 새로운 쓰임새에 동의한다. (Play for Tomorrow, 1991)

2.4 수학적 내러티브 작가로서의 어린이

어린이들은 놀이를 할 때 작가가 된다. 즉, 아이디어의 작가이다. 놀이에 대한 설명은 2장에 설명한 것과 같은 문제나 긴장을 가지고 있지 않게 된다. 놀이는 더 많은 내러티브 설명, 생각의 흐름, 단어와의 연계, 행동과의 연계를 즉흥적인 방법으로 하도록 한다. 이러한 내러티브는 이야기 구조에만 묶여 있는 것은 아니지만 가끔은 이것에 영향을 받는다. 이것은 자주 더 유연하고 덜 형식적인 구조를 지닌다. 어린이들은 이러한 놀이 내러티브의 작가들이다. 어린이들은 가끔 놀이에서 수학적 내러티브 작가가 되기도 한다.

2.5 놀이에 암시된 수학적 사고: 문제 제기와 문제 해결

1장에서 문제 제기는 문제 해결과 비교될 수 있음을 알아보았다. 우리는 이제 어린이들의 놀이가 문제 제기 및 문제 해결과 어떻게 관련되어 있는지 알아볼 것이다. 어린이들은 놀이를 하면서 자연스럽게 수학적인 방법으로 문제를 제기하고 해결하게 된다. 놀이에서 어린이들은 심지어 이러한 단어를 정확히 표현하기에 너무 어리다고 생각되지만 "만약 ~ 한다면, 어떻게 될까요?"와 같은 질문을 한다.

2.6 놀이를 좋아하는 태도: 문제 제기와 문제 해결, 그리고 놀이의 관계

어린이들의 놀이를 좋아하는 기질은 새로운 문제, 대안적인 방법, 새로운 해결책을 찾도록 이끈다. 어린 아이들은 자연스러운 문제 탐색자이다(Pound, 2008). 놀이는 문제를 제기하고 이를 자연스럽게 검토하고 해결해 간다(McGrath, 2010, p. 204). 우리는 Pound 선생님이 "어린이들은 그들의 놀이에서 수학적 사고의 발전에 필수적인 몇몇 사고의 기술을 일찍 배울 수 있다"라는 하는 주장(2006, p. 82)으로부터 놀이는 수학적인 사고방식이라고 확장할 수 있다. 즉, 놀이는 수학적이다. 놀이를 좋아하는 태도는 어른과 어린이 누구든 놀이하는 사람에게 모두 창의성을 촉발하게 한다.

2.7 일상의 놀이에서 문제 제기와 문제 해결의 예시

놀이 시나리오에서 문제 제기와 문제 해결이 함께 잘 맞아 들어가는 것을 보는 것은 매력적이다. 몇몇 어린들이 수학적인 놀이를 하는 방법을 설명하면 다음과 같았다.

느슨하게 또는 좀 더 이야기의 소재와 밀접하게 관련 있는 소품을 제공함으로써 우리는 다른 가능성을 가지는 놀이로 발전하도록 할 수 있다. 놀이는 예상하기 힘들지라도, 어린이들이 수학적인 방법으로 놀이하도록 하는 것뿐만 아니라 어린이들로 하여금 이야기와 결부하여 수학적인 아이디어를 명시적으로 표현하도록 할 수도 있을 것이다.

시나리오 1: 세 개의 노란 구멍 조각 연결시키기

한 살인 몰리 메이는 나무 바닥에서 달가닥거리는 소리를 내기 좋아하면서 Numicon(수학교구) 조각을 던지고 있다. 이 아이는 L자 모양의 세 개의 노란색 구멍이 있는 막대를 가지고 다른 조각들을 그것들이 마치 그 구멍과 맞는 짝이 되는 것을 아는 것처럼 같이 들어올렸다. 어떠한 말도 없었지만 이 아이는 이러한 행동을 세 번이나 반복하면서 노란색의 물건 사이의 짝맞춤 가능성을 찾아내었다.

시나리오 2: 우리로 양 나누기

Kim Lewis(1992)가 쓴 〈Floss〉(양치기 개에 관한 이야기)를 세 살 아이에게 들려준다. 놀이에서 농장에 한 마리의 양치기 개와 24마리의 양 그리고 나무블록으로 구성된다. 이 아이는 24마리의 양을 한 줄로 세운 후, 이들을 4개의 가축 우리로 나눈다.

시나리오 3: 가상의 캠퍼밴 만들기

이것은 캠퍼밴의 쿠션, 담요, 박스, 의자의 위치 조정과 준비 결정에 관한 것이다. 이야기의 상황은 여행, 먹기, 자기 등의 상황이 벌어지는 다섯 살 어린이들을 고려하여 만들어졌다. 이 어린이는 여행을 하면서 먹고 자는 역할을 한다. 계속하여 만족할 만한 답을 얻을 때까지 다른 방법으로 재배치하고 점검하면서 시간을 보낸다. 의자 사이의 거리를 조정하여 빨간 담요를 위에 놓을 수 있도록 한다. 미술 테이블 근처에 있는 포스터 물감 튜브는 마치 케첩처럼 간주하여 캠퍼밴 안에 채워 놓는다.

3 어린이들은 놀이에서 명시적으로 수학적 아이디어를 표현한다

어린이들이 놀이에 집중할 때, 그들은 만들고, 탐구적이며, 추론하며, 정보를 처리하고, 평가와 반성을 한다(Ginnis & Ginnis, 2006). 어린이들은 놀이에서 아이디어를 연결한다. 직관, 추론, 분석, 논리 등이 놀이 안에서 통합된다(Ginnis & Ginnis, 2006). 수학적 사고는 놀이 안에 암시적으로 내포되어 있다. 이것은 또한 어린이들이 수학을 명시적으로 표현하는 방법이 될 수 있다. 나는 스토리텔러인 Paula Brown이 〈Teremok〉 이야기를 네다섯 살의 30명 어린이들로 이루어진 교실에서 들려주고 난 후 2명의 어린이들이 놀이하는 것을 관찰하였다(Brown, 2013a). 이 스토리텔링의 수학적 주제들 중 한 가지는 위치적인 언어이고 또 하나는 들이에 대한 것이다. 이 놀이 상황에서 2개의 야채 박스와 부드러운 동물 장난감을 제공한다.

〈Teremok〉에 이어지는 놀이 시나리오

코레이와 올리비아는 크고 작은 야채 박스와 부드러운 동물 장난감을 가지고 놀이한다. 아래에 나오는 것은 이 놀이가 해적선과 섬에 관한 것이 되기 전 〈Teremok〉과 관련된 놀이 시나리오에서 추출한 것이다. 어린이들은 다른 크기의 야채 상자를 두 개 가지고 있다. 어른들이 생각하는 이 이야기를 들려주는 수학적 의도 중 하나는 들이에 대한 것이었다. 처음에는 작은 상자에 관해서 이야기한다.

코레이가 이렇게 말한다. “아! 여기에 딱 맞아. 네가 안에 눌러서 집어넣는다면. 아마도” 올리비아가 “작은 동물은 아래에 가고 큰 동물은 위로 올라가야 해. 작은 동물은 아래로 가고, 또 작은 동물을 아래로 가고, 큰 동물은 위로 올라가야 해.”라고 말한다.

코레이가 우는 소를 손에 쥐고 말했다. “이 소가 ‘안에 제대로 들어갈 수 있나요?’라도 물어보고 있어요.”

올리비아가 “오직 작은 것만 안에 들어갈 수 있어.”라고 말한다.

이번에는 큰 야채 상자에 대해 이야기하기를:

올리비아가 대답했다. “이 동물들은 곰과 함께 여기 안에 집어넣을 수 있어.”

코레이가 다시 확인했다. "그럴 수 있어. 모든 동물을 잘 집어넣는다면 모두 넣을 수 있어."

4 놀이에서 수학적 내러티브 작가가 되는 어린이

나는 제이크가 〈Ladybird on a Leaf〉 이야기를 듣고 이 이야기와 관련된 도구들을 가지고 놀이하는 것을 관찰하였다(그림 3.1). 이 스토리텔링의 수학적 아이디어는 'N'으로 증가하는 수는, 같은 만큼 더하고 난 뒤에 빼든, 빼고 난 뒤에 더하든 그 후에 남는 결과는 같다는 것이다. Haylock과 Cockbum는 일반화될 수 있는 구체적인 예시를 제공했다. "만약 네가 6을 더하고 6을 뺀다면 항상 처음 시작한 숫자로 돌아갈 것이다"(2013, p. 297). 이어지는 이야기는 아래와 같은 수학적 아이디어를 가지고 놀이를 할 수 있도록 해 준다. $N+n-n=N$ 그리고 $N-n+n=N$.

제이크는 이야기를 듣고 한 마리의 무당벌레를 선택했다. 다른 어린이들이 이 무당벌레가 어떻게 다른 수의 무늬를 가질 수 있는지 이야기하는 것을 듣고 난 후에 12개의 무늬를 가지고 놀이를 하기로 결정했다. 제이크는 각각의 날개에 6개씩 조심스럽게 배열하였다. 무당벌레와 무늬는 설탕종이로 잘라서 만들었다. 아래에 나오는 제이크가 이 이야기와 관련하여 한 소품을 가지고 놀이하고 재말하기 하는(그림 3.2 그의 이야기는 이탤릭체로 나타내었다.) 중에 수학적인 관찰에 대한 이야기이다.

〈Ladybird on a Leaf〉(제이크가 이 이야기를 듣는다)

옛날에 잎 위에 무당벌레 한 마리가 있었어요. 무당벌레는 날개 펴고 따뜻한 햇볕을 즐기고 있었어요. 무당벌레는 "내 무늬에 좋을 거야"라고 생각하며 햇볕을 더 받기 위해 몸을 돌렸습니다. 무당벌레는 다른 무당벌레들도 같은 행동을 하는 것을 보았습니다. 무당벌레는 자신이 그렇게 하는 유일한 무당벌레가 아니라는 사실에 실망했어요. 적어도 무당벌레의 10을 만드는 사랑스러운 패턴 무늬는 무당벌레 기쁘게 할 만큼 잘 배열되어 있었습니다. 1, 2, 3, 4, 5, 6, 7, 8, 9도 아닌 10개의 검은 무늬는 아름답게 배열되어 있었어요. 무당벌레를 눈을 감고 쓸쓸하게 혼자서 졸고 있었어요.

그 때 전화기가 울렸어요. 무당벌레가 날개에서 빠져나와 이 시간에 누가 전화를 건 것인지 궁금해하며 대답했어요. “네?” 무당벌레의 전화기는 최근에 울린 적이 없었어요. 무당벌레는 다른 무당벌레들과 잘 연락하지 않았거든요.

“안녕, 나야. Camilla. 어디 있니? 뭐 하고 지내니? 런던에 가지 않을래?”

“질문이 너무 많아.” 무당벌레는 귀에서 수화기를 떨어뜨리며 생각했어요. “Camillia, Camillia, Camillia, 오! Camillia.” 1년 동안 그녀를 본 적이 없었네. 당나귀의 해(무슨 뜻인지 상관없이, 혼자 속으로 그렇게 생각했어요.)

“런던에 가지 않을래?”

“언제?” 무당벌레가 물었어요.

“오늘”이라는 대답이 들렸어요. “나 네가 있는 곳에 곧 도착할 거야.”

무당벌레는 잎을 치우고 부산스럽게 움직이기 시작했습니다. 무당벌레는 아무도 자기의 비밀을 모를 것이라고 생각했어요. 무당벌레의 무늬는 만든 것이고 비가 많이 오면 씻겨 내려갈 수 있어요. 그러나 잎 위에 있는 개미는 무당벌레가 무늬를 풀로 붙이는 것을 매일 보았어요. 그런데 Camillia는 아주 일찍 왔어요. 그래서 무당벌레는 무늬를 풀로 붙일 시간이 없었습니다. 마치 무당벌레의 자존심을 무너뜨리려는 것처럼 무당벌레의 으스대는 것을 싫어하는 비가 짓궂게 잎 위에 내리기 시작했습니다. 비는 두 개의 무늬를 지우고 이야기했어요.

“지워진 건 아주 사라져 버린 걸까?”

친절한 개미는 이 사실을 알아차렸어요. 개미는 두 개의 무늬를 풀에 놓아두고 두 개의 무늬를 무당벌레의 등에 붙여주었어요.

개미가 속삭였어요. “여기 있는 것은 새로 붙인 거야.”

개미는 아침을 먹으러 돌아갔습니다. 비가 이번엔 네 개의 무늬를 씻어 내렸습니다.

“지워진 건 아주 사라져 버린 걸까?” 비는 쉬익하고 소리를 내었습니다.

개미는 다시 방해 받은 것에 약간 짜증을 내면서 돌아왔습니다. 개미는 네 개의 무늬를 다시 붙이고 비구름을 쏘아보았어요.

“붙여 놓은 건 새로 붙인 거야”, 개미는 속삭였습니다.

초인종이 울리고 Camillia가 들어와서 무당벌레의 완벽한 10개의 무늬를 보며 얼마나 잘 어울리는지 칭찬하면서 말했습니다.

“시간이 빨리 가네. 이제 서두르자. 우리는 런던으로 가는 기차를 잡아야 해.”

그림 3.1 제이크가 〈Ladybird on a Leaf〉 이야기 소재와 관련된 패턴을 만들고 있다. $12-n+n=12$.

제이크(4년 5개월 된)가 〈Ladybird on a Leaf〉로 놀이하고 있다.

수학적 아이디어 $N-n+n=N$ 혹은

$12-n+n=12$처럼 12개의 무늬를 제이크가 무당벌레를 위해 선택하고 난 뒤에 제이크는 아래와 같은 수학적 아이디어를 표현했다.

$$12-4+4=12$$
$$12-7+7=12$$
$$12-12+12=12$$
$$12-10+10=12$$

4.1 제이크의 놀이

나를 놀라게 한 것은 내가 제이크의 비디오를 전사할 때 그가 의도적으로 수학적 아이디어를 놀이 안에서 연계시켜 가는 방법이었다. 그는 무당벌레의 무늬를 지워서 없애고 12와 관련된 숫자들을 말했다. 이것은 즉흥적인 것이었다. 처음에 그는 수의 관계를 생각하지 못하고 무늬를 지웠다. 그의 행동은 12에서 7을 빼면 얼마가 될지를 모르는 것처럼 단순히 가능성을 물어보는 "만약 ~한다면?" 질문에 가까웠다. 여러분이 N이라는 수에서 n을 빼고 다시 n을 더한다면 원래의 숫자 N으로 돌아갈 것이다. 제이크는 무당벌레의 몸과 무늬를 이러한 추상적인 아이디어를 시각적이고 활동적이며 언어적인 방법으로 표현하기 위해 사용했다.

4.2 제이크의 수학적 행동 포착하기

1장에서 나는 어린이들의 수학적 행동을 기록하기 위한 관찰 도구를 준비했다. 이 장에 있는 놀이의 이론적인 논의에서 언급했듯이, 놀이는 어린이들이 문제를 제기하고 해결하는 방식에서 볼 때 수학적인 것처럼 보인다. 내러티브 기술과 함께 제이크의 놀이 중 수학적 행동을 추출해 내는 것은 유용한 일이다. 이 기술을 수학적이라고 고려되는 아이디어들이라고 함께 나란히 생각함으로써, 어린이들의 수학적 행동을 관찰하는 것이 성공적으로 이루어졌다. 왼쪽에 있는 라벨과 기술들 사이의 연결은 시각적으로 화살표를 사용하거나 표시하여 강조하는 것으로 만들어질 수 있다. 이 기록은 어린이들과 부모를 포함한 다른 어른들과의 논의를 위한 촉매제가 될 수 있다(Carr, 2001).

제이크에 대하여 관찰한 것을 토대로 화살표를 이용하여 만든 지도에서 볼 수 있는 그림은 제이크의 표현과 수학적 이론에 대한 아이디어 사이의 연결을 나타내어 준다. 이것은 모든 가능성 있는 연결보다는 몇 가지만을 선택하여 나타낸 것으로, 이렇게 하는 것이 다루기에 좋다. 내가 관찰한 것에 대한 설명은 녹음한 것을 증거로 지지해 줄 수 있다고 제안하며, 기록된 어린이들의 이야기와 놀이된 것들의 가치를 발견하기 위해 Paley(1999, 1981)의 연구는 인용할 만한 가치가 있다.

제이크는 자신의 네 가지의 독자적인 숫자패턴을 통해 $N-n+n=N$의 패턴을 표현하였다. 제이크는 숫자 관계가 어떻게 되는지를 수행하기 위해 더하기와 빼기를 사용하였다. 제이크의 무늬를 제거하는 행동은 물리적인 가정의 질문이다. 만약 내가 7개의 무늬를 제거하면 어떻게 될까? 그는 7이 12와 관련된 것이라는 것을 발견하기 전에 "만약 4개에서 3개를 더한다면 어떻게 되지?"라고 물으면서 무늬의 수를 점검할 필요가 있다.

제이크는 〈Ladybird on a Leaf〉 이야기의 중심에 있는 수학적 아이디어를 놀이 맥락으로 변형시켰다. 그는 수학적 아이디어를 표현하기 위해 이야기에 나오는 언어를 사용하였다. "짓궂은 비가 무늬를 없애버리고 개미가 다시 무늬를 붙였네."와 같이 말하면서 수학적 아이디어를 상상적인 방식으로 정교화한다.

4.3 놀이는 예측 불가능하다

어린이들은 놀이에서 특정한 방법을 수행한다. 가끔은 이들은 말로 수학적 내러티브를 창조해내기도 한다. 놀이 내러티브에서 수학적 표현은 거의 예측 불가능하다는 사실을 유의할 필요가 있다. 어린이들의 놀이는 어린이들이나 어른들이 미리 결정할 수 없다. 놀이 내러티브는 어린이들의 아이디어에 대해 말해준다. 놀이 내러티브는 "수학적 내러티브"가 될 수 있다(Pound & Lee, 2011). 어른으로서 우리는 어린이들을 강제로 이런 여정으로 밀어 붙일 수 없다는 것을 인식하는 것이 중요하다. 많은 경우에, 나는 어린이들이 수학적인 강조점을 가지고 이야기를 따라가지만, 그들의 놀이는 이와는 무관한 방향으로 흘러가는 경우에 대해서도 관찰하였다. 놀이 시나리오는 문제 제기와 문제 해결에 풍부한 자료의 역할을 할 수 있지만 항상 구체적인 이야기의 아이디어에 대한 표현이 아닐 수 있다.

제이크의 수학적 관찰	
수학적 특징	내러티브 기술: 〈Ladybird on a Leaf〉
가정: “만약 ~라면?” (문제 제기)	**짓궂은 비가 4개를 가져갔다.** **곧 해가 비쳤다. 해는 4개를 다시 만들었다.** (제이크는 각 날개에 2개씩을 올려두었다.) **무당벌레는 다시 무늬를 만들어준 해에게 고마워했다.**
알고리즘 (예를 들어, 더하기, 빼기, 곱하기, 나누기)	**이번에 짓궂은 비는 4개보다 더 많은 무늬를 가져갔다. 짓궂은 비는 2개를 가져갔다.** (제이크가 각각의 날개에서 2개를 덜어내서 손에는 무늬로 가득 찼다.) **비는 2개 더인, 4개 더 가져가기로 결정했다.** **비는 4개보다 3개 더 가져가기로 결정했다. 3개 더는··· 몇 개지?** 1, 2, 3, 4, 5, 6, 7. **비는 7개를 가져갔다. 이제 5개의 무늬만 남았다.** **곧 무당벌레는 작은 개미 친구를 불렀다.** (제이크는 무늬를 다시 돌려놓기 시작했다.) **그리고 무늬를 올리기 시작했다.** 1, 2, 3(**한 개의 날개에 3개를 올려놓고**), 4, 5, 6, 7.
수학적 말 (수학적인 단어)	(제이크는 4개의 무늬를 다른 날개에 올려놓았다. 각각의 날개에 6개씩의 무늬를 다시 올려놓았다.) **다른 것은 어디 갔지?**(제이크는 주변을 둘러보면서 물었다.) “1, 2, 3, 4, 5, 6, 7, 8, 9, 10, 11, 12···**이제 12개가 있다**”(제이크는 무늬를 만지면서 수를 말하며 세었다.)
수학적인 사실	**개미는 차와 케이크를 먹으러 갔다.** (제이크는 손가락으로 개미가 걸어가는 흉내를 냈다.) 제이크는 각각의 날개에서 6개의 무늬를 털어내기 위해 두 손을 사용했다. **무당벌레는 울면서 “도와줘”라고 말했고 개미는 “이젠 뭐야?”라고 했다.** (알아듣기 힘들었지만 무당벌레가 무늬를 가지고 있지 않다는 것에 대한 것이었다. 제이크는 종이 무당벌레를 수직으로 들었다.)
일반화 (패턴을 보고 수학적 연결 만들기)	**무당벌레는 자기 무늬가 다 사라졌다고 말했다.** **그리고 무당벌레와 개미는 무늬를 놓기 시작했다.** 1, 2, 3, 4, 5, 6··· (제이크는 무늬를 두 개의 날개위에 놓기 시작했지만 아까와는 다르게 하나의 날개에 무늬 6개를 먼저 올리고 다른 곳에 무늬를 올렸다.) 7, 8, 9, 10, 11, 12. **무당벌레는 12개의 무늬를 올렸다.**
수학적 오류나 오해	(제이크는 무당벌레의 몸에 무늬를 더 높이 올렸다.)
수학적 아이디어를 놀이 맥락으로 옮기기	**그리고 무당벌레는 개미에게 고마워했다. 잠시 후 ··· 비는 이것들일 많이 없애버렸다.** (2개의 무늬가 남았다. 제이크는 카펫 위에서 무늬를 세기 시작했다.)
호기심 (수학적 맥락 안에서)	1, 2, 3, 4, 5, 6, 7, 8, 9··· **9개가 사라졌어.** **그리고 잠시 후 개미가 화를 내면서 도착했다. “나는 막 차와 케이크를 먹으려 하고 있었어.”**
유창성 (수학적 아이디어를 사용하면 편리함)	**잠시 후 해가 무늬를 사라 없어지게 한 짓궂은 비를 가르고 나타나서 화를 내며 말했다 “짓궂은 비야 멀리 사라져버려.”** (제이크는 처음에 시작했던 것처럼 12개의 무늬를 각각의 날개에 6개씩 올렸다.)

그림 3.2 완성된 관찰 도구

제목	아이의 나이 (년, 월)	성별	맥락	관찰자 이니셜	날짜	참조한 오디오 기록
〈Ladybird on a Leaf〉	4년 5개월	남자	어른 스토레텔러가 들려주는 이야기 구조에 관련된 놀이	CMcG	26. 4. 2013	DM650000

단계	관찰자의 진술
수학적 아이디어를 놀이나 이야기 재말하기 등의 맥락으로 옮기기	제이크는 〈Ladybird on a Leaf〉이야기를 재말하기 하면서 $N-n+n=N$, $12-n+n=12$와 같은 수학적인 아이디어를 언급했다. 의견 진술에 앞서 제이크는 무당벌레가 원하는 만큼 무늬를 가질 수 있다고 다른 어린이와 논의한 의견을 참고하여 조심스럽게 12개의 무당벌레 무늬를 선택했다. 제이크는 놀이 상황 중 어른이 들려주는 이야기에서 이야기와 수학적 아이디어를 변형시키는 방법을 사용하여 종이로 만든 무당벌레와 무늬를 가지고 놀았다. 이 기록에서 재미있고 분명하지 않은 사실을 다른 어린이들이 작은 무당벌레와 노는 중에 어떻게 제이크의 이야기를 들었는가이다.
소재 사용하기	제이크는 그의 행동을 뒷받침하기 위해 이야기의 소재를 조심스럽게 사용했다. 그는 무늬를 얼마나 가져가고 얼마가 남았는지를 알아보기 위해 사용했다. 그는 소재를 사용한 수의 관계를 이용하여 놀았다. $12-4=8$이고 $8+4=12$이며, $12-4+4=12$; $12-7=5$이고, $5+7=12$이다. 그리고 $12-7+7=12$. $12-4=8+4=12$나 $12-4+4=12$; $12-7=5+7=12$나 $12-7+7=12$; $12-12=0+12=12$, $12-12+12=12$와 관련 있다. $12-10=2$이고, $2+10=12$이다. $12-10+10=12$를 의도했지만 잘못 생각하여 10이 아니라 9라고 생각했다. 제이크는 12개의 무늬를 가지고 놀이를 시작했고 수를 빼고 다시 똑같은 수를 더하는 패턴을 4번 반복하였다. 제이크는 들은 이야기에서 원래의 수학적 아이디어를 지키면서 재말하기를 했다.
원래 이야기와의 연결	제이크의 이야기와 들었던 이야기 사이에는 꽤 근접하게 평행한 부분이 있다. 제이크가 어떻게 결정하여서 수학적인 수를 나타내는 수를 확장하였는지와 그의 생각에 이 숫자가 어떠한 의미를 가지게 되었는지는 중요하지 않다.
아이디어의 확장	여기에는 다른 숫자인 n을 사용하여 12를 사용한 수학적 이야기 패턴 ($12-n+n=12$)을 발견할 지도 기회가 있다. 이것은 제이크가 12외에 다른 수를 포함하여 이 패턴에 더욱 익숙해지는 것을 돕는다.
추가 의견	비디오나 녹음된 오디오를 제이크와 부모가 함께 듣는 것이 좋을 것이다. 제이크는 제 2언어로서 영어를 사용하고 이 관찰은 그가 수학적 아이디어를 표현하기 위해 이야기 언어를 사용하는 능력을 말해주고 있다. 제이크가 노는 것을 기록한 것과 이야기를 다시 말하는 것은 제이크, 부모, 관계자가 말한 것을 기록한 것과 함께 사용될 수 있을 것이다.

아이들과 함께 한 의논의 결과	부모와 함께 한 의논의 결과
제이크가 자신이 〈Ladybird on a Leaf〉를 재말하기 하는 DVD를 보고 난 후의 의견: "엄마, 6+6만 12개의 무늬를 만드는 게 아니에요! 5+7이나 4+8도 12를 만들어요!"	제이크의 엄마는 제이크가 〈Ladybird on a Leaf〉 이야기를 재말하기 하는 녹화된 DVD를 보고 다음과 같은 의견을 남겼다. "그는 똑같은 결과를 만들어낼 수 있는 몇 가지 수의 조합이 있다는 것을 알았어요." 그리고 "우리는 제이크가 이 프로젝트에서 매우 즐거워하는 것 같아 기쁘네요. 무당벌레의 무늬를 가지고 만들어내는 작업을 제이크가 매우 재미있어 하고, 이 이야기에서 스스로 수학적으로 생각하게 해주는 것처럼 보여요."라고 말했다.

그림 3.2 앞에서 계속됨

5 결론

어른으로서 여러분이 어린이들에게 놀이를 하도록 이끌면, 여러분은 어린이들이 놀이를 통하여 아이디어를 어떻게 상상하여 엮어내는지, 그리고 그 엮어낸 이야기가 매우 즉흥적이라는 것을 알 수 있을 것이다. 새로운 방향을 탐색하는 곤충의 더듬이처럼 생각, 행위, 언어들을 조합하여 아이디어를 만들게 된다. 지배적인 아이디어는 물건처럼 새롭게 합의된 의미로 받아들이게 된다. 이 장의 처음에서 인용한 것처럼, 〈Play for tomorrow〉(1991)에서 어린이들은 휴지심을 망원경처럼 생각한다. "놀이에서 사고는 대상과는 구별이 되고, 행동은 대상 자체보다는 아이디어에서 나온다. 나무 한 조각이 하나의 인형이 되고, 막대기 1개가 한 마리의 말이 될 수도 있다."(Vygotsky, 1978, p. 97)

놀이, 수학 그리고 이야기가 무엇인지 모든 것을 포괄하는 방식으로 정의하기가 어렵다. 놀이, 수학과 이야기에 대한 아이디어는 그들을 하나로 묶을 수 있다. 문제 제기와 문제 해결은 이야기, 수학, 놀이에서 공통적으로 나타난다. 의도적인 방법으로 추상적인 사고를 표현하기 위해 소품과 자료를 사용하면서, 어린이들은 그들의 놀이 내러티브에서 작가가 된다.

어린이들의 놀이는 문제를 제기하고 해결할 때, 아이디어를 상징할 때, 추상적인 아이디어를 표현할 때 수학적이 된다. 문제 제기와 해결의 렌즈를 통해 놀이를 정의하는 것은 수학적 놀이가 어떤 것인가를 이해하는데 도움이 된다. 이야기 〈Teremok〉에 이어지는 놀이와 〈Ladybird on a Leaf〉 이야기 뒤에 있은 놀이의 관찰로부터 우리는 어린이들이 수학적 아이디어를 명시적인 방법으로 표현하고 있음을 볼 수 있다. 코레이와 올리비아는 부드러운 동물 장난감과 채소 상자를 가지고 위치를 나타내는 언어를 표현하면서 놀았다. 제이크는 멋진 무당벌레와 12개의 무늬를 사용하여 목적을 가지고 놀았다. 그는 신체적으로, 언어적으로 그리고 시각적으로 수학적 아이디어를 표현했다. 제이크는 놀이의 맥락에서 12와 관련된 수의 관계를 점검하면서 원래의 이야기에 담긴 $N-n+n=N$의 수학적 아이디어를 깨달았다. 이것은 이야기에서의 수학적 아이디어를 정확한 방법으로 놀이로 변환하는 하나의 예가 된다. 이러한 놀이 시나리오에서 제이크의 행동, 사고, 단어는 만화경을 천천히 돌리는 방식으로 서로 통합적으로 작용한다.

어린이들은 그들의 놀이 내러티브에서의 작가이며, 의도적인 방법으로 추상적인 사고를 표현하기 위해 소품과 물건을 사용한다. 어린이들은 항상은 아니지만 수학적 내러티브가 될 수 있는 그들 자신이 놀이 내러티브의 작가가 된다(Pound & Lee, 2011). 놀이는 암묵적으로 문제 제기와 문제 해결에 대한 것이라고 할 수 있다. 놀이는 가끔 수학적 아이디어를 명시적으로 표현한다.

chapter

4 그림책

의미 있는 수학적 맥락

> 현대의 그림책은 규칙을 조정하고 확장하거나 어기기도 하는데, 이렇게 관습들을 다루는 과정에서, '현실' 세계와 다른 가능한 세계 사이의 공간이 열리게 된다.
>
> (Haynes & Murris, 2012, p. 39)

이 장의 목표는 다음을 탐구하는 데 있다.

- 수학학습을 지원하는 교육적 선택으로서 아동도서
- 그림책에서 이야기와 수학의 관계
- 그림책의 학습-지원 요소

〈The Doorbell Rang〉*

엄마는 12개의 쿠키를 만들어 빅토리아와 샘에게 각각 6개씩 주었다. 초인종이 울리고 2명의 아이가 들어왔다. 쿠키를 4명에게 나누어주니 각각 3개씩 갖게 되었다. 초인종이 울리고 2명의 아이가 더 들어왔다. 쿠키를 6명에게 나누어주니 각각 2개씩 갖게 되었다. 초인종이 울리고 6명이 더 들어왔다. 쿠키를 12명에게 나누어주니 각각 1개씩 갖게 되었다. 초인종이 다시 울렸다. 엄마는 문이 열리기 전에 쿠키를 먹으라고 아이

* 이 책은 〈초인종이 자꾸자꾸 울리네〉(신형건, 보물창고, 2004)로 번역되어 있다.

들에게 말했다. 샘은 우편함으로 밖을 보고 쿠키를 가져온 할머니에게 문을 열어 주었다. 초인종이 다시 울렸다.

(Hutchins, 1986)

1 도입

이 장에서 우리는 그림책이 지닌 수학적 기회를 찾으려고 한다. 이 장은 세 가지 흐름으로 구성된다. 첫째, 그림책, 이야기책, 전래동요는 어린이들이 수학적 아이디어를 경험하는 방법 가운데 하나라는 점을 인정한다. 수학적 아이디어는 종종 이야기 맥락에서 유의미한 방식으로 맥락화되어 있다(Hong, 1996; Schiro, 2004; Welchman-Tischler, 1992; Van den Heuvel-Panhuizen & Van den Boogaard, 2008). 예를 들어, 등장인물인 쥐가 해결해야 할 문제를 가지고 있다. 어떤 물건을 조립해야 하고, 비행기를 만들어서 친구 집에 놀러가야 하는데, 이를 위해 문제해결 전략이 필요하다(1장 참조).

둘째, 우리는 어떻게 이야기와 수학이 조화를 이루어 하나가 다른 하나를 압도하지 않게 되는지에 관심이 많다. 〈No Problem!〉의 경우, 이야기와 문제해결의 아이디어가 조화를 이루고 있다. Brown(2013c)은 일부 '수학 이야기'는 수학이 지나치게 강조되거나 날조되거나 일정한 틀에 맞추어져 있어서 이러한 이야기를 사용하여 수학을 가르칠 때 잃게 되는 것에 대해 걱정하였다. 이야기와 수학 사이의 조화가 필요한 것이다.

셋째, 수학학습을 지원하는 그림책의 요소를 정리하는 것이다(Van den Heuvel-Panhuizen & Elia, 2012). 이러한 학습요소에 대한 이해는 그림책의 선택에 영향을 줄 것이고, 그러한 그림책이 제공하는 수학적 기회를 살펴보는 데에도 영향을 줄 것이다.

질문

그림책이 지닌 수학적 잠재력은 어느 정도인가?

이야기와 수학은 어떻게 관련되는가?

수학학습을 지원하기 위해 그림책에서 무엇을 찾을 것인가?

2 수학학습을 지원하는 교육적 선택으로서 아동도서

그림책, 이야기책, 전래동요는 수학적 아이디어의 원천이다. 완성도 높은 이야기를 보면 종종 수학적 아이디어가 핵심을 이루고 있다. 저자가 단순히 흥미로운 이야기를 전달하기 위해 쓴 문학적 완성도가 높은 그림책이 수학적 사고를 불러일으킬 수 있는 잠재력을 가지기도 한다(Van den Heuvel-Panhuizen & Van den Boogaard, 2008). 그림책은 수학적 아이디어를 어린이에게 의미 있는 방식으로 맥락화하여 어린이의 감정적이고 인지적인 몰입을 자극한다(Hong, 1996). 수학적 아이디어는 이야기에 우연하게 포함될 수도 있고, 이야기 전개의 일부이거나 이야기의 결과일 수도 있다(Browne, 2013; Burroway, 2009). 이러한 수학적 아이디어를 정리할 필요가 있는데, 어른인 우리는 그 아이디어를 이야기 구조에 맞추는 방법과 수학적 아이디어를 활성화하는 방법을 이해해야 한다. 이 장의 뒷부분에서 〈The Doorbell Rang〉를 분석하면서 이를 설명하도록 하겠다.

그림책 속의 수 이야기

이야기로 수학을 가르치는 방법에 대해 열정적인 Susie Weaver 수석교사는 유아교육 전문학사과정(Early Childhood Studies Foundation degree)에서 수 이야기에 대한 강의를 통해 수습교사들에게 신선한 자극을 주고 있다. 학생들이 그림책의 페이지를 넘겨서 자신이 발견한 수학을 수 이야기로 종이에 표현할 때 교실은 조용해진다. 학생들은 〈The Giant Jam Sandwich〉(Lord & Burroway, 1972), 〈The Greedy Triangle〉(Burns, 1994), 〈The Doorbell Rang〉(Hutchins, 1986)와 같은 이야기 책에 수학학습 기회가 매우 많다는 점을 깨닫게 된다. Susie Weaver 선생님은 수습교사들에게 어린이들이 표현한 수학을 보여주는데, 수습교사들은 이러한 그림책이 가진 수학적 기회를 보고 놀라워한다.

(Weaver, 2013)

2.1 그림책을 통한 의미 있는 수학적 참여

공부를 잘하는 어린이는 참여도가 높다. 맞물림(engagement)이란 학생과 교육내용이 상호작용하는 방식에 관한 것이다(Van den Heuvel-Panhuizen & Van den Boogaard, 2008). Keat & Wilburne(2009)에 따르면, 성공적인 학습자는 열정적이고, 관심, 호기심, 즐거움과 동기가 충만하다. Keat & Wilburne(2009)는 '맞물림'을 학습과정에 대한 집중, 유연성, 인내와 자기조절 등의 단어와 관련지어 설명한다. 교사로서 우리는 어린이의 맞물림을 유도하는 방법을 찾게 되는데, 어린이들을 가르치는 즐거움 가운데 하나는 그들이 자연스럽게 열정적인 학습자가 되어 이야기에 긍정적으로 반응하는 모습을 보는 일이다.

2.2 수학적 맞물림과 성취도

아동도서가 어린이들의 수학적 맞물림과 성취도에 미치는 영향에 대한 연구를 소개하겠다.

Van den Heuvel-Panhuizen & Van den Boogaard(2008)는 그들이 선택한 그림책 '*Vijfde Zijn*'('다섯 번째')이 수학과 관련된 생각을 자극하는 힘이 있음을 발견했다. 이들은 그림책을 읽는 어린이의 수학적 발언을 분석했다. 그 책은 수학을 가르치기 위해 쓴 것도 아니고 어떤 수학적 내용도 표현하고 있지 않았으며, 교육적 의도가 없었음에도 학생들의 수학적 맞물림이 활발했다. 그 책은 어린이가 유의미한 방식으로 수학적 지식을 구성하는 환경을 만들어 주었다. 그들은 그림책이 흥미로운 이야기를 전하면서 수학적 사고를 위한 맥락을 자연스럽게 제공할 수 있다는 결론을 내리고 있다(Van den Heuvel-Panhuizen & Van den Boogaard, 2008).

Hong(1996)은 아동도서가 어린이들의 언어능력과 함께 사회적이고 감정적인 발달을 지원한다는 점을 강조했다. Hong(1996)의 연구는 아동도서를 통한 수학교육의 효과를 수학학습에 대한 태도와 성취도의 관점에서 탐구했다. Hong(1996)의 연구는 57명의 한국인 유치원생을 두 집단으로 나누어 수행하였다. 실험군인 한 집단은 수학과 관련된 이야기를 듣고 이야기 내용과 관련된 수학교구를 가지고 놀았다. 즉, 어린이들은 〈Goldilocks and the Three Bears〉를 듣고 신발, 옷, 모자를 가지고 큰 것부터 작은 것 순서대로 놓아보도록 했다. 대조군 집단 어린이들은 일반적인 이야기책을 듣고 이야기 맥락과 관련 없는 수학교구를 가지고 놀았다.

Hong(1996)은 수학과 관련된 아동도서가 수학적 아이디어에 대한 의미 있는 맥락을 제공하기 때문에 어린이들의 동기를 자극하는 촉매 역할을 한다고 주장한다. 어린이들에게 〈Goldilocks and the Three Bears〉에 따라 순서를 정하는 활동을 시키면, 어린이들은 수학적 활동에 오랫동안 전념하고 학습에 깊이 몰두하게 된다.

Keat & Wilburne(2009)의 연구는 이야기책이 수학학습 성취도와 수학학습 태도에 미치는 영향에 대한 것이다. 이 연구 결과에 따르면, "어린이들이 긍정적인 학습태도를 유지하면서 수학적 지식을 구성한다는 것이다"(Keat & Wilburne, 2009). 이야기의 특징이 즐거운 학습기회를 제공하기 때문에 수학적 지식이 구성된다고 한다(Keat & Wilburne, 2009). Hong(1996)에 따르면, 아동도서를 이용하면 어린이들이 자발적으로 수학학습을 하려는 태도가 높아진다고 한다. 이러한 연구는 어린이의 수학학습 참여를 유도하기 위해 아동도서를 활용하려는 노력을 뒷받침하고 있다.

2.3 이야기 촉매

그림책과의 맞물림은 구두 수학이야기 프로젝트에서 어린이들과 함께 활동한 결과로부터 얻은 다음의 예에서 명확하다. 네 살과 다섯 살 어린이들이 〈My Cat Likes to Hide in Boxes〉(Dodd & Sutton, 1978) 이야기를 듣고, 고양이가 숨는 상자를 만들면서 자발적으로 수학적 아이디어를 탐구한다.

〈My Cat Likes to Hide in Boxes〉라는 그림책은 어린이에게 수학적 동기를 부여하는 촉매가 된다(그림 4.1). 고양이가 숨을 상자를 만들기 위해 평평한 '전개도'를 구성한 한 어린이의 결정은 정교한 수학적 사고이다. 이야기책은 어린이에게 동기를 부여하는 촉매가 될 수 있고 흥미롭게 참여할 수 있는 맥락을 제공할 수 있다(Hong 1996). 이야기와 관련된 교구를 통해 책과 놀이를 연계하는 것은 어린이들이 이야기와 관련된 수학적 아이디어를 탐구하는 좋은 방법이다.

My Cat Likes to Hide in Boxes

유치반 1학년 교사인 Suzanne 선생님은 〈My Cat Likes to Hide in Boxes〉 이야기를 들은 어린이들이 폴리드론(Polydron)을 가지고 어떻게 상자를 만들었는지에 대해 다음과 같이 설명했다. "폴리드론 조각을 조립하는 것은 어려울 수 있어요. 리타는 조각을 세우기 전에 평평하게 조립하여(전개도를 만들어서) 이 문제를 해결했어요. 어린이들이 상자 만들기 활동에 45분이나 참여했는데, 이것은 네 살과 다섯 살 어린이들에게게는 상당히 긴 시간입니다."

(Kelham, 2013a)

그림 4.1 한 어린이가 〈My Cat Likes to Hide in Boxes〉 이야기를 듣고, 폴리드론을 이용하여 고양이를 위한 상자를 만들고 있다.

2.4 이야기와 관련된 놀이

순서 맞추기 활동뿐만 아니라 Hong(1996)은 어린이들에게 다른 과제도 제시했다. 그 중의 하나는 3개의 수를 사용하여 한 수를 만드는 것이다. 예를 들어, 8=3+2+3이다. Hong(1996)은 "10 이상의 수를 사용한 어린이들이 실험군에서 더 많이 나타났음"을 관찰했다. 이는 필자가 구두 수학이야기 프로젝트에서 관찰한 바와 일치한다. 그 프로젝트에서 제이크는 〈Ladybird on a Leaf〉를 재말하기 하면서 10개의 점보다는 12개의 점을 선택해서 자신만의 수를 만들어냈다. 제이크는 자신이 들은 이야기보다 도전적인 수학적 아이디어를 추구하는 태도를 보여주었다.

〈Ladybird on a Leaf〉

3장에서 제이크는 자신이 들은 이야기에 있는 수인 10보다 큰 수인 12를 선택하고 이야기와 관련된 교구를 가지고 놀면서 자신만의 수 관계(예, 12−7=5)를 만들었다. 제이크의 놀이는 이야기와 관련되어 있지만 그는 이야기의 아이디어를 자신의 수학적 아이디어에 적용하였다. 이야기 맥락이 제이크에게 깊이 생각할 수 있는 기회를 제공한 것이다.

아동도서는 수학과 문해력(literacy)을 긍정적으로 통합하는 가능성을 제공한다. Hong(1996)은 앎의 내러티브적 형식이 기억을 도와주고, 이야기가 문제에 내러티브의 맥락을 제공한다고 주장한다. Hong(1996)은 이야기가 어린이에게 내러티브 맥락으로 문제 상황과 풀이를 제공할 수 있기 때문에, 이야기책이 어린이들에게 수학적 개념을 설명하는 적절한 수단이 될 수 있다고 주장하였다. 예를 들어, 〈The Doorbell Rang〉의 경우 쿠키의 분배가 이에 해당된다. 이 이야기의 내러티브 맥락은 덧셈과 나눗셈의 수학적 아이디어를 의미 있게 연결한다.

아동도서는 다음과 같이 사용될 수 있다.

의미 있는 맥락을 제공한다.

이야기와 관련된 교구를 소개한다.
창의적인 수학적 경험을 제공한다.
흥미로운 문제를 제기한다.
수학적 개념이나 기능을 개발한다.
수학의 유용성을 보여준다.
수학과 관련된 용어를 소개한다.

(Hong, 1996 참조)

2.5 교육적 함의

수학학습에 대한 긍정적인 태도를 기르고 수학적 사고를 키워주기 위한 아동도서의 활용을 뒷받침하는 연구결과는 교육적 함의를 제시한다(Hong 1996; Keat & Wilburne, 2009; Van den Heuvel-Panhuizen & Van den Boogaard, 2008). 이러한 교육적 접근은 교육과정의 통합을 지원한다. 즉, 수학과 읽기, 쓰기 능력과 사회적 기술이 이야기의 등장인물을 통해 연결된다(Hong 1996; Keat & Wilburne, 2009). 교육과정의 통합뿐만 아니라 다음과 같은 교육적 함의를 가진다.

- 그림책은 수학적 사고를 자극하는 힘이 있다(Van den Heuvel-Panhuizen & Van den Boogaard, 2008).
- 수학학습을 위해 책을 사용하면서 수학적 용어를 연습할 수 있다(Keat & Wilburne, 2009).
- 이야기의 등장인물이 놀이와 같은 학습 기회를 제공한다. 이것이 어린이의 발달에 핵심적이다(Vygotsky, 1978).
- 학습을 위해 이야기를 반복해서 읽고 들을 수 있다(Keat & Wilburne, 2009).

3 그림책에서 이야기와 수학의 관계

그림책에서 수학적 아이디어와 가상의 아이디어가 어떻게 결합될 수 있을까? 그림책을 분석하여 이야기와 수학이 함께 작용하는 방법을 볼 수 있다. Pat Hutchins의 〈The Doorbell Rang〉는 이야기와 수학이 의도하지 않았지만 조화로운 방식으로 함께 작용하는 훌륭한 사례이다.

3.1 Pat Hutchins의 〈The Doorbell Rang〉

〈The Doorbell Rang〉의 분석은 두 가지 통찰을 준다. 첫째, 우리는 장소, 등장인물, 줄거리가 어떻게 결합되어 이야기가 되는지를 알 수 있다. 둘째, 이러한 분석은 어떤 이야기가 수학적 잠재력이 풍부한가를 명확하게 보여준다. 이 이야기는 간단한 아이디어에 기초한다. 쿠키를 두 명의 어린이에게 주었는데, 초인종이 울리면 쿠키를 나누어 가져야 하고 그 결과 어린이들이 가지는 쿠키 개수가 줄어든다. 초인종이 울릴 때마다 어린이들이 갖게 되는 쿠키 수가 달라진다. 어린이들이 갖게 되는 쿠키가 1개로 줄어들었을 때, 한 어른이 아직 문이 열리지 않았다고 제안한다. 샘은 이러한 제안을 거부한 결정에 대한 보상을 받는데, 문을 열어 할머니를 맞이하여 한 쟁반의 쿠키를 받게 된다.

이 그림책에서 12라는 수의 관계를 탐구하는데, 초인종이 울릴 때마다 12를 2로 나누어 6개씩 받고, 4로 나누어 3개씩, 6으로 나누어 2개씩, 12로 나누어 1개씩 받는다.

쿠키 이야기는 다음과 같다.

12개의 쿠키를 2명의 어린이들에게 나누어주면 = 각각 6개씩
12개의 쿠키를 4명의 어린이들에게 나누어주면 = 각각 3개씩
12개의 쿠키를 6명의 어린이들에게 나누어주면 = 각각 2개씩
12개의 쿠키를 12명의 어린이들에게 나누어주면 = 각각 1개씩

이 이야기를 관통하는 또 다른 수학적 아이디어가 있다. 처음에 부엌에는 2명의 어린이가 있었지만 규칙적으로 많은 어린이가 나타난다.

아이들의 이야기는 다음과 같다.

2명의 아이들

2명의 아이들과 2명의 아이들 = 4명의 아이들

2명의 아이들과 2명의 아이들과 2명의 아이들 = 6명의 아이들

2명의 아이들과 2명의 아이들과 2명의 아이들과 6명의 아이들 = 12명의 아이들

부엌에 12명의 어린이들이 모일 때까지 계속해서 어린이들이 도착했다. 처음의 2명에 2명이 더해지고, 또 2명 그리고 6명이 더해지는 덧셈과 12는 2, 4, 6, 12의 패턴으로 나누어진다는 나눗셈 이야기도 포함되어 있다. 초인종이 울리는 단순한 반복 뒤에 이야기를 연결하는 복잡함이 놓여 있다. 이러한 수 관계가 뒤에서 함께 작동하고 있다. 나눗셈 이야기 속에 덧셈 이야기가 있다. 즉, 초인종이 울려서 더 많은 어린이들이 들어올 때마다 쿠키를 나누어야 하는 이야기이다.

3.2 줄거리를 바꾸어 수학적 아이디어를 자극하기

우리가 12와 3, 4 사이의 수관계에 초점을 맞춘다면, 3과 4를 나누는 수로 사용할 수 있다. 12개 쿠키를 4명의 어린이들에게 나누어 주면 어린이들 각자 쿠키를 3개씩 갖는다. 12개 쿠키를 3명의 어린이들에게 나누어 주면 어린이들 각자 쿠키를 4개씩 갖는다. 12를 3으로 나누는 수 관계는 그림책 이야기가 아니다. 우리가 12를 3으로 나누는 것을 강조하면서 재말하기를 한다면, 12와 3, 4 사이의 관계가 명확해질 수 있다. 이를 위해 우리는 이야기와 관련된 무언가를 바꿀 필요가 있을 것이다. 예를 들어, 어린이들이 한 명씩 도착한다고 하면,

12개의 쿠키를 3명의 아이들에게 나누어주면 = 각각 4개씩

12개의 쿠키를 4명의 아이들에게 나누어주면 = 각각 3개씩

이렇게 작은 변화를 주어 이야기를 다시 할 수 있다. 빅토리아와 샘은 12개의 쿠키를 가지고 있다. 초인종이 울리고 톰이 문 밖에 있다. 12개의 쿠키를 3명의 어린이들에게 나누어주어 4개씩 갖게 한다. 이렇게 줄거리를 바꾸어 12개의 쿠키와 3명의 어린이들 사이의 관계를 알아낼 수 있다. 이것이 구두 스토리텔링의 가치, 즉 줄거리 바꾸기이다.

상세한 부분으로 분해된 이 이야기에는 두 수의 연산, 즉 덧셈과 나눗셈이 조화롭게 작용하고 있다. 도착하는 어린이들은 쿠키를 나누는 수로서 중요한 패턴에 해당한다. 12의 약수인 (2, 6), (4, 3), (6, 2), (12, 1)는 이야기의 일부로 등장하고, 나누는 수(어린이들의 수)가 2, 4, 6, 12로 변하면서 명확해진다.

어린이들과 쿠키의 이야기는 다음과 같다.

12개의 쿠키를 2명의 어린이들에게 나누어주면 = 각각 6개씩
12개의 쿠키를 3명의 어린이들에게 나누어주면 = 각각 4개씩
12개의 쿠키를 4명의 어린이들에게 나누어주면 = 각각 3개씩
12개의 쿠키를 6명의 어린이들에게 나누어주면 = 각각 2개씩
12개의 쿠키를 12명의 어린이들에게 나누어주면 = 각각 1개씩

3.3 이야기의 언어

이 이야기의 언어는 수학적이다. 어린이들은 '각각 6개씩', '각각 3개씩', '각각 2개씩', '각각 1개씩' 이라는 문장을 듣는다. 초인종이 또 울리면 하나의 쿠키가 사라질 것인데 누가 하나도 안 되는 쿠키를 좋아할까? 12명이 넘지 않았으면 하는 바람을 담은 채로 이야기는 수 관계를 정교화한다. 이야기를 듣는 어린이들은 초인종이 울릴 때마다 덧셈을 보고, '쿠키를 나눌' 때마다 나눗셈을 본다. 이야기와 수학적 아이디어는 함께 작용한다. 예상치 못한 방문객을 맞이하는 초인종이라는 이야기 속에서 덧셈과 나눗셈은 의미 있는 방식으로 함께 작용한다.

3.4 간단한 아이디어가 복잡한 방식으로 함께 작용

교사로서 우리는 이 이야기의 단순성에 현혹되어 수학학습의 기회를 놓치기 쉽다. 이 이야기를 세부적으로 분석하지 않는다면 우리는 이 이야기의 수학적 잠재력을 놓칠 수 있다. 이야기를 세부적으로 나누어 보면, 쿠키를 나누는 맥락의 나눗셈과 함께 덧셈을 사용하는 기회를 찾을 수 있을 것이다.

간단한 아이디어로서 출발한 것이 점점 아이디어의 결합체로 발전한다. 이러한 이야기는 어린이들이 수학적 아이디어를 연결해야 한다는 원리를 뒷받침한다(Haylock &

Cockburn, 2013). 우리는 자신에게 "만약 ~라면"이라는 질문을 하면서 다른 패턴과 가능성을 생각할 수 있다. 만약 도착한 어린이들의 수가 다르다면, 즉 4명 대신에 3명이 도착했다면 어떻게 될까? 초인종이 울릴 때 몇 명의 어린이들이 떠난다면 어떻게 될까? 우리는 이야기를 바꾸면서 다른 관계를 찾아낼 수도 있다. 만약 8명의 어린이들이 12개의 쿠키를 나누어야 한다면, 어떻게 될까? 이야기와 수학의 관계를 무너뜨려서 다른 수학적 가능성을 열 수도 있다. 〈The Doorbell Rang〉는 이야기와 수학이 간단하지만 복잡한 방식으로 조화를 이루는 모습을 보여준다.

4 그림책의 학습-지원 요소

Van den Heuvel-Panhuizen & Elia(2012)는 그림책의 학습-지원 요소를 분석했다. 이러한 학습 요소는 수학학습을 지원하는 그림책을 선택하는 데 도움을 주고 그림책의 수학학습 가능성을 강조한다. 학습-지원 요소를 아래와 같이 요약할 수 있다.

적절성

중요한 수학적 내용을 포함한다.
의미 있는 맥락에서 수학이 제시된다.

연결성 정도

어린이의 생활과 세계를 연결한다.
수학을 어린이의 흥미와 연결한다.
수학과 현실을 연결한다.
수학의 내적인 일관성을 보여준다.
타 교과와의 관계를 확립한다.

범위

서로 다른 수준에서 이해가 가능하다.

의미의 다양한 측면을 제공한다.

개념의 발달 경로를 예측한다.

참여 기회

어린이가 참여할 수 있는 기회를 제공한다.

어린이가 인지적으로/정서적으로/신체적으로 참여하도록 한다.

(Van den Heuvel-Panhuizen & Elia, 2012)

연결성 정도는 어린이에게 아이디어를 의미 있게 만들어 주는 정도를 말한다. Hughes는 질문이나 과제가 의미 있을 때, 어린이가 다른 반응을 보인다는 것을 발견했다. "간단한 게임을 할 때와 같이 어린이들에게 의미 있는 맥락이 주어졌을 때, 그 어린이들은 Piaget가 주장한 것보다 훨씬 유능했다"(1986, p. viii). 이야기는 수학적 아이디어의 맥락을 아이에게 제공한다.

학습-지원 요소를 참조하여 〈The Doorbell Rang〉를 분석한 결과는 다음과 같다.

적절성

중요한 수학적 내용을 포함한다. 나눗셈은 쿠키의 분배와 관련된 수학적 아이디어이다. 덧셈은 증가하는 어린이들의 수, 즉 나누는 수를 결정하는 방법이다.

의미 있는 맥락에서 수학이 제시된다. 어린이들은 줄어드는 쿠키 수와 관련되어 있다. 쿠키를 나누어 가져야 할 어린이들이 많아질수록 각자 먹을 수 있는 쿠키의 수는 줄어든다.

연결성의 정도

어린이의 생활과 세계를 연결한다. 분배는 어린이들의 정서적사회적 발달에서 중요한 측면이다.

수학을 어린이의 흥미와 연결한다. 분배는 나눗셈의 적절한 응용이다.

수학과 현실을 연결한다. 나눗셈은 어린이들이 일상생활에서 접하는 수학적 아이디어이다.

수학의 내적인 일관성을 보여준다. 덧셈과 나눗셈이 모순 없이 함께 작용한다. 초인종이 울리면 더 많은 어린이들이 들어오고 그렇게 늘어난 수에 맞게 쿠키를 나누어주어야 한다. 여기서 함께 적용되어야 하는 두 가지 절차가 덧셈과 뺄셈이다.

타 교과와의 관계를 확립한다. 읽기, 쓰기 능력, 수학, 사회적 기술이 분배라는 이야기를 통해 연결된다.

범위

서로 다른 수준에서 이해가 가능하다. 한 수준에서 쿠키는 분배된다. 보다 복잡한 수준에서 덧셈과 나눗셈의 수 관계가 작동한다.

의미의 다양한 측면을 제공한다. 다양한 측면에서 수학적 내용이 적용되는데, 어느 측면에 맞추는가에 따라 달라진다. 그림이 나눗셈을 시각적으로 보여준다.

개념의 발달 경로를 예측한다. 어린이들이 이러한 생각을 발전시켜 이야기와 관련된 소품을 다룰 수 있다. 수 관계를 더 깊이 탐구할 수 있다. 12개의 쿠키를 4명의 어린이들에게 나누어 주거나 3명의 어린이들에게 나누어주는 것을 보고, 12개를 4명에게 나누어주면 각자 3개씩 갖는다는 생각을 할 수 있고, 이야기에서 벗어나 만약 12개를 3명에게 나누어주면 각자 4개씩 갖는다는 생각을 할 수 있다.

참여 기회

어린이가 참여할 수 있는 기회를 제공한다. 어린이들이 "할머니처럼 쿠키를 만들지 못한다"와 같은 반복적인 문구를 제안할 수 있다.

어린이가 인지적으로/정서적으로/신체적으로 참여하도록 한다. 이야기를 듣기 전이나 들으면서 또는 들은 후에 아이들이 이야기와 관련된 소품을 가지고 놀 수 있다. 놀이와 관련된 기회를 주어 신체 활동을 할 수 있다.

4.1 학습 요소: 이야기는 서로 다른 수준의 이해를 허용한다.

"서로 다른 수준의 이해를 허용하는" 학습-지원 요소(Van den Heuvel-Panhuizen & Elia, 2012)는 〈The Doorbell Rang〉에 잘 나타나 있다. 한 수준에서 쿠키를 나누어주고 있다. 그리고 다른 수준에서 12가 2, 4, 6, 12로 나누어지는 수 관계가 명확하게 나타난다. 〈The Doorbell Rang〉라는 그림책은 나눗셈 아이디어를 어린이들이 서로 다른 수준에서 접근할 수 있게 만드는 "의미의 다양한 측면"(Van den Heuvel-Panhuizen & Elia, 2012)을 제공한다.

5 결론

이 장에서 우리는 그림책이 수학을 어린이들에게 의미 있는 방식으로 맥락화하여 제공함으로써 수학적 아이디어의 원천이 된다는 점을 설명하였다. 수학과 이야기의 관계, 덧셈과 나눗셈의 연결, 학습-지원 요소와 같이 그림책을 사용하여 수학적 사고를 뒷받침할 때 강조되는 요소를 설명하기 위해 〈The Doorbell Rang〉를 분석했다(〈The Doorbell Rang〉의 세부 사항은 부록 4에 제시되어 있다). 수학적 아이디어와 이야기의 아이디어가 그림책에 함께 흐르고 있다. 주된 초점은 그림책이지만, 다른 형태의 아동도서에도 유사한 분석이 가능하다.

많은 연구들이 그림책으로 어린이의 수학학습을 도와주는 것을 추천하고 있다(Hong 1996; Keat & Wilburne, 2009; Van den Heuvel-Panhuizen & Van den Boogaard, 2008). 아동 도서는 어린이들의 수학학습 태도에 긍정적인 영향을 준다(Hong, 1996). 그림책과 수학 사이의 잠재적인 관계를 활용할 가치가 있다. 어린이들이 이러한 접근에 호의적으로 반응하는 것은 확실하다. 그러나 이러한 수학적 아이디어는 이야기 경험의 일부로 남아야 하고 어린이들이 즐겨야 한다(Byrant, 1947). 이러한 이야기를 지키는 일이 과제이다.

그림책을 분석하는 세 가지 이유가 있다. 첫째는 이야기의 구조가 어떻게 되어 있는가를 확인하는 것이다. 각 요소들이 어떻게 결합되어 있는가를 보는 것이다. 둘째는 이러한 분석으로 이야기의 패턴과 흐름을 이해할 수 있고, 이야기와 수학의 관계를 이해할 수 있다. 또한 수학이 숨어 있는 이야기의 호주머니를 찾을 수 있다. 세 번째 이유는 그림책이 제공하는 학습-지원 요소를 확인하는 것이다(Van den Heuvel-Panhuizen & Elia, 2012).

이러한 통찰로부터 우리는 쓰기에서 말하기, 읽기에서 스토리텔링으로 옮겨 다닐 수 있다. 스토리텔링은 이야기의 등장인물이나 이야기하는 사람 또는 듣는 사람이 문제를 제기할 수 있기 때문에 수학적 사고의 유연성을 높여준다. 이 장은 독자들이 스토리텔링을 준비하도록 도와주었다. 스토리텔링은 그림책의 수학적 측면을 넓혀주고 이를 통해 다른 구성물을 만들 수 있게 해준다. 5장에서 우리는 구두 수학이야기를 다룬다.

chapter

5 구두 수학이야기

그림책에 구두 수학이야기로 이동

Teaching Mathematics Through Story

Humpty Dumpty[*]

Humpty Dumpty가 벽에 앉아 있었다네.
Humpty Dumpty가 쿵 하고 떨어졌다네.
왕의 기마병과 왕의 신하들이 달려왔지만
Humpty는 산산조각이 나서 다시 붙일 수 없었다네.

(유치원 전래 동요, Matterson, 1991)

이 장의 목표는 다음과 같다.

- 이야기와 수학적 아이디어 사이의 관계를 발견하기:
  〈Little Dumpty〉[†] 이야기와 2의 배수로 12번째까지 세기
- 그림책에서 구두 스토리텔링으로 이동하기
- 구두 수학이야기를 수업에 적용했을 때 발생한 이야기를 말하기

---

* 달걀 모양의 캐릭터로 영미권에서는 대머리에 땅딸보 체격의 아이를 Humpty Dumpty라 부른다.

† Humpty Dumpty가 죽은 이후의 이야기로 Dumpty라는 아이의 경험담에 대한 동화이다.

〈Little Dumpty〉

Dumpty라는 작은 도시에 높은 벽이 있었어요. Humpty Dumpty는 아주 오래 오래 전에 벽에서 떨어졌어요. 그렇지만 사람들은 아직도 그를 기억하고 있어요.

매일 아이들은 벽 근처에서 놀면서 노래를 해요.

"Humpty Dumpty는 벽에 앉아 있었다네. Humpty Dumpty가 쿵하고 떨어졌다네."

Little Dumpty는 벽을 좋아했고, 항상 벽의 꼭대기에 오르는 것을 꿈꾸었어요.

Dumpty의 엄마는 "절대 올라가서는 안 돼. 왕의 기마병들과 왕의 신하들이 달려왔지만 산산 조각난 Humpty를 다시 붙일 수 없었어."라고 말했다.

그렇지만 Little Dumpty는 벽에 대한 생각을 멈출 수 없었어요. 하루는 학교에서 집으로 가는 길에 기다란 사다리를 보았고, 사다리를 벽으로 끌고 갔어요.

그는 사다리를 오르고, 오르고, 또 올랐어요.

드디어 꼭대기에 올랐어요. "아! 저기가 우리 집이네! 저기는 우리 학교네! 구름까지도 거의 닿을 것 같아!"

Dumpty는 너무 행복해서 줄타기 곡예사처럼 벽 위에서 춤을 추었어요.

"지금 내 친구들이 나를 볼 수만 있다면!"

그리고 Little Dumpty는 아래를 보았어요. 그렇지만 아래를 본 것은 아주 큰 실수였어요. 그의 다리는 후들후들 떨리기 시작했어요.

"아! 안 돼. 사다리로 돌아갈 수 없을 것 같아."

"저녁 시간까지 집에 못가면 어떻게 하지?"

날은 어두워지기 시작했고, Little Dumpty는 Humpty Dumpty에게 일어났던 일을 기억했어요. 그는 큰 소리로 도움을 요청했어요. 마을 사람들이 담요를 잡고 넓게 흩어졌어요. 그는 담요 위에서 세 번 튀어 올랐어요. 그는 엄마에게 벽의 꼭대기에서 어떤 것을 보았는지 말했어요. 그리고 Little Dumpty는 달님에게 자신이 벽을 아직도 좋아한다고 말하고는 잠 들었어요.

(Imai, 1994)

그림 5.1 Little Dumpty(구두 버전으로 재구성한 이야기에 활용된 이야기 소품)

1 도입

이 장은 다섯 살에서 여섯 살 어린이들이 30명 있는 교실에서 수업 방법으로서 구두 수학이야기를 사용했을 때 발생했던 일들을 설명하는 데 목적을 두고 있다. 이들 통찰은 독자들이 어린이를 위한 구두 수학이야기를 만들어 낼 수 있는 준비를 하는데 도움이 된다.

유아 동화인 Humpty Dumpty는 〈Little Dumpty〉라는 이야기와 연결되며, 이 이야기에서 Dumpty는 Humpty가 했던 도전을 실행하고 나서 살아남는다.

어떤 아이는 〈Little Dumpty〉 이야기가 수학과 연결될 가능성에 대해 지적한다. "당신은 사다리에서 걸음 수를 셀 수 있어요." Little Dumpty는 사다리의 각각의 가로대를 오를 때마다 벽돌 2개만큼씩 올라가게 되며, 이러한 아이디어에서 2의 배수로 세는 능력을 발달시키게 된다. (그림 5.2 참조)

유치원 상황에는 교실에서의 모든 복잡한 상황이 내포되어 있으며, 그곳에서 나는 스토리텔러의 역할을 하였으며, 담임교사는 관찰자의 역할을 하였다. 교사는 놓치기 쉬운 어린이의 반응을 관찰했다. 담임교사는 몇몇 어린이들의 반응에 놀라워했다. 담임교사의 통상적인 기대는 무너졌다.

> 시작하면서, 나는 5세 어린이에게 내 머릿속에 있는 수학적인 아이디어를 말하고 싶은데 수학적 아이디어가 들어있는 이야기가 필요하다고 설명했다.
>
> 이 어린이는 "〈Little Dumpty〉요."라고 놀라울 만큼 확신을 가지고 말했다.
>
> 나는 "왜?"라고 물었다.
>
> 이 어린이는 "왜냐하면, 사다리에서 걸음 수를 셀 수도 있고, Little Dumpty가 뛰어내릴 때 담요를 잡고 있는 사람 수를 셀 수도 있기 때문이에요."라고 대답했다.
>
> 나는 두 가지 아이디어를 얻었다. 이 두 가지는 그림책 형태에서 구두 이야기 형태로 옮기기 위해 〈Little Dumpty〉 이야기를 각색하는 것과 사다리를 활용한 수세기라는 수학적 가능성을 탐색하는 것이다.

이렇게 순조롭게 출발했음에도 불구하고, 그러한 연구 아이디어를 적용하는 것에 대한 전망은 어려움이 산적해 있었다. 달걀이 모서리를 구르다가 깨지는 것과 같이 연구 아이디어가 부실하다는 위험성, 고등 교육 기관이라는 다른 세계에서 근무하던 교사가 30명의 어린이들 앞에 앉아 있다는 위험성, 개인적인 구두 수학이야기가 공개된다는 위험성이 있었다. 말보다는 행동으로 보여주자!

2 이야기와 수학적 아이디어 사이의 관계: 〈Little Dumpty〉와 2의 배수로 12번째까지 세기

나는 〈Little Dumpty〉 이야기에 마음이 끌렸는데, 그 이유는 다섯 살 어린이가 이야기의 구조와 수학 사이의 관계를 알고 있었기 때문이기도 하고, 또한 유아를 위한 전래 동요인 Humpty Dumpty와도 관계가 있었기 때문이다. 나는 이 동요에 나오는 반복적인 구절을 사용하여 어린이들의 관심을 끌어들일 수 있었으며, 내가 진행해야 하는 방향을 잊었을 때 생각할 수 있는 시간을 벌 수 있었다. 방향을 잊었다면, 친숙하면서도 동시에 생각하도록 할 수 있는 언어인 "다음에는 어디지?"와 같이 말하게 될 것이다.

그림책에 있는 수학적 아이디어는 본문과 삽화에서 끌어올 수 있었다.

〈Little Dumpty〉 이야기에 있는 수학적 아이디어

벽의 높이
'아주, 아주 오래 전'이라는 역사적 시간과 Humpty가 떨어진 역사적 사건
하루 동안의 시간의 변화(저녁 시간이 되고 점점 어두워짐)
기다란 사다리의 길이
위치를 나타내는 언어인 '위로, 꼭대기'
(높은 곳에서 아래를 보는 것과 같이) '아래로' 멀리 바라보는 경치
벽의 꼭대기를 가로질러서 사다리까지의 거리
담요의 크기(길이)
펼친 넓이
담요를 잡고 있는 사람의 수(4개의 변×각 변에 3명=총 12명)

이야기에 있는 수학적 언어

'길이', '위로', '꼭대기', '아래로', '바닥', '한 번, 두 번, 세 번 튀어 올라'

〈Little Dumpty〉에 대한 이야기 윤곽은 부록 5에 제시되었다. Van den Heuvel-Panhuizen

와 Elia(2012)가 제안한 수학 학습-지원 요소는 다음과 같이 요약될 수 있다.

〈Little Dumpty〉의 학습-지원 요소

적절성:

Little Dumpty는 Humpty Dumpty가 쿵 하고 떨어졌던 벽을 오르는 일에 도전한다. Little Dumpty는 벽 위에 오르고 두려워하게 된다. 그는 벽의 꼭대기에서 식은땀을 흘리고, 도움을 요청하고, 12명의 마을 사람들이 펼쳐서 들고 있는 담요 위로 "한 번, 두 번, 세 번" 뛰어 오른다. 어린이들은 이 구두 이야기를 이야기 상황과 관련시켜 설명하는데, 이것은 익숙한 유아를 위한 전래 동요와 관련 있다.

연결성의 정도:

엄마는 Little Dumpty에게 벽에 오르지 말라고 경고한다. 때때로 사람들은 하지 말라고 얘기 들은 어떤 일을 하기로 결심한다. Dumpty의 집, 마을, 침대는 어린이들의 세계와 관련된다. Humpty Dumpty가 잘못된 결말에 도달했던 것과 같은 어떤 일이 벌어지지 않을까에 대해 어린이들은 관심을 갖는다. 벽에서 Dumpty가 내려올 수 없을 것이라는 두려움은 문제를 제기한다. 담요를 펼치는 것은 실제 상황에서 사람을 구하기 위해 사용하는 해법이다.

수들 사이의 관계에 대한 일관성을 확립할 가능성이 있다. 그가 더 높이 올라갈 때 신경을 집중하기 위해 하나씩 세고, 2의 배수(사다리 가로대 사이의 간격은 벽돌의 수 혹은 벽의 높이와 관련성이 있다.)로 센다.

이 이야기를 통해 읽고 쓰는 능력, 수학, 정서적 관련성이 연결된다. 그의 엄마와 폭넓은 지역사회와의 관련성으로 인해 확실히 그가 구조될 수 있었던 것이다. Dumpty의 엄마는 그를 이해하고 용서하였다는 것을 보여준다.

범위:

Little Dumpty가 문제를 일으킨 후 자신과 다른 사람이 그 문제를 해결하기까지의 전반적인 느낌을 학생들에게 공감시키려는 의도가 있다. 이야기를 각색하여 2, 3, 5와 같은 어떤 수의 배수를 세도록 하면서 수세기의 패턴을 이해시키기 위한 의도도 있다.

이보다는 벽의 넓이를 살펴보면서 수학적 아이디어는 곱셈으로 확장시킬 수 있다. 만약 벽의 넓이를 찾아야 한다면, 곱셈 언어를 사용할 수 있다. "3씩 한 더미는 3이고,

3씩 두 더미는 6이다.” 이는 곱셈을 동수누가로 생각하는 것이다. 그는 각 열에 있는 벽돌의 수를 더하면서 벽을 이루는 전체 벽돌의 수를 구하게 된다.

이 수학(문제를 제기하고 문제를 해결하기. 1, 2, 혹은 다른 수의 배수로 세면서 벽의 높이를 구하기. 곱셈을 하여 벽의 넓이를 구하기)은 층으로 쌓아올릴 수 있다.

참여 기회:

어린이들은 무슨 일이 발생할지에 대해 알고자 한다. 삽화는 어린이들에게 Humpty Dumpty가 부서지는 모습을 각인시킨다! Dumpty가 안전하게 집으로 돌아오지 못할 것이라는 가능성을 생각하게 한다. 어린이들은 이러한 결과가 일어날 수 있다는 것을 알기 때문에 Dumpty에 대해 걱정하게 된다.

Dumpty가 벽을 어떻게 오르는지와 관련된 가상의 이야기에서 여러 가지 제안이 이루어질 수 있다. Dumpty가 신경을 집중하도록 돕기 위해, 어린이들은 앞으로 수세기 혹은 거꾸로 수세기 패턴으로 참여할 수 있다. 그들은 2의 배수로 수세기를 할 때, 빠뜨려야 할 수를 마음속으로 조용히 셀 수도 있다. 예를 들어, (속으로) 1, (큰 소리로) 2, (속으로) 3, (큰 소리로) 4, (속으로) 5, (큰 소리로) 6 등으로 셀 수 있으며, 이런 아이디어는 담임교사인 Lucy Walshe가 제안한 것이다.

2.1 수 패턴

이야기에서 나오는 단어들과 소품들로부터 얻어지는 가상의 수학적 이미지에 기초한 정신적인 전략들은 수를 조작하고 패턴을 표현하는데 있어서 자신감을 발전시킨다. 어떤 수의 배수들을 세면서 수 패턴은 확고해지며, “우리가 수 관계를 이해할 때 중요한 것은 **패턴**에 대한 인식이다”(Haylock & Cockburn, 2013, p. 139). 〈Little Dumpty〉 이야기를 개발하면서 내가 관심을 가졌던 것은 한 수의 배수들을 세면서 수 패턴을 표현하도록 하는 것이었다.

2.2 사다리의 가로대 사이의 폭을 벽돌의 수와 관련시키기

Dumpty가 오른 사다리의 가로대 간 거리와 벽의 벽돌의 수 사이의 관계를 이용하여 놀이를 할 수 있다. 이러한 관계를 사용하여 벽돌을 1개씩 셀 수도 있고, 배수로 셀 수도 있으며, 벽의 높이가 벽돌 몇 개에 해당하는지를 계산할 수도 있다.

이 이야기의 일부로서 나는 Dumpty는 12개의 가로대가 있는 사다리를 골랐으며, 가로대 사이의 거리는 벽의 벽돌 2개와 같고, 사다리는 벽의 꼭대기에 걸려 있다는 것을 마음속의 이미지로 구성하였다. Dumpty는 사다리를 오르면서 꼭대기에 도달할 때까지 2, 4, 6, 8, 10, 12, 14, 16, 18, 20, 22, 24와 같이 센다. 벽은 벽돌 24개의 높이와 같다. 내려오는 것은 어려우며 신경을 집중하기 위해 2씩 거꾸로 센다. 24, 22, 20, 18, 16, 14, 12, 10, 8, 6, 4, 2까지 세고 바닥에 안전하게 도착한다. 이 이야기의 말하기를 마친 후, 0에 대해 언급하지 않았다. 왜냐하면 그가 첫째 벽돌의 위치인 바닥에 서 있었기 때문이다.

나는 이 이야기와 수학 사이에 조화를 유지하기 위한 목적으로 이야기의 집필에 착수하였다. 이야기를 집필하면서 마음속에서는 이야기와 수학적 아이디어를 관련시키는데 도움이 되도록 하였다.

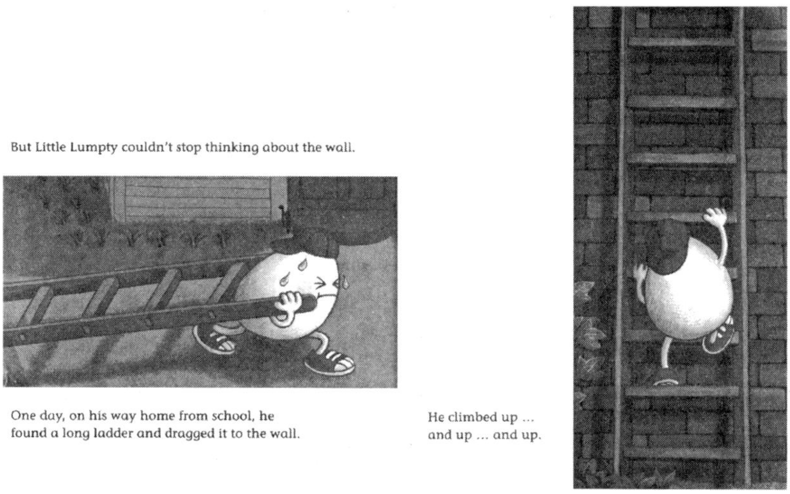

그림 5.2 Little Dumpty가 벽을 오르고 있으며, 사다리의 가로대 간 거리는 벽돌 2개와 같다. ©Mikc Imai(1994). 〈Little Dumpty〉.

수학적인 목적에 맞게 이 이야기를 재말하기 하기: '2의 배수로 24까지 세기'

Humpty Dumpty가 떨어졌던 도시에는 Little Dumpty가 살았어요. 마을의 어린이들은 유아를 위한 전래 동요를 노래했어요. "Humpty Dumpty가 벽에 앉아 있었다네. Humpty Dumpty가 쿵 하고 떨어졌다네. 왕의 기마병과 왕의 신하들이 달려왔지만, Humpty는 산산조각이 나서 다시 붙일 수 없었다네."

Little Dumpty는 마음속으로 한 가지 생각을 했어요. 벽에 올라가고 싶었고 벽의 꼭대기에서 Dumpty가 보았던 마을의 모습이 어떠한지를 보고 싶었어요. 그는 몰래 적당한 사다리를 찾아보았고, 정원의 창고를 뒤졌어요. 그리고 그는 비슷한 모양을 발견했어요. 사다리의 가로대 사이의 거리는 대충 벽의 벽돌 2개와 같았고 사다리에는 12개의 가로대가 있다는 것을 알았어요. 그는 사다리를 어깨에 걸고 옮길 수 있다고 생각했어요.

마을에 있는 다른 사람들이 잠들었을 때, 어둠 속으로 살금살금 걸어가서, 창고 근처에 있던 사다리를 잡고, 조용히 끌어올려서 벽의 꼭대기에 걸었어요. 신경을 집중해서 2씩 세었어요. 2, 4, 6, 8, 10, 12, 14, 16, 18, 20, 22, 24. "와!" 그는 큰 소리로 외쳤어요. "벽은 24개의 벽돌 높이와 같아." 그는 위로 올라가서 벽의 꼭대기에 앉았어요. 그리고 달을 보고, 별을 보고, 잠들어 있는 마을을 보았어요. 그는 몸을 돌려서 벽의 반대편을 보았어요. 그는 잠들어 있는 동물을 보았고, 언덕을 보았어요. 그는 반대로 몸을 돌려서 Dumpty의 마을을 내려다보았어요. 갑자기 무서워지기 시작했고, 춥고 배고파졌어요.

그는 벽을 따라 사다리로 돌아왔어요. 이제 혼자 힘으로 내려와야 한다는 것을 알고 있었어요. 사다리의 마지막 가로대에 도착해서 바닥까지 안전하게 내려올 때까지 2씩 거꾸로 세었어요. 24, 22, 20, 18, 16, 14, 12, 10, 8, 6, 4, 2. 그는 캄캄한 밤에 도둑처럼 사다리를 창고로 다시 가져다 놓았어요. 그리고 침대로 다시 돌아갔어요.

그는 Humpty Dumpty가 있었던 장소에 갔었다는 사실을 아무에게도 말하지 않았어요. 그는 Humpty가 떨어지기 전에 벽의 반대편을 보았는지 궁금했어요. 그는 벽의 높이를 알았다는 사실에 기뻤고, 다른 마을에도 벽을 만들고 싶다고 생각했어요. 그는 벽에 있는 벽돌의 패턴을 꿈꾸어 보았어요. "짧게, 길게; 짧게, 길게; 짧게, 길게 …"

교실에서 〈Little Dumpty〉라는 구두 수학이야기를 사용하기 전에, 수학적 가능성에 대해 충분히 생각했고, 다음에 다룰 수학적 주제를 결정했다. 담임교사와 토론한 후에 2의 배수로 12번째까지 세는 것으로 정했다. 10번째까지의 수세기로 20에 이르게 되는데, 이를 넘어서는 수세기까지 의도적으로 확장하였다. 왜냐하면 그는 2에 12를 곱하는 것을 포함한 곱셈 패턴까지의 관련성을 만드는 것에 관심이 있었기 때문이다. 몇몇 학생들이 패턴을 확장하는 것은 물론 장차 동수누가와 곱셈 사이의 관계에 대한 이해로 발전하기를 의도한 것이다.

3 그림책에서 구두 스토리텔링으로 이동하기

그림책이나 다른 출판된 이야기를 구두 이야기로 이동할 때 내가 제안한 단계는 다음과 같다.

1. 적당한 이야기를 선정하여 읽는다. 이야기에 대해 긍정적인 느낌을 갖는 것이 중요하다. Brown(2013c)은 이야기를 말하는 중간에 자신이 그 이야기를 좋아하지 않는다는 것을 알았던 순간에 대하여 말하였으며, 자신이 이야기와 관련성을 맺고 있다는 것이 얼마나 중요한지에 대하여 말하였다. 이야기를 선정할 때 수학적 가능성을 그려보는 것이 좋다. 이 단계에서 어린이들의 생각을 들어보는 것도 재미있다. 그리고 이러한 수학적 관련성을 생각해 보고, 이러한 수학적 관련성이 어떻게 계발될 수 있는지 생각해 본다. 하나씩 세어보고, 앞으로 또는 거꾸로 여러 개씩 세어보고, 곱셈을 다루고, … 이렇게 하여 관계망이 형성된다.
2. 이야기를 적어 본다. 이야기와 관련성을 맺는 방법은 이야기 자체를 적거나 타이프를 치는 것이다(Corbett, 2006). 이러한 작업은 여러분 마음속에 있는 이야기의 계열을 정돈하도록 한다. 이렇게 적어보는 활동을 통해 필요한 경우 여러분은 그것을 재구성할 수 있으며, 불필요한 항목이나 전개를 삭제하게 된다(Bryant, 1947). 어떤 내용이 생략될 수 있는지, 그리고 어떤 내용이 강조될 필요가 있는지에 대해 결정을 내려야 할 수도 있다. 〈Little Dumpty〉를 재구성하려고 하면서, 나는 Dumpty

가 적절한 사다리를 선택하는 것에 강조점을 두었고, 사다리의 가로대 사이의 길이와 벽에 있는 벽돌의 수 사이의 관계에 강조점을 두었다. 또한 이야기를 재구성하면서 Dumpty가 사다리를 내려오도록 하였고 도움을 요청하지는 않았다. 그는 신경을 집중시키기 위해 2씩 거꾸로 세었다. 2씩 앞으로 또는 거꾸로 세는 수학적 아이디어가 포함되도록 이야기를 다시 적었다.

3. 공통적으로 느끼는 어려움 중의 하나는 이야기를 어떻게 회상해 내는가이다. 이러한 두려움을 극복하기 위해서, 첫 문장을 명확하게 결정할 것을 권고한다.(이런 말을 듣게 되면, 여러분은 벼랑 끝에 몰려 떨어지는 느낌이 들 것이다.) 이야기 맵(Corbett, 2007, 2006; Talk for writing, 2008)이 계열을 내면화하기 위한 도구로 사용될 수 있으며, 이야기를 재말하기 할 때 활용될 수 있다. 또 다른 방법은 한 페이지를 몇 개의 구간으로 나누고 각각의 칸에 이야기의 각 단계에 대한 핵심 단어, 이미지, 설명을 적는 것이다. 여러분은 연상되는 행동을 결정할 수도 있다. 여러분이 일상적인 업무에 대해 말하는 것처럼 자신에서 이야기를 재말하기 해 본다. 음성으로 녹음하고 그것을 들어 보는 것이 도움이 될 수 있다.

4 구두 수학이야기를 수업에 적용했을 때 일어났던 이야기를 말하기

나는 다섯 살에서 여섯 살 어린이들이 30명이 있는 교실에서 구두 수학이야기로써 〈Little Dumpty〉를 선택하는 것이 적절한 것인지에 대해 의문이 들었다. 비록 개발될 수 있는 아이디어도 실제로 거의 없고, 돌아버릴 것 같은 상태이기는 했지만, 결국은 괜찮다고 생각되는 것을 골라야 할 때가 되었다. 연구 아이디어의 세계에 있는 것을 실제의 세계에 적용시키는 것과 관련하여 두려움이 있었다. 너무 오랫동안 아이디어로만 남겨둔다면, 이론으로서는 충분하겠지만 실제에 적용시키기에는 매우 불충분하다. 어떤 아이디어가 적절하지 않다는 것을 알게 될 위험성이 있으며, 원래의 아이디어는 파기될 것이다. 그래서 돌아버릴 것 같았으며, 이론적인 아이디어로써 구두 수학 스토리텔링을 수업에 적용시켰을 때 어떤 일이 일어날지에 대해 기술하였다.

4.1 뜻밖의 일

Little Dumpty를 상자에서 꺼내자 어린이들은 깜짝 놀라워했다. 30명의 작은 어린이들이 눈을 크게 뜨고 나를 쳐다보는 것을 보면서 나는 놀랐다. 말하는 순간에 마법의 이야기 속으로 빨려 들어가는 것 같은 순간을 맛보았다. 나는 어린이들이 Little Dumpty에 대해 지나치게 걱정하게 되지 않을까 고민이 되었다. 그것은 놀라운 경험이었다. 30명의 작은 어린이들은 수 패턴을 만들도록 도와주면서 2씩 세었다.

> Lucy 선생님은 이 수업을 종합적으로 다음과 같이 적었다.
>
> "이야기 전체에 대해 100퍼센트 집중"
>
> 어린이들은 이야기 전체에 대해 100퍼센트 집중하였다. "꼼짝도 않고"
>
> (Walshe, 2013)

4.2 수학적 동기

Casey(2011)가 동기는 수학 학습을 지원해 준다고 말하였듯이, 어린이들이 함께 2의 배수들을 세려고 할 때 수의 계열을 제공하려는 동기가 분명하다. 나는 수세기 사이에 약간의 시간을 주면서 이러한 패턴은 안정적이지 않다고 느꼈고 수 용어들을 제공해 줄 필요가 있었다. 이 패턴은 안정적으로 이루어질 것이고 20 이상의 수인 22와 24에서는 도움이 필요할 것이라고 예상했으나, 대부분의 수세기에서 도움이 필요했다. 그러나 담임교사는 수세기를 하려는 어린이들의 욕구가 높았다고 의견을 말하였다.

4.3 수학적 아이디어를 분명하게 하기: 사고의 실타래

나는 이 이야기를 말하기 전에 수학적 의도를 분명하게 했다. 수학적 아이디어는 '2의 배수로 수세기'라고 적었으며, 이렇게 하여 이 이야기의 수학적 아이디어를 분명하게 하였으며, 이것을 읽어 주었다. 나는 대학생들을 가르칠 때에도 강의를 시작하기 전에 목표를 분명하게 제시하려고 하는 똑같은 원칙을 사용한다. 그것은 목표를 형성하도록 하는 방식이며 최종적으로 되돌아와야 할 참조물을 제공한다. 지도에 대한 이러한 접근법은 모든 학년에 걸쳐서 적용된다. 나는 이것이 잼 샌드위치와 같다고 생각한다. 빵-잼-빵. 목표가 정해지고, 아이디어를 계발하고, 우리는 처음에 언급했던 목표로 되돌아와서 그것을 모두 엮게 된다.

수학적 아이디어를 분명하게 한다는 것은 '2이 배수로 세기' 혹은 '2씩 세기'와 같은 언어로 마음속에 각인시키는 것이다. 자세히 적은 수학적 아이디어를 〈Little Dumpty〉라는 책(Imai, 1994)과 물리적으로 결합하기 위해, 즉 이야기와 수학을 관련시키기 위해 실타래(string)를 사용했다. 나는 어린이들에게 자신만의 사고의 실타래(thinking string)를 가지고 있다는 것을 상상하도록 요구했으며, 나중에 그것에 대해 다시 요구할 것이라고 말하였다. 이것은 모험이었지만 이러한 아이디어에 대한 어린이들의 구체적인 반응을 적는 것은 흥미로웠다.

구두 수학이야기를 시작하면서 구두 이야기는 청각에 의존한다는 것을 알았고, 이것은 일부 어린이들에게 적용하기 적절한 것인지에 대해 의문이 들었다. 담임교사인 루시는 개별 어린이가 이러한 구두 수학이야기 경험에 어떻게 반응하는지를 관찰했다. 루시 선생님은 '낮은 능력', 자폐증, 영어를 제2국어(ESL)로 익힌 어린이와 같이 세 부류의 어린이들로 분류하였으며, 이 어린이들이 루시 선생님 자신을 얼마나 깜짝 놀라게 했는지에 대해 기록하였다. 이 어린이들에 대한 분류명은 바뀌게 되었다.

4.4 낮은 능력

아마도 어린이들은 그들이 다르기 때문에 낮은 능력으로 분류되었을 수도 있다. 몇몇 어린이들은 자신들이 소외되어 있다는 것을 알았을 수도 있다. 몇몇 어린이들은 배우고 더 나아가 환영받지만, 그렇지 못한 어린이들도 존재하는 것이 학교문화이다. 패트리샤는 낮은 능력으로 분류된 어린이로서, 2의 배수로 세어보는 구두 수학이야기에 놀라운 방식으로 반응했다. 첫째로 놀란 것은 이야기를 시작하면서 '사고의 실타래'에 대해 제안했을 때 패트리샤가 반응한 방식에 있었다. 패트리샤는 이러한 아이디어를 신체적으로 표현했으며, 패트리샤의 머리 옆으로 상상의 실을 당겨서 끄집어내는 흉내를 내었다. 패트리샤는 이렇게 당기는 행동을 여러 번 반복했다.

사고의 실타래

패트리샤는 스스로에게 무언의 몸짓으로 나타내면서, 실을 머리에서 꺼냈다.
담임교사는 스토리텔링이 이루어지는 동안 이것을 기록했다.

(McGrath, 2013)

그 집단에 있는 어린이들에게 이 이야기에 있는 수학에 대해 생각해 보도록 요구하자, 패트리샤는 "실을 다시 당기는 것처럼 행동했으며" 수학적인 용어를 사용하여 현재 벌어지고 있는 일에 대해 설득력 있게 설명하였다.

스토리텔러: "이야기 속에 있는 수학적 아이디어에 대해 어떻게 생각하니?"
패트리샤: "2씩 셀 때 하나씩 빠뜨리고 있잖아요. 그래서 그것이 어떤 패턴처럼 보여요."

(McGrath, 2013)

구두 이야기를 통해 높은 능력의 집단에 속하지 못하는 어린이들이 생각하는 것을 우리는 알게 되는 것 같다. 담임교사는 패트리샤를 보면서 놀랐던 것을 "이 어린이가 이렇게 반응하리라고는 생각지도 못했다."라고 표현했다.

이 어린이의 생각은 수학과 이야기를 결합한 창의적 교실 경험에 어울리는 것이다. 이러한 수학적 경험은 패트리샤에게 적용한 '능력 집단'이라는 가정을 파기하는 것이었다. 이 어린이는 사고의 실타래를 머리에서 끌어당겨내는 것을 무언의 몸짓으로 표현하면서, 2의 배수로 세는 것을 어떤 '패턴'으로 설명하고 있다. 이것은 굉장한 사건이며, 다시는 경험할 수 없는 순간이라는 것을 깨달았다. 듣고 있는 30명의 학생 중 1명으로서, 낮은 능력의 어린이는 교사가 가지고 있는 수학적 능력에 대한 가정에 도전장을 내민 것이다.

4.5 자폐아

〈Little Dumpty〉를 말하기 할 때, 자폐아의 참여를 돕기 위해 보조교사를 활용하였다. 보조교사는 그림책 〈Little Dumpty〉를 제임스에게 읽어주었다. 제임스는 이야기를 들었고, 나중에 Dumpty의 사다리를 그림으로 표현하였다. 제임스는 그림책과 나의 구두 버전 사이의 차이점을 이해했다. 제임스는 2의 배수로 센다는 이야기의 아이디어를 그림으로 표현했다. 비록 제임스가 화장실에 가야만 했기 때문에 수업 중간에 자리를 뜨기는 했지만, 제임스의 보조교사는 제임스가 이야기에 얼마나 몰입했는지에 대해 의견을 말하였다. 제임스에게 이야기 경험을 시키는 것이 가능하지 않을 것이라는 나의 가정은 틀린 것이었다.

> 제임스는 자폐적 특성을 보이고 있었으나, 가로대가 많이 있는 사다리를 표현했으며, 도움을 받으면서 2씩 48까지 세었다. Dumpty는 "깨지지 않은 온전한 조각"으로 남았지만 Humpty Dumpty는 "산산히 부서져서 고쳐질 수 없었다."고 나에게 여러 번 말하였다. 제임스는 20번째를 넘어서서 24번째 배수까지 수세기를 분명하게 발음했다.
>
> (McGrath, 2013)

4.6 제2국어로써 영어(ESL)

몬티는 제2국어로써 영어를 습득했으며, 놀라운 방식으로 이야기 경험에 참여하였다. 그의 담임교사는 몬티가 이야기에 대해 얼마나 즐거워하면서 집중했는지에 대해 설명했다. 구두 수학이야기는 청각적 기능과 언어 이해력에 의존한다는 것에 내가 관심을 가졌던 것처럼 이러한 일들은 주목할 가치가 있다.

> 몬티: 이야기의 여러 부분에서 미소를 지으며 들을 뿐만 아니라 매우 집중해서 듣고 있다.
>
> (McGrath, 2013)

배수로 수세기를 한다는 수학적 아이디어를 이 이야기와 연결시키는 것은 잘 이루어졌다. 이야기와 수학적 아이디어 사이의 조화를 통해 어린이들을 끌어들였다. 어린이들의 얼굴 표정이 얼마나 활기찼는지 눈을 마주쳐도 흔들리지 않는데 나는 감명을 받았다. 어린이들은 이야기에 연결되었다. Little Dumpty를 소개할 때는 열광의 도가니였다. 어린이들은 Dumpty를 묘사한 소품에 긍정적으로 반응했고, 정신을 집중시키기 위해서 그리고 벽이 얼마나 높은지 알기 위해서 Dumpty를 도와서 2씩 수세기를 한다는 점에 동기 유발이 되었다.

5 결론

연구 아이디어를 실생활에 적용하면서, 5세에서부터 6세 어린이들이 30명 있는 반에서 〈Little Dumpty〉를 재구성하여 말하기 하는 것과 관련하여 위험성이 있었다. 이 위험성을 감수한 결과, 이야기와 수학적 아이디어를 창의적인 방식으로 연결시키는 것이 가능하다는 것을 알게 되었다. 연구에서의 달걀은 모서리 위를 굴러가서 깨지지 않았다.

이 장에서는 이야기와 〈Little Dumpty〉(Imai, 1994)에 들어 있는 무의도적인 수학적 아이디어들 사이의 관계를 세밀하게 조정하였다. 5세 어린이가 수세기의 가능성을 지적한 후 2의 배수로 12번째까지 수세기하는 것으로 발전시켰다.

그림책으로부터 구두 수학이야기 버전으로 이동한 단계에 대해 설명을 하였다. 이러한 과정의 일부에서 연결된 방식으로 사고하도록 하였다. 이야기와 수학 사이의 관련성에 대한 가능성을 알아보도록 했으며, 수학적 아이디어들 사이의 관련성에 대한 가능성을 알아보도록 하였다. '사고의 실타래'라는 구절을 두어서 수학적 목표를 분명하게 하였으며, 구체적으로는 책 제목 〈Little Dumpty〉와 수학적 아이디어인 '2의 배수로 세기'를 연결하도록 작은 화이트보드 판에 적어놓았다.

수학을 지도하는데 있어서 이러한 창의적인 교육적 접근법은 이러한 어린이들에 대해 교사가 가지고 있는 가정에 의문을 제기한다. '낮은 능력'으로 분류된 어린이가 구두 수학이야기에 매우 놀라운 방식으로 반응한다. 이 학생은 가상적인 사고의 실타래를 끌어당기는 것처럼 표현했고, 이것은 이야기를 수학적 아이디어와 관련시킨다. 이 학생은 수학적 아이디어를 분명한 방식으로 명확하게 표현하였다. 교사는 이 어린이에게서 그러한 반응이 일어날 것이라고 기대하지 않았었다고 나에게 말하였다. 구두 이야기와 수학을 결합하면서 교실 문화가 긍정적인 방식으로 바뀌었다. 비록 창의적인 수학이라는 영역에 안전하게 안착하기는 했지만, 더 많은 일들이 이곳에서 일어날 것이라는 느낌을 가지고 이곳을 떠났다.

chapter

6 구두 수학이야기

다양한 가능성

Teaching Mathematics Through Story

> 스토리텔러가 어린이 집단에게 "이야기를 말하기 하는 것"은 어린이들에게 중요하다. "어린이들은 다른 사람들과의 대화를 통해서 스스로 가장 잘 배운다."
>
> (Fisher, 2009, p. 12)

이 장은 다음을 탐구하는 데 목적이 있다.

- 어린이들이 집단에서 말하기 하는 것의 가치
- 구두 수학이야기 경험에 대한 어린이들의 진정한 참여를 측정하기
- 보다 깊이 있는 수학적 연결을 지원하는 성인

〈Two of Everything〉

Suzanne Kelham 선생님이 재구성하여 들려줌

Haktak 할아버지와 Haktak 할머니는 작은 오두막에 살고 있어요. 할아버지와 할머니는 자신들이 가꾸는 텃밭에서 기른 것들을 먹고 살아요. 어느 날 아침 할아버지는 자신의 텃밭을 갈고 있었어요. 그런데 할아버지의 삽에 딱딱한 무엇인가가 걸렸어요. 그건 아주 오래 된 청동 항아리였어요. 할아버지가 큰 청동 항아리를 집안으로 옮기는 도중에, 할아버지가 가지고 있던 전 재산인 동전 5개가 들어 있는 지갑이 청동 항아리에 떨어졌어요. 이 청동 항아리가 무엇으로 만들어진 것인지 몰랐던 할머니는 청동 항

아리에 기대어 그 안을 보았어요. 그때 할머니의 머리핀이 항아리 안으로 떨어졌어요. 할머니가 머리핀을 꺼내려고 할 때, 할머니는 두 개의 머리핀과 두 개의 지갑이 있는 것을 알게 되었어요. 각 지갑 안에는 동전이 5개씩 있었어요. 그 날 밤, 할아버지와 할머니는 이 청동 항아리를 가득 채우고 비우고 했어요. 할아버지와 할머니는 자신들이 필요한 돈 보다 더 많은 돈을 얻었지요. 다음 날, 할머니는 고마운 마음에 이 청동 항아리를 껴안았어요. 그런데 그 때 할머니는 깜짝 놀랐어요. 왜냐하면 할아버지가 식료품을 한아름 안은 채 문을 발로 꽝하고 열어 제쳤기 때문이에요. 할머니는 그만 놀라서 청동 항아리 안에 빠지고 말았어요. 할아버지는 두 할머니를 꺼냈는데, 이것은 골칫거리가 두 배로 발생하기 시작한 순간이었죠. 해결책은 또 다른 할아버지에요. 그리고 모든 것을 두 배로 만드는 것이었지요.

(Toy Hong(1993)을 재구성)

1 도입

이 장은 수학적 발달을 신장시키기 위해서 어린이들이 개별적으로 집단에서 말하기의 중요성을 고려한다. 또한 이 장은 초등학생들의 말하기 중요성을 이해하기 위해서 이론적 아이디어를 대략적으로 설명한다. 또한 이 장은 4장에서 소개된 '연대성(engagement)'과 '유대감'과 같은 창의적인 대화의 특징들이 좀 더 상세하게 논의한다.

전문 스토리텔러와 교사들은 대집단에게 구두 수학이야기를 말하기 한 자신들의 경험을 설명한다. 구두 수학이야기를 말하고, 창의적인 수학적 대화를 촉발시키고, 어린이들의 참된 참여를 측정하는 도전들에 대해서 대략적으로 설명한다. 이런 논의를 위한 목적으로 30명 이상의 어린이가 있다면 이 집단을 대집단으로 고려한다.

1장에서 소개한 수학적 아이디어를 일반화하기와 추상화하기가 다시 이 장에서 강조된다. 그러한 기회가 발생한다면, 어린이들이 이야기 맥락보다 더 깊이 있는 수학적 연결을 만드는 것을 촉진시킬 수 있는 방법들이 있다. 이 구두 수학이야기 프로젝트에서 한 경험이 수학적 아이디어들 간의 연결을 생성시키는 잠재력을 형성한다. 이것은 어린이들을 좀 더 작은 소집단으로 구성했을 때 더 쉽게 성취될 수 있다. 그러나 그렇다고 해서 이것이 어린이들이 대집단의 구성원으로서 수학적 이야기를 경험하는 것의 가치를 감소시키지는 않는다. 이 장은 구두 수학 스토리텔링이 수학에 대해 생각하는 창의적인 접근으로서 가져오는 다양한 가능성의 범위를 강조하는데 목적이 있다.

2 집단에서 어린이들의 말하기가 지니는 가치: 이론적 전망

2.1 수학적 아이디어를 내면화하기

어린이들이 아이디어를 내면화하기 전에 사회적 경험을 공유하기 위해서 집단 토론은 중요하다. 어린이들은 내면적으로 아이디어들을 재구성한다. Vygotsky(1978)는 개념(concept, idea)을 '내면화(internalisation)'라고 언급하고 있다. Vygotsky(1978)는 내면화가 개인 간 과정이 개인 내 과정으로 전환될 때 발생한다는 이론을 세우고 있다. Vygotsky(1978, p. 57)는 "어린이의 문화적 발달에서 모든 기능이 두 번 나타나는 방식을 설명하고 있는데, 그는 처음에는 사람들 사이(사회적 측면)에서 그 다음에는 어린이 내면(심리적 측면)에서 나타난다."고 설명한다. 구두 수학이야기는 먼저 사람들 사이에서 나타나며, 어린이들은 아이디어들을 개인적으로 재구성한다.

본 프로젝트에 참여한 어린이들은 구두 수학이야기를 집단으로 듣고, 이들 이야기의 아이디어들을 내면화하고, 수학이야기에 대해 재말하기를 한다(예는 9장에 있으니 참조하기 바란다.). Vogotsky(1978, p. 57)는 자기중심적 말(speech)뿐만 아니라 외적 또는 의사소통적 말의 여러 측면들이 내적언어(inner speech)의 기초가 되기 위해서 '내적'으로 전환되는 방법에 대해 설명한다. 나는 어린이들이 스토리텔러의 역할을 수행할 때 주어진 이야기의 언어가 정확하게 대체될 수 있는 방법을 생각하게 되었다. 구두 이야기를 통해서 생성된 수학적 언어는 외적 말(speech)이고, 이것이 내적으로 변하면 어린이의 내적언어가 되며, 어린이들이 이야기에 대해 재말하기를 할 때 다시 외적인 말로 변한다. 어린이들이 이야기 말을 변화시킨다. 이 이야기 말이 수학적 세계(outwards)이다. 어린이들은 자신들의 이야기 놀이에서(3장) 그리고 스토리텔러(9장)로서 이야기를 자신의 방식으로 재말하기를 한다.

2.2 말하기는 어린이들의 수학적 행동을 통일시킨다

말하기 또는 말은 어린이들의 수학적 행동의 많은 측면들을 통일시키거나 조직한다. Michael Cole, Vera John-Steiner, Sylvia Scribner과 Ellen Souberman은 Vygotsky (1978, p. 126)을 번역하면서 역자 서문에서, "말은 지각, 기억, 문제 해결과 같이 어린이들의 행동에 있어 이질적인 부분들이 많은 측면들을 조직하고, 통일하고, 통합하는 기능을 한다."고 설명한다. Pound와 Lee(2011, p. 73)는 사고(brain)와 이야기가 연결될 수 있는 방법 그리고 자신이 구성해 낸 이미지가 사고 과정에서 일어나는 여러 괴리들을 명확히 할 뿐만 아니라 주어진 정보를 기억에서 제한하는 방법에 대해 설명하고 있다. 이야기가 말이라는 소리를 통해서 드러나는 것이 어린이들이 통일된 방식으로 문제를 지각하고, 기억하고, 해결할 수 있도록 해주기 때문에 이야기 말이 중요하다.

2.3 공동체 사고가 개인들을 신장시킨다

공유된 지식과 이해의 구성은 개인의 이해력에 기여한다. 어린이들은 다른 사람과의 대화를 통해서 자신들의 이해력을 높인다(Fisher, 2009). Mercer(2000)는 어린이들이 벌들과 달리 집단적 경험으로부터 수집한 것을 활용해서 개인적 사고를 한층 깊게 발전시킬 수 있다고 주장한다.

> 의사소통에 참여하는 사람들은 스토리텔러가 제공하는 것만 취할 필요가 없고, 의사소통 후에 개인적 활동을 할 수 있다. 의사소통에 참여하는 사람들은 벌꿀들이 하는 것처럼 지적 자원으로서 지금까지 공유된 정보를 활용할 수 있으므로, 자신들이 혼자서 할 수 있는 것보다 좀 더 잘 이해하면서 활동한다.
>
> (Mercer, 2000, p. 172)

어린이들은 다른 사람들과 상호작용을 통해서 자기 자신을 성찰하는 방법을 가장 잘 배운다(Fisher, 2009). 이론적 관점은 집단 내에서의 말하기 경험이 어린이들의 개인적 사고를 신장시켜준다는 점을 시사한다(Fisher, 2009; Mercer, 2000; Vygotsky, 1978).

2.4 생각을 언어로 전환하기

대화에 참여하면서, 어린이들은 수학적 사고를 언어로 전환하고 자신들의 사고를 확장한다. 대화는 어린이들이 자신들의 사고를 언어로 전환하도록 만든다. 대화는 어린이들이 전에는 시도해 보지 않았던 생각들을 하게 만듦으로서 어린이들의 사고를 확장시킬 수 있다(Fisher, 2009). 결과적으로 우리는 토론과 놀이에서 수학적 아이디어들을 말로 표현하는 것에 가치를 둔다.

요점:

- 어린이들은 집단으로 토론한 아이디어들을 내면화하고 이 아이디어들은 개인의 이해에 기여한다(Vygotsky, 1978).
- 집단 토론이 어린이들의 개인적 사고를 신장시킨다(Fisher, 2009; Mercer, 2000)
- 대화는 어린이들이 사고를 언어로 전환하고 결과적으로 자신들의 사고를 확장하도록 한다(Fisher, 2009).
- 집단으로 사고하기는 어린이들에게 중요하다. "어린이들은 다른 사람들과 상호작용을 통해서 스스로를 성찰하는 방법을 가장 잘 배운다"(Fisher, 2009, p. 12).

3 창의적이며 수학적인 대화

어린이들이 자신들이 이미 알고 있는 것을 뛰어 넘어서 생각할 때 대화는 창의적으로 변한다. "대화가 즐거우면서도 발산적인 아이디어들을 허용할 때, 대화는 창의적이게 된다"(Fisher, 2009, p. 8). 대화가 즉흥적이고 대화를 하는 사람이 전에는 연결짓지 않았던 아이디어들과 개념들을 연결할 때, 대화는 창의적이다(Fisher, 2009; Pound & Lee, 2011). 이들 연결은 성인들이 고려해 본 무엇일 수도 있고 고려해 본 적이 없는 것일 수도 있다. 어린이들은 종종 성인인 우리가 사고를 조정할 필요가 있는 신선한 연결을 꾀하기도 한다. 창의적 대화의 이런 즐거운 특성은 구두 이야기 말하기의 한 부분이 될 수 있다. 즉, 어린이들은 이야기를 새로운 생각들로 갈래 치면서 놀 수 있다는 것이다.

3.1 대집단 토론 중 어린이들의 창의적인 수학적 대화의 발췌

〈Stone Soup〉*

Paula Brown 선생님은 〈Stone Soup〉(Brown, 2013b)을 재구성해서 이야기를 하고 있다. Brown 선생님은 어린이들에게 이 이야기에서 채소들을 얇게 썰고 사각 썰기 하기 전 상태의 채소에 대해 설명해 보라고 요청한다. 몇 가지 수학적 설명을 상상해 볼 수 있다. 예를 들어, 브로콜리를 '나무 모양'으로 설명할 수 있고, 셀러리는 '직사각형' 또는 '숫자 1'로 설명할 수 있고, 붉은 양배추는 '예쁜 무늬를 가진 작은 조각'으로 설명할 수 있고, 치커리는 '타원'으로 설명할 수 있고, 버터너트호박은 3차원 모양을 2차원 시각을 이용해서 '8 모양' 또는 '두 원이 함께 있는 것'으로 설명할 수 있다.

(Forest(1998)는 이 이야기의 매혹적인 버전을 제공하고 있다.)

위의 예에서 어린이들이 3차원 버터너트호박을 2차원 시각을 이용해서 설명하는 방법을 주목하는 것은 중요하다. Suggate 등(2010, 2006)은 어린이들이 모양을 전체로 생각하는 것으로는 충분하지 못하고 어린이들이 모양의 성질을 고려할 필요가 있다고 조언한다. 어린이들이 3차원 채소들을 설명하고 있을 때, 이것은 마치 어린이들이 채소의 부분들을 인식하고 있는 것과 같다. 예를 들어, 버터너트호박의 한 표면을 자르면, 이것은 8자를 닮았다. 이 이야기의 경험이 2차원 용어들을 이용하여 3차원 모양을 창의적으로 설명하도록 이끈다. 어린이들은 3차원 모양을 2차원 모양의 무한한 층으로 볼 필요가 있다.

〈Two of Everything〉

Martha 선생님은 Haktak 할아버지가 발견한 것을 "이것은 큰 마술 항아리였어요. 이 항아리에 1개를 넣으면 하나가 2개가 되고, 4개를 넣으면 6개 아니 8개가 된다."고 설

* 이 책은 〈돌멩이 수프〉(고정아, 시공주니어, 2007)로 번역되어 있다.

명한다.

야곱은 10개의 동전이 이 항아리에서 나온 이유를 “5+5=10이기 때문에”라고 설명한다. 야곱은 “Haktak 할아버지는 수천 파운드(pound: 영국의 화폐 단위)를 가질 수 있어서 Haktak 할아버지는 부자가 될 수 있다.”고 말한다. 나중에 야곱은 두 배로 만들기 행위를 수 천 번 반복할 것을 제안한다. 두 명의 Haktak 할머니가 빠져나왔을 때, 야곱은 “이제 할아버지는 아내가 두 명이네!”라고 말한다.

(Toy Hong(1993)을 재구성함)

창의적인 대화는 ‘유쾌한 담화’로 요약될 수 있다. 유쾌한 담화는 아이디어들에서 즐거움을 찾는 것이고, 대안적인 가능성을 제시하면서 어린이들이 자신들의 사고에서 상상할 수 있도록 장려해 주는 것이다.

창의적인 대화는 구두 수학이야기의 부분으로서 어린이들이 즐거운 방식으로 아이디어들을 연결하는 것을 지원한다. 구두 이야기는 수학에서 창의성을 장려한다. 그러나 수학을 창의적으로 가르치려는 이러한 접근은 많은 도전거리들을 불러일으킨다. 이 도전거리들 중 하나는 특히 대집단의 구성원으로서 어린이들이 이야기 경험에 어느 정도로 매력을 갖는지 또는 참여하는지를 측정할 수 있느냐 하는 것이다. 어린이들의 참여를 측정하는 관점들에 대해서 설명하기 앞서서, 나는 대집단으로 활동을 할 때 스토리텔러로서 직면하는 세 가지 도전거리들을 확인한다.

3.2 구두 스토리텔링의 도전거리들

수학적 아이디어를 의사소통하기 위한 이야기를 말하기 하는 것이 도전의식을 느끼게 하는 세 가지 주요한 이유가 있다. 첫 번째, 우리는 자신을 스토리텔러로 쉽게 인식하지 못하므로 연습을 통해서 스토리텔링하기에 맞는 기능들에 익숙해질 필요가 있다. 두 번째, 30명의 어린이들을 다루는 것은 도전거리이다. 책 없이 스토리텔링을 해야 할 때 훨씬 더 그러하다. 세 번째, 즉흥적인 방식으로 활동하는 것 그 자체가 창의적인 위험을 수반할 수도 있다(Gallas, 1995; Hartman, 2002; Naik, 2013). 이와 더불어, 예측 불가능한 요소들이 있다. 우리가 창의적인 수학적 사고를 촉진하는데 목적을 두고 있기 때문에, 어린이들의 반응들은 예측 불가능할 것이다. 불분명한 이유로 가끔 교실 문이 열리고 닫히는 것과 같은 환경적인 문제와 예비 학부모 일행이 교실을 둘러보는 것과 같은 예견하지 못한 사태들도 예측 불가능한 요소들이다. 그러나 다음과 같은 저학년 교사의 말을 반성해 볼 때, 이런 도전거리들은 가치 있다. "이런 도전거리들이 나의 관점이 매우 창의적이지 않다는 것을 깨닫게 해준다. 도전거리들이 새로운 가능성을 열어 준다"(Kelham, 2013b).

3.3 다양한 방향들

우리가 어떤 방향을 취할 수 있을지를 알지 못할 때, 창의적인 대화를 용이하게 하기가 좀 더 어렵다. 우리를 불안하게 만들고 주어진 이야기의 순간을 넘어서 생각해야 하는 수학적 아이디어들이 있을 수 있다. Fisher는 창의적인 대화의 이런 특징에 대해 다음과 같이 설명한다. "창의적인 대화는 생산적이고 열린 구조를 가지고 있고 다양한 방향으로 이동할 수 있는 잠재성을 가지고 있으며 예상치 못한 결론에 도달한다"(Fisher, 2009, p. 9). 유치반 1학년 교사인 수잔은 "창의적인 대화가 어디로 나아갈지 알 수가 없는데 그것이 창의적인 대화의 파워이고 창의적인 대화의 가장 두려운 부분"이라고 말한다 (Kelham, 2013b). 다양한 방향으로 갈 수 있는 잠재성이 특히 대집단에서 창의적인 대화를 용이하게 하기를 어렵게 만든다.

3.4 긴장

나는 경험이 풍부한 교사들이 구두 수학이야기를 말하기 하기 전에 긴장을 드러내는 방법에 주목한다. 저학년을 담당한 경험이 풍부한 선생님인 Suzanne Kelham은 이것을 다음과 같이 설명한다.

> Suzanne 선생님은 구두 수학 스토리텔링이 어떻게 공연과 같은지 설명한다. 이것은 스토리텔러를 안전지대로부터 벗어나게 만든다. 평상시 수업 중에 하는 많은 말들과 비교하면 스토리텔링은 공연과 같다.
>
> (Kelham, 2013b)

3.5 기타 요인들

구두 수학이야기를 어린이 집단에게 말하기 하는 것과 관련한 기타 요인들이 있다. Fisher(2009, p. 128)는 "집단의 크기, 다른 사람들의 행동, 집단 구성원들이 취해야 하는 역할, 집단 구성원들의 관계, 집단 구성원들의 동기와 노력"도 관련된 요인이라고 확인시켜 준다. Suzanne Kelham 선생님은 소집단보다 30명이 있는 학급에 구두 수학이야기를 말하기 할 때 자신의 행동 관리를 더 인식하는 경향에 대해 반성하고 다음과 같이 말한다. "나는 소집단에게 말할 때는 긴장을 덜 하고 자유롭지만, 대집단에게 말할 때는 집단 역학(dynamics)과 행동을 다루기를 더 요구받는다."

4 어린이들의 참여를 측정하기

4.1 합법적인 주변적 참여자로서의 어린이: 진정한 참여

Lave와 Wenger(1991)는 산파술과 같은 도제식 학습(learning apprenticeship)이 어떻게 합법적인 주변적 참여와 관련 있는지를 설명하고 있다. 학습자(도제)는 합법적으로 가장자리에 앉아서 그 직업에 대해 배우기 시작한다. 견습 기간이 지나면서 학습자들(도제들)은 주변부로부터 이동한다. Lave와 Wenger(1991, p. 32)는 "어쨌든, 어린이들은 성인 사회에서 전형적이고 합법적인 주변적 참여자들이다."고 설명하고 있다. 대집단에 있는 어린이들은 주변적 참여자들이고, 이들이 참여하고 있는지 참여하지 않는지 또는 주의를 받고 싶지 않아서 행동하는 것인지를 알기는 어렵다. 교실 행동 규범에 맞지 않지만 진정으로 참여하는 것의 예는 다음 발췌문에 설명되어 있다.

Toy Hong이 집필한 〈Two of Everything〉

〈Two of Everything〉은 무엇이든지 넣기만 하면 두 배가 되는 마술 항아리에 대한 이야기이고, 나는 이 이야기를 다섯 살, 여섯 살 어린이 30명으로 구성된 집단에게 읽어 준다. 이 집단의 어린이들을 관찰해 보면, 한 여자 어린이는 말없이 산만하게 자신의 머리카락을 가지고 놀고 있고, 한 남자 어린이는 자신이 마술 항아리에 떨어져서 두 명이 된 듯이 행동하면서 이 이야기에 '진정한' 몸짓으로 참여한다. 이런 몸짓 참여는 교실 행동 규범은 아니다. 여자 어린이는 참여하지 않는 것으로 보이지만 이 어린이의 행동은 규범에는 적합하다. 즉 이 어린이는 주변적으로 참여하는 것이다.

(MaGrath, 2013)

합법적인 주변적 참여자들(Lave & Wenger, 1991)로서, 성인들은 어린이들이 진정한 방법으로 참여하는지를 알기 어렵다. 개별 어린이들이 진정으로 참여하는지 또는 교실 행동 규범을 지키기는 하지만 비참여적 방법으로 단순히 행동하는지의 여부는 대집단에서 결정하기는 더욱 어렵다. Haynes와 Murris(2012, p. 209)는 "교수법에 관한 훨씬 최근의 연구는 구어 사용 능력의 중요성과 진정한 참여, 경청, 반응하는 문화기의 중요성에 대해 강조하는 방법"을 설명하고 있다. 비참여는 낮은 수준의 산만한 방법으로 행동하면서 "단순히 학교 다니기"를 배우는 학생들의 경우 숨길 수 있다.

4.2 참여

4장에서 지금까지의 연구를 종합한 것이 제시되어 있는데, 이는 어린이들의 참여가 수학적 아이디어들이 이야기와 연결될 때 향상된다는 것이다(Hong, 1996; Keat & Wilburne, 2009). 내가 교사들에게 어린이들이 구두 수학이야기에 어떻게 반응하는지 질문할 때, 그들이 자주 참여를 언급하기 때문에 '참여'라는 말은 좀 더 논의할 가치가 있다. 첫 번째, 나는 '참여'라는 말의 의미를 어린이들이 구두 수학이야기를 경청하고 다시 그 이야기를 말하기 하는 대화의 맥락에서 정의한다. Fisher(2009, p. 183)는 참여에 대한 증거로 한 어린이가 "일관된 관심과 진행 중인 대화에 관심을 보일 때"를 제안한다. 이 학습 행동은 한 어린이가 "다른 어린이들이 말한 내용에 일관되게 반응하고 진행 중인 대화에 관심을 가질 때 나타난다. 반드시 말을 많이 한다고 해서 대화에 참여하는 것은 아니다"(Fisher, 2009, p. 183).

4.3 한 스토리텔러의 관점

〈One City, Two Brothers〉

Paula Brown 선생님이 재구성하여 들려줌

Paula Brown은 5세에서 7세의 어린이들 120명으로 이루어진 대집단에게 〈One City, Two Brothers〉에 기반한 이야기를 말하기 한다. 나중에, 나는 그렇게 큰 대집단 환경에서 '참여'에 대해 Paula가 생각하고 있는 생각을 물었다. Paula는 이처럼 큰 대집단과 소통하는 것이 한 번 이상의 큰 깨달음을 얻게 하고 스토리텔러도 표면적인 것 이상을 얻을 수 있다고 설명한다. Paula는 무엇이 지나갔는지도 모를 만큼 집중된 시간이 얼마나 흘렀는지 또는 이 시간이 어린이들에게 어떤 영향을 미쳤는지 설명한다. 그러나 Paula는 일부 어린이들이 이런 이야기들을 3년 후에도 기억한다는 점에 주목한다. 소집단 활동은 더 많이 멈추어 탐구를 할 수 있게 하고, 어린이들의 수학적 사고에 관해서 더 많은 것을 발견할 수 있도록 한다.

(Brown, 2013c)

Paula Brown 선생님은 대집단의 일원으로서 어린이들은 주어진 이야기에 참여하고 있지만 스토리텔러가 이것을 측정하기는 어렵다고 주장한다(Brown, 2013c). 나는 〈Little Dumpty〉를 30명으로 구성된 집단에게 말할 때, 집단적으로 또는 개인적으로 어린이들이 얼마나 참여하는지를 기록하는데 학급 담임교사의 도움이 필요하다는 것을 알아차렸다.

그림 6.1에 있는 어린이들은 구두 수학이야기를 들으면서 클립보드 위에 그림을 그리고 있다. 그림 6.2는 한 어린이가 그린 그림의 예를 보여주는데, 이 그림은 이 어린이의 수학적 사고를 표현하고 있다. 그림 6.3은 〈The Enormous Turnip〉*를 재말하기 하면서 참여하는 어린이들을 보여준다.

* 이 책은 〈커다란 순무〉(박향주, 시공주니어, 1997)로 번역되어 있다.

그림 6.1 어린이들이 구두 수학이야기를 들으면서 클립보드 위에 그림을 그리고 있다. (합법적인 주변적 참여자들)

그림 6.2 5년 2개월 된 네스타가 클립보드 위에 그린 그림은 네스타가 〈Ladybird on a Leaf〉를 들은 후에 무당벌레에 있는 10개의 점과 8개의 점을 표현한다. 이 그림에는 5+5−5=5와 5+3−3=5라는 수학적 아이디어가 표현되어 있다.

그림 6.3 〈The Enormous Turnip〉를 Kirsty Burns 선생님과 함께 재말하기 하기에 참여하는 어린이들

5 성인들이 심층적인 수학적 연결을 지원할 수 있다.

나는 다양한 크기의 집단들에게 이야기를 들려주는 전문 스토리텔러들과 성인들을 관찰하였는데 이 관찰로부터 여러 수준에서 이야기와 수학을 연결지을 수 있는 가능성이 있음을 알았다. 첫 번째 수준의 연결은 이야기를 수학적 아이디어와 연결하는 것이다. 〈Little Dumpty〉를 30명으로 이루어진 집단에게 말하기 하기가 이것을 잘 보여 준다(5장 참조). Humpty Dumpty가 실패하는 곳에서 성공하기를 원하는 Dumpty에 관한 이 이야기의 핵심은 '2의 배수로 세기'라는 한 가지 수학적 아이디어를 12의 배수와 연결하는 데 있다. 처음에 나는 이 수학적 아이디어를 명확히 하여 어린이들이 무슨 생각을 해야 하는지를 생각할 수 있도록 하고, 패턴과 이 세기가 어떤 하나를 빠트린 방식에 대한 패트리샤의 통찰력 있는 설명을 받아들인다. 여러 소집단들과 좀 더 자연스럽게 이 프로젝트를 하는 동안 발생했던 두 번째 수준의 연결은 만약 이 이야기 또는 수학에 관한 무엇인가가 변한다면 어떨지에 대해서 생각하는 것이다. 이 수준은 한 이야기 내에 있는 수학적 아이디어들과 이 이야기 그리고/또는 수학을 가지고 놀이하는 것 사이를 이동하는 것을 포함한다. 세 번째 수준은 주어진 이야기 이면에 있는 수학적 아이디어를 추정하는 것이다. 이것은 도전거리가 된다. 왜냐하면 일반화될 수 있는 패턴이나 수학적 아이디어가 존재하고 또 수학적 아이디어가 이야기 맥락으로부터 추출될 수 있다는 것을 인식하는 것을 포함하기 때문이다.

5.1 상상해서 일반화를 해내는 어린이들

〈Ladybird on a Leaf〉에서, 어린이들은 이 이야기 맥락을 이용하여 비가 무당벌레의 점들을 쓸어가고 개미가 점들을 다시 붙여주는 것에 대해 설명한다. 하지만 어린이들은 이 이야기 맥락을 넘어서는 수학적 아이디어들에 관한 설명들을 확장해 가는데 있어서 지원을 필요로 한다(3장 참조). “모든 경우” 무슨 일이 벌어졌는지에 대한 설명들을 그림으로 그리기는 어린이들이 수학자처럼 생각하도록 해준다(Haylock & Cockburn, 2013). 아래 예에서 밀리가 한 것처럼, 어린이들은 이야기 속의 언어들을 이용해서 수학적 사건들을 설명한다. 우리는 이것에 대해서 다시 다룰 것이다.

〈Ladybird on a Leaf〉

〈Ladybird on a Leaf〉 이야기를 들은 후에, 밀리는 N－n＋n＝N의 수학적 패턴을 다음과 같이 설명한다. “이 패턴은 비구름이 점들을 쓸어가고 개미가 이 점들을 다시 붙이고, 비구름이 계속해서 점들을 쓸어가고 개미가 계속해서 점들을 다시 붙일 때를 말하는 것이에요.”

(McGrath, 2013)

이야기의 패턴과 수학적 아이디어의 패턴이 함께 잘 작용할 때, 어린이들이야 말로 그 패턴을 분명히 설명하고 놀이 중에 이것을 표현하는 것이 가능한 존재가 된다. 그러나 이 세 번째 수준의 연결을 발달시키는 것이 항상 쉽지만은 않다. 게다가 이는 수학적 아이디어에 대해 생각하고 일반화하는 스토리텔러의 능력에 의존한다.

5.2 스토리텔러가 일반화를 분명하게 설명할 수 있다

어린이들은 패턴을 쉽게 인지하지 못할 수 있고(Frobisher, 1999), 주어진 이야기 밖의 일반적인 용어들로 패턴들을 분명하게 설명하는데 있어서 지원을 필요로 할 것이다. 어린이들에게 무슨 일이 있는지를 설명하도록 요청하면, 어린이들은 일반화를 해 낼 수 있을 것이다. 성인들은 어린이들에게 패턴을 분명하게 설명할 수 있다. 어린이들이 패턴을 인식하기 시작하면 다음을 예상할 수 있고 일반화를 할 수 있다. 왜냐하면 어린이들이 무엇인가가 '항상' 그렇다는 것을 깨달을 수 있기 때문이다.

어린이들은 수학적 사고를 명확하게 설명할 수 없을 것이다(Haylock & Cockburn, 2013). 구두 스토리텔링의 경험의 일부분으로서, 구두 스토리텔링을 시작할 때, 또는 하는 중에, 그리고 후에 수학적 사고를 명확하게 해 주는 것은 매우 가치가 있다. 이에 대해서는 5장에서 초기에 명확함에 강조를 두어야 한다고 한 부분과 8장에서 〈The Elves and the Shoemaker〉*를 말하기 하는 중에 레베카가 수학적 아이디어를 분명하게 하기 위해서 주어진 이야기로부터 벗어났을 때 논의한 바 있다. 수학적 아이디어를 이렇게 분명하게 설명하는 것이 이야기와 관련된 수학적 아이디어들이 일반화될 수 있는 판단의 기준과 수학적 아이디어들을 설명할 수 있는 언어를 제공한다.

> **수학적 일반화를 촉진하는 질문들**
>
> 이 이야기에 있는 패턴은 무엇인가요?
> 그것이 매번 발생하나요?
> 다음에는 무엇이 발생할 것이라고 생각하나요?
> 어떤 패턴을 사용하고 있나요?
> 어떤 패턴에 대해서 생각하고 있어요?
> 이것(소품들)을 어떻게 점검할 수 있어요?
>
> (Haylock & Cockburn(2013, p. 299)을 재구성함.)

* 이 책은 〈구둣방 할아버지와 꼬마 요정들〉로 번역되어 있다.

5.3 추상

추상은 이야기 맥락과 전혀 관련이 없다. 우리는 하나의 관련 없는 생각으로부터 수 세기를 도출할 수 있다. “수 세기는 추상이다. 그래서 수 세기에 쓰이는 실제적인 사물들은 추상하는 과정과 관련이 없다. 사물들의 순서도 관련이 없다. 사물들의 배열도 관련이 없다(Haylock & Cockburn, 2013, p. 61). 같은 수 세기의 과정이 다른 맥락에서 반복될 수 있다. 이 점을 좀 더 지지하기 위해서, 나는 Haylock & Cockburn(2013)이 제시한 한 예를 들 것이다. 그리고 스토리텔러로서 우리는 12는 3보다 9 크다는 것과 같은 수학적 아이디어가 이야기의 핵심이 될 수 있는 방법과 어린이들이 이것을 추상할 수 있는 방법에 대해 생각해 볼 수 있음을 제시하고자 한다.

추상

비교와 관련된 언어의 사용을 발달시키는 세 단계를 확인할 수 있다. 이 세 단계들은 비교를 위해 뺄셈의 예로 적용될 수 있다.

1단계

일렬로 늘어선 쌓기나무을 비교할 때, 한 어린이가 “파란 쌓기나무가 빨간 쌓기나무보다 많다.”는 것을 알아차렸다면 “파란 것보다 빨간 것이 더 적다”는 것을 주목하도록 격려받아야 한다. 이 진술들은 수를 포함하고 있지 않다.

2단계

빨간 쌓기나무보다 9개 더 많은 파란 쌓기나무가 있다. 또는 파란 쌓기나무보다 9개 적은 빨간 쌓기나무가 있다. 이번에는 수의 차이를 구체적으로 제시하고 있다.

3단계

세 번째 단계는 추상화된 진술을 만드는 것이다. 12는 3보다 9 많다거나 3은 12보다 9 적다. 이야기의 맥락은 무시되고 어린이는 추상화된 진술을 만들 수 있다.

(Haylock & Cockburn, 2013, p. 74)

이야기는 수학적 아이디어를 쉽게 다룰 수 있는 맥락을 제공한다. 그러나 이 맥락으로부터 추출된 수학적 아이디어는 도전을 제공한다. “수학을 배우는데 있어서 중요한 도전은 수학적 아이디어들이 잠재해 있는 맥락으로부터 수학적 개념을 추상하기를 배우는데 있다”(Haylock & Cockburn, 2013, p. 42). 이야기와 관련된 소품들을 가지고 하는 놀이를 제공하는 것이 놀이 이야기 맥락에 있는 수학적 아이디어를 여전히 막고 있다는 사실은 거의 틀림없다. Haylock과 Cockburn(2013, p. 43)이 지적하듯이, “시, 이야기, 그림, 노래, 게임, 드라마의 일부 등에서 맥락은 활동의 본질이다.” 하지만, 수학을 위해서 맥락은 관련이 없거나 거의 중요하지 않다. 나는 이야기 또는 놀이가 수학적 아이디어를 촉진하는 맥락을 제공한다고 생각한다. 하지만, 문제는 수학적 아이디어들이 맥락을 넘어서 존재하거나 구현되기 위해 어린이들이 그 아이디어들을 이해할 수 있느냐라는 점에 대해서 인정한다. 수학적 아이디어들을 쉽게 다룰 수 있는 맥락에 두는 것은 두 가지 도전을 제공한다. 한 가지는 어린이들이 패턴 또는 아이디어들을 일반화할 수 있는가 하는 것이고 다른 한 가지는 어린이들이 수학적 아이디어들을 이야기 맥락으로부터 분리해 낼 수 있는가 하는 것이다. 이 도전들은 수학을 지도하기 위한 교수법적 도구로서 구두 수학이야기를 이용할 때 우리가 생각해야 하는 중요한 것들이다.

어린이들에게 다양한 구두 수학이야기 경험을 제공할 수 있다. 어린이들에게 창의적인 대화에 진정으로 참여하고, 수학적 아이디어를 일반화하거나 설명하도록 격려하는 것이 구두 수학이야기 경험의 많은 가능성을 제공하고 소집단 활동의 결과를 좀 더 쉽게 성취할 수 있다.

6 결론

이 장은 구두 수학이야기를 듣는 30명 이상의 어린이들로 구성된 집단의 구성원들을 고려한다. Vygotsky(1978)는 어린이들이 자기 자신들을 특정한 집단의 구성원으로서 생각할 필요가 있다고 이론화하고 어린이들이 아이디어들을 재구성하기 위해서 어린이들이 이 아이디어들을 내면화할 필요가 있다고 제안한다. 이 내면화는 어린이들에게 개인 간 사고를 먼저 하고 개인 내 사고를 할 것을 요구한다(Vygotsky, 1978). 구두 수학이야기와 창의적인 수학적 대화는 사회적 경험과 어린이들이 내면화할 수 있는 아이디어들을 제공한다.

어린이들을 위한 참여는 합법적으로 주변적일 수 있다(Lave & Wenger, 1991). 심사숙고해야 할 질문은 우리가 어린이들이 대집단 안에서 얼마나 진정으로 참여하는지를 알 수 있는가 하는 것이고 소집단을 대상으로 이 참여를 측정할 수 있는가 하는 것이다(Haynes & Murris, 2012).

구두 수학이야기는 즐거운 대화를 이끌어낸다. Fisher(2009)는 대화가 즐겁고 발산적인 아이디어들을 허용할 때 대화가 창의적이게 된다고 생각한다. 창의적인 대화를 이끌어내는 구두 수학이야기는 교사의 관점에서는 도전적이다. 한 가지 이유는 수학적 대화는 다양한 방향성을 가지고 진행될 수 있어서 예상하지 못한 결론에 도달할 수 있기 때문이다(Fisher, 2009). 많은 방향으로 갈 수 있다는 이 잠재성이 창의적인 수학적 대화를 촉진시키는 것을 어렵게 만들 수 있다. 우리는 어린이들의 수학적 사고에 지장을 주기를 원하고, Fisher(2009)가 제안하듯이 우리는 확장하고, 도전하고, 놀라는 말하기를 통해서 이것을 할 수 있다.

구두 수학이야기 경험은 많은 수준에서 작동하지만, 대체로 첫 번째 수준 내에서 구두 이야기와 수학적 아이디어 사이의 연결이다. 두 번째 수준 내에서 특정한 예들을 통해서 수학적 아이디어들 내에서 연결을 만들 수 있고, 이야기와 함께 협력하면서 수학적 아이디어들 사이에 연결을 할 수 있다. 세 번째 수준 내에서 수학적 아이디어가 패턴과 연결하고 이 패턴을 일반적인 방식으로 볼 수 있다. 수학은 연결을 해 가는 것에 관한 것이다(Haylock & Cockburn, 2013; Haylock, 2006; Suggate et al., 2010; 2006). 구두 스토리텔러는 어린이들이 여러 수준에서 수학적 연결을 해 낼 수 있는 경험을 창출할 수 있다.

구두 수학이야기와 창의적인 대화는 도전과 뜻밖의 결과를 불러일으킬 수 있다. 소집단에서의 구두 이야기와 창의적인 수학적 대화는 다음 장에서 고려된다. 다음 장에서 수잔과 루이스는 30명으로 구성된 집단에게 이야기에 대해 말하기 하기에 대한 통찰을 제공하고, 4명에서 8명으로 구성된 집단에게 이야기에 대해 말하기 하기에 대한 통찰을 제공한다.

chapter

7 구두 수학이야기

대집단과 소집단

Teaching Mathematics Through Story

요정의 노래(A Faery Song)

"이 아이들에게 주어라, 세상으로부터 새로운 것을 인간으로부터 거리가 먼 휴식을
더 좋은 것이 있는가, 더 나은 어떤 것이? 그러면 우리에게 그것을 말해 달라"

(Yeats, 1912)

이번 장은 다음을 탐구하는 것을 목적으로 한다.

- 소집단에서 구두 수학이야기를 펼치기
- 창조적 대화를 통해 발전성 있는 사고 촉진하기
- 소집단 구두 스토리텔링에서 학생들의 반응

〈The Greedy Triangle〉*

Suzanne Kelham 선생님이 재구성하여 들려줌

삼각형은 자신의 삶에 만족하지 못한다. 삼각형은 모양 마법사에게 찾아가서, '한 개의 변 혹은 한 개의 꼭짓점'을 요구하였다. 삼각형은 사각형이 되고 나서도, 만족하지 못해서 '한 개의 변 혹은 한 개의 꼭짓점'을 마법사에게 요구하여 오각형이 되었다. 오각

* 이 책은 〈성형외과로 간 삼각형〉(신형건, 보물창고, 2004)으로 번역되어 있다.

형에서 만족하지 못해서 육각형이 될 때까지는 큰 문제가 되지 않았다. 나중에는 오각형일 때가 행복하였다고 느끼고 마법사에게 오각형으로 되돌려 줄 것을 요구하였고, 다음에서 사각형, 결국에서 삼각형으로 돌아오게 된다.

(Burns(1994)를 재구성함)

1 도입

내가 30명의 어린이들에게 여러 번에 걸쳐 〈Little Dumpty〉라는 이야기를 다른 형식으로 들려준 이후 관찰한 결과, 어린이들이 계산의 패턴이 더 강력해졌음을 느꼈다. 어린이들의 수학적인 행동에 더 밀접하게 연결된 것이다. 이 장에서는 구두 수학이야기가 6명 혹은 8명 정도의 소집단에서 이야기되었을 때 어떤 일이 벌어졌는지에 대해 탐구하는 것을 목적으로 한다. 이 장은 〈The Greedy Triangle〉(Burns, 1994)이라는 동화책과 1학년 학급 교사가 창작한 공룡에 대한 이야기를 기초로 한다. 이러한 상상력이 풍부한 스토리텔링에 의한 수학적인 대화는 소집단에서의 경험이 훨씬 더 창조적 사고를 촉진시킨다는 생각을 지원하고 있다.

이 장은 스토리텔러라는 교사의 입장에서 조망하고 있고, 이에 참여한 어린이들의 반응에 대해 기록하고 있다. 두 명의 1학년 학급교사들은 〈The Greedy Triangle〉이라는 이야기를 이용하여 30명의 대집단과 6~8명의 소집단에 적용한 말하기에 관한 그들의 생각을 공유한다. 대집단과 소집단 두 유형의 집단 모두에서 수잔 선생님은 매우 기교적으로 이야기를 학생들에게 들려주었다. 삼각형에서 사각형으로 변하고, 사각형이 오각형으로, 오각형이 육각형으로 변화하였고, 그 다음으로 반대의 순서로 육각형, 오각형, 사각형, 삼각형으로 변화되는 과정을 들려주었다. 수잔 선생님은 이러한 구두 이야기를 작은 빨대를 사용하여 이야기와 연결시켰고, 화이트보드를 사용하여 시각적으로 연결시켰다. 어린이들은 마법사에 의해 한 개의 꼭짓점과 변이 추가되어 변화하는 과정을 바라보았다. 1학년 학급교사인 루이스 선생님은 인형을 가지고 놀듯이 막대기를 붙이고, 모양을 갖추었다. 루이스 선생님은 마법사의 모자를 나누어 주었고, 마법사의 모양을 갖추기 위한 모든 것을 허용하였다(그림 7.1 참조).

대집단과 소집단에서의 〈The Greedy Triangle〉에 대한 이야기 들려주기 활동에 대한 두 명의 1학년 학급교사의 반성적 사고는 아래와 같다.

> Louise Cheshire 선생님은 이야기에 의존하는 수업에서 30명의 대집단 혹은 6-8명의 소집단 중 어느 집단에서 더 효과적인지에 대해 관심을 가지고 있다. 그는 구체적인 사례를 통해 이러한 관점을 지원하고 있다. Louise 선생님은 "나의 고양이는 상자 뒤에 숨는 것을 좋아해"를 적용한 각색에서는 어린이들이 상자를 조작할 수 있는 소집단에서 더 쉽게 적응하였다. 〈The Greedy Triangle〉 이야기는 전체 집단 혹은 소집단에서 잘 진행하였다. Louise 선생님은 30명의 집단 혹은 더 작은 집단에서 매우 편안하게 이야기를 어린이들에게 하였다. Louise 선생님의 말하기는 강력한 반복적인 어구, 반복적인 활동, 이야기 형태를 잘 갖추어진 것이었다. Louise 선생님은 30명 어린이들의 이야기 말하기를 통한 조잘거림을 좋아했다. 또한 Louise 선생님은 이것이 이야기의 본질과 관련된 소품에 의존하고 있다는 의견을 제시하고 있다.
>
> (Cheshire, 2013)

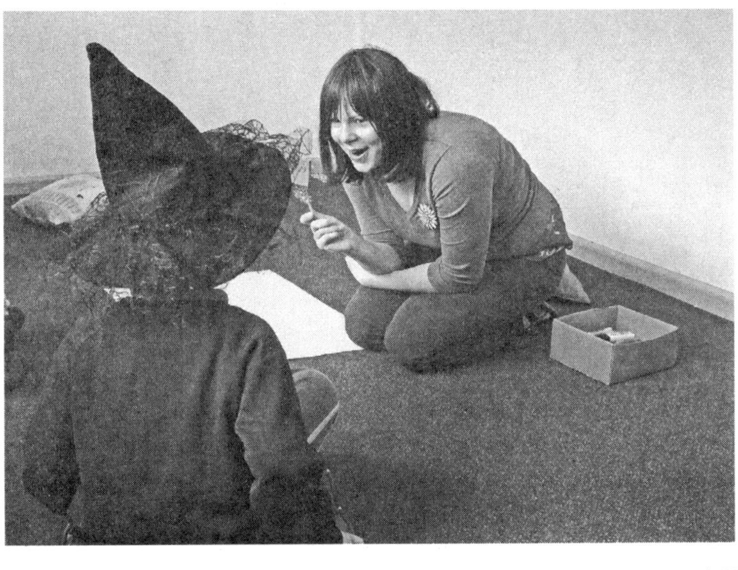

그림 7.1 〈The Greedy Triangle〉를 재말하기 하고 있는 Louise Cheshire(1학년 학급교사)

이러한 관점에서 보면, 대집단에서의 말하기는 공간이 확보되고, 다른 이야기보다 더 효과적으로 작동하는 몇몇 이야기가 있다는 점이 주목된다. 집단의 한 구성원으로서 이야기를 듣는 경험은 집단의 크기가 다양한 만큼이나 어린이들에게는 다른 경험을 한다. 선택된 그리고 재구성된 이야기와 함께 구두에 의한 수학적 경험을 제공해 줄 가능성이 존재하는 것이다.

2 소집단에서 구두 수학이야기 전개하기

소집단 활동은 전체 학급에서의 수업진행을 보완하는 기능이 있다. Fisher(2009)는 "전통적인 교사-학생 상호작용은 학습에서 필연적인 특징이다. 그러나 그것은 충분하지도 않을 뿐만 아니라, 어린이들의 학습 잠재력을 최적화하는 최선의 방법도 아니다"고 제안하고 있다(Fisher, 2009, p. 12). 1학년 학급교사인 Suzanne Kelham은 소집단은 전체 학급 수업에서의 전통적인 상호작용에 대해 보완할 수 있다는 점을 제안하면서 "소집단의 강렬함에 대한 무엇"이 존재하고 있음에 주의를 기울인다.

그림 7.2 자신감을 보이는 Suzanne(1학년 학급교사)

2.1 자유롭고 더 평안한 스토리텔러

30명의 어린이들 집단의 활동적인 측면을 관리하는 것은 매우 도전할 만하다. 진정으로 활동에 참여하도록 안내하는 것은 대집단의 행위를 조절하는 것과의 싸움이다. 이러한 전체 학급 학생을 상대로 하는 교육적인 접근에서 교사의 위치는 학생들의 위치보다는 더 높은 곳이어야 한다. 통상적으로는 의자에 앉아 있지만, 그녀는 바닥에 앉아 있다.

〈The Greedy Triangle〉(Burn, 1994)을 재구성해서 말하기 한 경험에 대한 반성

Suzzanne 선생님은 8명으로 구성된 소집단과 30명 전체 학급에서 〈The Greedy Triangle〉를 어린이들에게 들려 준 비디오를 녹화하였고, 이에 대해 반성한다. Suzzanne 선생님은 30명의 집단에게 〈The Greedy Triangle〉의 이야기를 말하기할 때, "학습을 위한 행위"를 구성해야 할 필요성을 더 많이 인식하였다는 점을 설명하고 있다. Suzzanne 선생님은 "더 편안하고 자유로운 행동"은 소집단에서의 행위였다는 의견을 제시한다. Suzzanne 선생님은 대집단을 대상으로 하는 수업에서 해야 하는 행위에 대한 관리로부터 해방된 것이다. (그림 7.2 참조)

(Kelham, 2013b)

2.2 '나란히' 곁에

소집단에서 활동하는 것의 이점은 교사가 어린이와 '나란히' 할 수 있다는 점이다. Haynes와 Murris는 학생과 교사가 곁에 나란히 위치하는 경험을 하여야 한다는 점을 조언하고 있다.

> 무엇보다도, 학생과 교사는 어린이 곁에서 함께하는 것의 의미가 무엇인지 알아야 할 필요가 있다. 그들의 이야기를 듣고, 그들의 모임 안에서 행복해하고, 관점과 경험의 상호교환과 의사소통을 통해 상호간에 격려하고 즐거워할 수 있는 것이다. 이것은 직접적

인 가르침을 통해 그들의 미래를 고정시키고 형식을 즉각적으로 탐색하도록 하는 것은 아니다.

(Haynes & Murris, 2012, p. 229)

'나란히' 하는 것의 아이디어는 6~8명의 어린이들로 이루어진 소집단에서 구두 수학 이야기를 바꾸어 놓았다.

Suzzanne 선생님이 다섯, 여섯 살의 소집단에게 이야기를 말하기 할 때, Suzzanne 선생님은 어린이들과 함께 바닥에 앉았다(그림7.3 참조). 어린이들과 동일한 수준에서 앉는 것은 물리적으로 '서로서로 나란히 하는 것'이고 교사와 어린이들이 서로에게 영향을 미치는 것이 가능하도록 한다(Haynes & Murris, 2012; Coles, 2013a; Coles, 2013b). 소집단에서의 구두 수학 스토리텔링은 이상적으로는 전체 교실과는 동떨어져 있는 것이고, 차별화된 학습경험을 창조한다. 소집단에서의 활동은 듣기에 더 용이하고, 개인적인 공헌에 대해 격려하기에도 더 용이하며, 수학적인 연결성 혹은 일반화를 형성하기 위한 기회를 제공하기도 더 용이하다.

그림 7.3 어린이와 나란히 앉아 어린이들이 하는 이야기를 듣는 청자로서 Suzanne 선생님

Suzanne 선생님은 어떻게 이러한 소집단 스토리텔링 세션이 확립되는지에 대해 알려주고 있다. 어린이들은 소집단의 일부가 되는 것을 선택하고, 방석에 앉고, 신발을 치운다. 어린이들이 스토리텔러의 역할을 가지고 있을 때, 어른이 그들의 이야기를 듣는 청자의 일부로서 방석에 앉는 것은 가치가 있다. 동시에 어른은 스토리텔러로서 학생에게 역할을 부여하는 것에 가치를 인정하는 것이다.

2.3 참신한 연결

Louise Cheshir 선생님이 재구성해서 들려준 〈The Greedy Triangle〉 (Burns, 1994)의 스토리텔링을 통한 창의적인 수학적 대화 발췌

Louise 선생님은 어린이들에게 "삼각형이 바깥쪽으로 성장하고 있는 사각형이라면 어떻게 될까?"라는 질문을 하였다.

마이키가 "육면체 각 얼음"이라고 대답하였다.

마이키가 손가락을 이용하며 "만약에 사각형이 이와 같이(손가락으로 보여주며) 성장을 한다면, 사각형은 다이아몬드가 될 거예요"라고 주장을 하였다.

다른 어린이가 "나는 육각형을 오각형으로 바꿀 수 있어요"라고 말했다.

마이키가 "나는 사각형을 다이아몬드로 바꿀 수 있어요"라고 말했다.

다른 어린이가 "그러면, 원에 대해서는 어떻게 될까?"라고 제안을 하였다.

또 다른 어린이가 "아니면, 4차원에 대해서는 어떻게 될까?"라고 제안하였다.

자연스럽게, 구두 수학이야기는 대화적 수업을 기꺼이 허용하게 된다. Fisher(2009, p. 9)는 이러한 수업을 "대화를 통한 수업은 학생들이 자신들의 생각이 무엇인지 말하도록 하는 것뿐만 아니라, 그들이 새로운 방법으로 생각을 하고 창조하기 위해 도전하도록 하는 것이다."라고 주장하면서 [전통적인 수업: 역자 추가]과 구별하고 있다. 〈The Greedy Triangle〉에 근거한 창의적인 대화는 어린이들이 삼각형을 원으로 변환하도록 상상하는 도전을 주었고, 사각형이 정육면체 혹은 직육면체로 성장할 수 있다는 생각을 하도록 하였다. 〈The Greedy Triangle〉에 따른 대화에서는 어린이들이 사각형을 정육면체로 성장시키는 상상으로 2차원과 3차원 사이의 관련성을 만들었다. 이것은 4차원 도형의 가능성에 대해서 질문을 하도록 유도할 만큼 창의적인 수학적 아이디어의 흥미 진지함이 있다. 이러한 연결은 Louise 선생님이 이야기를 말하는 활동을 하기 전에 마음에 가지고 있지 않았던 것으로 어린이들에게 요구된 것이 아니었다. 어린이들은 참신한 연결을 만들었고, 어른은 그들의 생각을 조정해야만 한다.

2.4 대화적 습관 시범 보이기

스토리텔링의 일환으로 교사는 대화의 좋은 습관을 시범보일 수 있다. Fisher(2009, p. 107)는 "대화를 **통해** 가르칠 때, 교사는 대화의 습관을 시범을 보여 대화하는 그 방법 자체에 **대해서도** 학생들을 가르치게 되는데, 어린이들은 교사가 대화하는 것을 흉내 내게 된다. 교사들은 대화에 대한 모델도 창조한다."라는 관점을 만들었다. 이러한 대화에 대한 시범 보이기는 반복적인 표출, 활동적인 듣기, 즉각적인 의문과 탐색, 어떻게 아이디어를 공유하는지 보여주기, 대안적인 관점 찾기 등을 통해서 성취된다(Fisher, 2009). 나는 〈Blue Egg Dinosaur〉 이야기에서 어떻게 Suzanne 선생님이 조심스럽게 어린이들과 함께 가능성이 있는 사고를 촉진하는지 기록하였다. 어린이들은 수 8에 대한 수학적인 의미도 학습하지만, 동시에 대화에 대해서도 무엇인가를 배운다.

소집단에서 구두 수학 이야기에 대한 결과는 다음과 같이 요약될 수 있다.

- 스토리텔러는 경쟁 요구는 최대한 줄이고, 가능하다면 최대한 자유롭고 긴장을 푼다.
- 소집단 경험에서 교사의 위치는 자연스럽게 어린이들과 '나란히' 곁에 있는 것이 좋다.
- 소집단 구두 수학이야기는 전적으로 가르침을 보조하는 것이다.
- 관련된 창의적인 대화는 어린이들이 참신한 연결을 만들 수 있게 한다.

3 창의적인 대화를 통한 생각하기 가능성 촉진

어린이를 위한 구두 수학이야기 경험의 질은 이야기의 질과 스토리텔러인 어른의 기술에 달려 있다. Parkinson은 다음과 같이 주장한다.

> 이야기와 이야기의 구조에는 내재적인 특성들이 있을 수 있는데, 이야기 읽기나 대본 공연보다는 오히려 유연성과 적응력의 장점을 가지고 있는 스토리텔링이 일어나는 곳에서 만들어내는 과정에 더 깊이 참여하여 꼭 필요한 이야기가 말하여지는 방법으로 다른 특성들이 나타나기도 한다.
>
> (Parkinson, 2011, p. 12)

유연하고 조정 가능한 구두 이야기의 특성으로 인해 이러한 이야기 경험은 단순히 문장 속의 이야기를 읽는 것과는 거리가 멀다.

3.1 유연한 사고

구두 이야기의 유연성은 스토리텔러가 어린이들의 아이디어를 도입하고, 줄거리에 기반하여 놀이를 할 때 표현된다. 유연한 사고(Naik, 2003; Parkinson, 2011, Stanford, 2012)는 이야기 내용의 일부를 열어둠으로써 성취되고(예를 들어, 구체화시키는 것이 아니라 수 패턴이나 관련 아이디어를 가져오게 하는 것), 혹은 이야기와 수학 사이의 관련성을 훼방하는 이야기 줄거리의 변화를 줌으로써 성취될 수 있다. 만약에 〈The Greedy Triangle〉에서는 다음과 같은 변화를 줄 수 있다. 원이 되기를 원하면 어떻게 해야 하는가? 모양 마법사는 어떤 일을 해야만 하는가?

우리는 이제 Suzanne 선생님이 소집단 어린이들에게 덧셈에 기초한 이야기를 말하기 하는 것에 대한 설명을 제시하고자 한다. Suzanne 선생님은 어린이들이 도착하기 전에, 2개의 바구니, 각 바구니에 4개의 푸른 색 공룡 알을 설치하고 스토리텔링을 준비하였다. Suzzanne 선생님이 이 이야기를 하는 동안에 기술적으로 사고를 촉진하는 질문을 제시하였다.

〈Blue Egg Dinosaur〉 이야기
Suzanne Kelham 선생님이 들려줌

아주 오래된 옛날에, Jack-O-Saurus*라는 이름을 가진 아주 작은 공룡이 살고 있었어요. Jack-O-Saurus는 점프하는 것을 너무 너무 좋아했어요. 그는 뛰고, 또 뛰고, 또 뛰었어요. 그는 특별히 잠자리를 잡는 것을 좋아했대요. 그는 잠자리를 볼 때마다, 뛰고, 또 뛰고, 또 뛰었어요. 그러면 잠자리들은 높이 더 높이 날아가게 되었답니다. 어느 날, 그가 강을 따라 내려가고 있는데, 한 마리의 잠자리가 펄럭이는 것을 보았어요. 그래서 그는 뛰고, 또 뛰고, 또 뛰었어요. 그러나 잠자리는 급하게 날아서 숲속으로 도망갔어요. 그렇게 되자 Jack-O-Saurus는 그를 쫓아가기로 결심했어요. 그는 달리고, 또 달리고, 또 달렸어요. 그런데 갑자기 무엇인가에 걸려 넘어지고 말았어요. 그가 두 공룡의 둥지를 보지 못했던 거에요. 그는 둥지 밖으로 모두 나와 버린 알을 살짝 두드려 보았어요. "잠깐만, 큰일이네! 만약에 무서운 공룡이 돌아온다면, 둥지 밖으로 나온 알 때문에 나를 잡아먹을 거야." 그래서 그는 둥지 안으로 알을 다시 집어넣었어요. 그런데, "각각의 둥지에 몇 개의 알이 있었는지 몰라"라고 생각하게 되었어요.

(Kelham, 2013c)

3.2 〈Blue Egg Dinosaur〉 이야기 속 수학적 아이디어

구두 수학이야기 경험을 소집단에게 들려주기 이전에 우리는 이야기와 관련 있는 수학적인 아이디어를 찾았다. 이러한 수학적 아이디어에 대해서 이해하는 것은 구두 수학 스토리텔러로서의 우리의 위치를 더 강화시킨다. Haylock와 Cockburn(2013)은 다른 수학 서적의 저작들이 그러했던 것같이 수학적 아이디어가 있는 이야기는 말하는 것이고 그 내면에 무엇인가 수학적 의미를 포함하고 있는 것이라고 명확하게 설명한다.

* Jack-O-lantern에 대한 비유

3.3 덧셈 구조

두 집합의 합집합으로서의 덧셈은 “두 집합 안에 있는 대상들이 어떤 방식으로 함께 모아놓은 상태”라고 할 수 있다(Haylock & Cockburn, 2013, p. 64). 공룡이야기는 푸른 알이 담긴 두 바구니를 가지고 있다. “대상들의 서로 다른 두 집합은 **두 집합의 합집합**이라고 불리는 형식으로 유도할 수 있고, 이 두 집합의 합집합으로 만들어지는 새로운 집합의 원소의 개수가 계산된다”(Haylock & Cockburn, 2013, p. 64). 두 개의 이산적인 집합은 한 개의 집합으로 결합된다. 이 이야기는 집합의 분할에 대한 생각을 간직하고, 알의 개수에 대한 결합에 대한 생각을 어린이들에게 유도할 수 있다. Haylock과 Cockburn (2013, p. 65)는 “두 개의 서로 다른 집합의 합집합이 하나의 집합이 되는 것은 덧셈의 기호 및 의미와 연결될 수 있기 때문에 구조적으로 매우 중요하다. 그것은 덧셈의 개념을 구성하고 연결시키는 한 부분이다”라고 조언하고 있다.

Haylock과 Cockburn(2013, p. 65)는 ‘셈하기와 증가’라는 구조로 덧셈에 대해 설명한다. 이것은 마음속에 한 양에 대한 생각을 간직하도록 하고, 다른 양을 셈하도록 요청한다. 이러한 두 개의 구조, 즉 ‘두 집합의 합’과 ‘세기’를 이끌어내는 것은 덧셈에 대한 이해를 발달시키는 매우 중요한 단계이다(Haylock & Cockburn, 2013, p. 67). ‘두 집합의 합집합’과 ‘세는 것’의 수학적인 아이디어는 〈Blue Egg Dinosaur〉 이야기의 핵심이다. 이외 다른 수학적 아이디어로 덧셈의 교환법칙이 있다.

3.4 덧셈의 교환법칙

임의의 두 수 a, b에 대해서
만약 $a+b=c$이면 $b+a=c$이거나 $a+b=b+a$이다.

두 수를 쓴 순서는 결과에 아무런 차이를 만들지 않는다. 이 원칙은 덧셈의 구조를 이해하는데 중요하고, 더 쉽게 계산을 할 수 있도록 한다(Haylock & Cockburn, 2013, p. 123). 이러한 패턴을 깨닫거나 두 수를 덧셈할 때 이러한 전략을 일반화하게 되면, 우리는 두 수의 덧셈에서 큰 수에서부터 시작할 수 있거나 작은 수를 세거나 더해갈 수 있다(100+5=5+100). 100에서부터 시작해서 5를 더하는 것이 훨씬 간단하고 쉽다. 이러한 깨달음은 수학적인 조작을 더 쉽고 수월하게 한다는 면에서 매우 중요하다. 〈Blue Egg Dinosaur〉 이야기는 다른 수학적인 아이디어와 함께 덧셈을 확장한다. 수의 보수이다.

3.5 보수

어린이들이 보수(complement of number)의 패턴을 알면 암산 조작 능력을 향상시킬 수 있다. 10의 보수는 '수를 증가시켜 10을 만드는 것'으로 표현할 수 있다. 3과 7은 10의 보수이다. 왜냐하면 두 수의 합이 10이 되기 때문이다. Haylock과 Cockburn(2013, p. 144)은 10에 대한 보수뿐 아니라, 0부터 20까지의 수의 보수를 모두 알아야 한다고 조언한다. 공룡 이야기에서는 8에 대한 보수가 등장한다.

$0+8=8$	$5+3=8$
$1+7=8$	$6+2=8$
$2+6=8$	$7+1=8$
$3+5=8$	$8+0=8$
$4+4=8$	

어린이들은 체계적으로 정리하고, 패턴을 사용하고 찾을 수 있도록 격려할 필요가 있다(Haylock & Cockburn, 2013). 수잔 선생님은 클립보드에 빈 종이를 붙여서 가능한 사례를 기록하도록 격려하였다. 이것은 의도적인 기록이고, 어린이들이 더 많은 가능성을 찾을 수 있도록 그들이 발견한 것들을 적어 두어 어린이들을 돕는 것이다. 체계적인 기록에 대한 아이디어는 스토리텔링을 넘어 계발이 필요하다고 수잔 선생님은 기록하고 있다.

3.6 가능성에 대해 사고하기

Suzanne 선생님은 8을 만드는 방법을 생각하기 위해 질문을 제기하였다. 2개의 바구니 안에 알을 나타내는 8의 보수로 가능한 것은 무엇인가? 어린이들은 이러한 가능성의 일부를 자신들의 힘으로 찾았고, 새로운 가능성을 고려하고 기록하도록 격려받았다. 만약 당신이 직접 하나하나씩 수집하면서 기록한다면, 새로운 가능성을 찾는 것이 더 쉬웠을 것이다. 질문은 열려져 있었고, 개인보다는 오히려 집단에게 요구하였다. Suzanne 선생님은 옳지 않거나 틀린 답이 존재하는 것처럼, 어린이들이 더 많이 대답하도록 격려할 수 있는지 심사숙고하였다. 3과 5가 어떤 수를 만드는가라고 묻는 대신에, 3과 5 중의 하나로 8을 만드는 가능한 방법을 찾는 것에 대한 질문을 하는 것이다. 이 이야기는 몇 가지 가능성을 도출하였다. 더 많은 가능성은 이 이야기에 대해 말하기를 한 이후에 수집될 수 있다. 어린이들은 모든 가능성이 발견되지 않은 느낌을 가진 채 남아 있다. 즉, 더 많은 것이 있다는 점이다.

스토리텔러와 어린이들 사이의 대화 중 발췌

그래서 우리 모두에게는 8이 주어져 있어요. 이 둥지에는 3개, 저 둥지에는 5개.

그러나 Jack-O-Saurus는 다른 방법일 수도 있다는 생각 때문에 조금 염려가 되었어요.

렉시가 "1개를 놓고, 2개, 3개, 4개를 첫 번째 둥지에, 1개, 2개, 3개, 4개를 다른 둥지에"라고 말하였다.

루안이 "그것도 8이네"라고 확인을 하였다.

그래서 우리는 두 가지 서로 다른 방법을 가지게 되었어요. 선생님은 서로 다른 모든 방법을 기억하는 것이 어렵다는 것에 대해 알아볼 것이에요.

어린이들은 서로 다른 방법을 기록하기 위해서 클립보드를 가지고 갔다.

그래서 Jack-O-Saurus는 한 둥지에는 4개, 다른 둥지에도 4개의 알을 모았어요. 그는 "만약에 이것도 옳지 않다면 어떡하지. 만약에 공룡의 한 둥지가 다른 둥지보다 더 많은 알을 가지고 있었다면?"이라고 생각했어요.

한 어린이가 3개와 5개로 조정을 하면서, 조금 전과 반대의 방법을 제시하였다. 그리고 "마지막에, 첫 번째 둥지에 5개, 두 번째 둥지에 3개"라고 말하였다.

오스틴은 물음표를 그리면서, "이야기에 대한 질문?"이라고 말했다.

Jack-O-Saurus는 3개와 5개 혹은 4개와 4개가 될 수 있음을 알았어요. 그래서 정말 불안해졌지요.

루안은 2와 6으로 조정하여 제안하였지만, 계산의 실수가 생겼다. 펠릭스는 확인을 하였지만, 7이라고 말하는 실수를 범했다. 어린이들은 수직선 위에 알을 배열하면서 수를 재확인하였다.

오스틴은 "만약에 그것이 잘못된 방법이라고 하고, 두 수의 위치를 바꾸어 보세요?" 라고 질문을 하였다.

그러면, 우리는 6과 2를 얻게 되고, 그 결과는 8이 되네요. 또는 2와 6(Suzanne 선생님은 오스틴의 제안에 따라 위치를 바꾸었다).

한 어린이가 "우리는 4개와 4개로 가질 수 있고, 도망간다."라고 제안하였다.

루안이 "나는 그들이 어떤 공룡의 알인지 확인할 필요가 있다고 생각해."라고 말했다.

어떻게?

루안이 "알을 깨고 열어요."라고 제안한다.

다른 어린이가 "공룡이 올 때까지 기다린다. 그리고 미안하다고 말한다."고 답한다.

(Kelham, 2013c)

3.7 〈Blue Egg Dinosaur〉 이야기

"어린이 곁에서 나란히 유연하게 이야기를 말하는 것은 수의 보수에 대한 가능성을 탐구하고, 덧셈 구조 사이의 연결성을 만들어 주었다"(Haylock & Cockburn, 2013). 또한 유의미한 상황에서 수학적 연결성을 만드는 것을 어린이들에게 허용할 수 있었다. 창조적인 수학적인 대화가 있는 〈Blue Egg Dinosaur〉 이야기를 통해 덧셈 구조(두 집합의 결합과 수 세기), 덧셈의 교환법칙, 수 8의 보수와 같은 수학적인 아이디어를 확인했다.

4 구두 수학이야기 소집단에서 어린이의 반응

4.1 조용한 아이들

소집단에서 구두 수학이야기 상황에서 몇몇 어린이들은 표현하고 수학적 토론에 많은 기여를 하였다. “어린이 개인적으로 볼 때, 소집단에서 어린이들은 더 많은 기회를 가질 수 있었고, 그들의 목소리를 들을 수 있는 기회를 가졌고, 집단을 위해 노력하고 기여하였다”(Fisher, 2009, p. 128). 나는 구두 수학이야기에서 재말하기 하는 한 어린이에 대한 비디오 영상을 보았는데, 이 어린이는 전체 교실 수업상황에서는 매우 조용하였던 어린이였다는 교사의 회고가 있었다. 이 어린이의 학급 교사는 “구두 수학 스토리텔링인 학습이 그에게 적합하였고, 이것을 통해 이 학생이 내러티브를 좋아하고 있음을 내가 알 수 있게 해주었다.”라고 회고한다. 소집단에서 구두 수학적 경험은 어린이들의 목소리를 들을 수 있도록 해주었다.

전통적인 학습 맥락에서 매우 조용하였던 어린이들이 소집단에서 구두 수학적인 이야기와 함께 격려되었을 때 자신감을 보인 것에 주목하게 된다. Louise 선생님은 한 어린이가 이야기의 등장인물에 대한 역할을 맡았을 때, 그 어린이가 얼마나 더 많은 자신감을 드러내었는지 말해 준다. Suzanne 선생님은 어떻게 제시카가 〈Blue Egg Dinosaur〉 이야기에 참여하였는지 언급하였다. 일반적으로, 제시카는 전체 학생 대상의 교실 수업 상황에서는 조용하다. 하지만, 말도 없이 제시카는 행동으로 알을 바구니에 담으면서 이야기에 기여하였다. 소집단 상황은 대집단 상황에서는 촉진시킬 수 없었던 수학적으로 격려되고 복돋울 수 있는 기회를 조용한 어린이들에게 제공하여 줄 수 있다.

4.2 수학적 아이디어에 접근하기

수학적 능력이 낮은 어린이들 혹은 수학적 발전이 초기에 있는 어린이들에게는 구두 이야기 세계를 통해 수학적 개념에 접근할 수 있다. Suzanne 선생님과 Louise 선생님의 대화로부터, 나는 구두 수학이야기가 어떻게 몇몇 어린이들에게 좋은 수학적 기회가 될 수 있는지 기록해 보았다. 어느 한 남자 어린이가 홀수와 짝수에 대해 사고할 수 있도록 하기 위해 수학적으로 의도된 이야기인 〈The elves and the shoemaker〉를 들었다(8장 참조). 그는 “한 요정도 아니고, 두 요정도 아니고, 세 요정”이라고 하면서 참여하였다. 그는 어떤 수준에서 홀수와 짝수에 대한 수학적인 아이디어에 접근한 것이다. Suzanne 선생님이 의심한 것처럼, 이 남자 어린이가 필요한 짝수의 아이디어와 더불어 떠나버릴 수도 있다. 짝수에 대한 수학적인 원리이다.

4.3 수학적인 아이디어를 설명하기 위한 이야기 언어

구두 수학이야기는 언어에 기반한 활동이다. 수학 언어는 구두 수학 스토리텔링의 한 부분이다. 수잔 선생님은 수학 언어가 얼마나 딱딱한가보다는 이야기의 내러티브와 함께 자연스럽게 흘러갈 수 있는지에 대해(다른 교수 접근과 함께 사용될 때) 기술하고 있다. Suzanne 선생님이 언급한 것처럼, 사실 "수학 언어는 눈에 확 띄게 된다." Louise 선생님은 한 어린이가 자신의 수학적 아이디어를 설명하기 위해서 〈Two of Everything〉(Toy Hong, 1993)라는 이야기에 있는 언어를 어떻게 사용하고 있는지에 주목한다. "나는 내가 그 항아리에 무엇인가를 넣었고 그것이 두 배가 되는 것을 상상을 한다." 수학 언어와 이야기 언어는 어린이들의 설명을 동시에 지원하고 있다. 나는 6장에서 어린이들이 수학적인 아이디어를 묘사하기 위해, 그리고 수 패턴 N−n+n=N이 성립하는지 설명하기 위해, 어떻게 이야기 언어를 사용하는지 제시하고 있다. 수학적인 아이디어를 설명하기 위해 이야기 언어를 사용하는 어린이들의 심화된 예는 다음과 같다.

〈Ladybird on a Leaf〉

루안은 다음과 같이 제안하였다. "만약 무당벌레가 5개의 점을 가지고 있는데, 비가 와서 3개가 쓸려 내려가고, 개미가 도로 붙여 놓았다. 만약 무당벌레가 5개의 점을 가지고 있고 개미가 2개를 붙여 놓았는데, 비가 와서 무당벌레의 두 점을 씻어 내리게 되면, 점의 수는 결국 같게 된다." 루안은 "무당벌레는 점이 없어진 것을 알지 못했다. 개미는 없어진 점을 계속 붙여 놓았다"고 덧붙였다.

날씨에 대한 이미지가 무당벌레의 점에 대한 덧셈과 뺄셈의 설명에 어린이들의 생각을 장려할 수 있다. 제시카는 어떻게 "강력한 천둥이 왔는지" 묘사하였고, 10개의 점을 사라지게 하는 이미지를 사용하였다. 토비는 "부드러운 비"를 묘사하였고, 10으로부터 9개를 남겨서 1개의 점을 사라지게 하였다. 네타는 "맑음, 비, 맑음, 비"처럼 이야기의 패턴을 묘사하였다. 소니는 "비구름은 무당벌레의 점을 없애고, 개미는 점을 붙여놓는다"라고 말하였다. 맥스는 그의 무당벌레는 "더 많은 점"이 필요하다고 결정하고, "나는 햇빛이 필요해"라고 진술하였다.

맥스는 무당벌레가 가지고 있는 인위적인 점과 예상할 수 없는 날씨 사이의 관련성을 질문하였다. "만약에 시작할 때는 햇빛이 쨍쨍했는데, 한 낮에 비가 왔다면, 어떤 일이 생길까요?"

〈Little Dumpty〉

마니는 Dumpty의 관점에서 다음과 같이 묘사하고 있다. "Dumpty는 세상의 모든 부분들을 보기 위해 담 위에 올라가 앉았다. 그는 기차역을 보았고, 그의 차를 보았다. 그는 누군가가 자신의 연을 날리고 있는 것을 보았다. 그는 사다리를 타고 다시 내려왔다."

〈Handa's Return Journey〉

〈Handa's Return Journey〉는 〈Handa's Surprise〉을 기초로 하고 있다(Browne, 1998). 즉, 어린이들은 Handa가 그의 친구 Akeyo와 함께 자신의 마을로 돌아오는 이야기를 들었다.

이 이야기를 재말하기 하면서, Mya는 나무에서 떨어진 과일이 Handa와 Akeyo의 바구니 속으로 떨어진다고 묘사하고 있다. Mya는 어떻게 Handa와 Akeyo가 "바나나 나무를 지나가고, 과일이 하나 떨어져 들어가고, 다시 아보카도 나무를 지나가고…"를 상상하며 묘사하였다. 귤이 나무에서 떨어져 들어갈 때, 그녀는 "첫째, 그래서 다음은" 이라고 묘사하였다(총 14개의 귤을 추가하였다). Mya는 자신의 바구니 안에 모두 7개의 이국적인 과일과 14개의 귤이 섞여 있게 하였다. 그리고 그녀의 이야기의 일부분으로 이들을 분할하는 것에 대해 설정하였다. "나는 외국과일을 분리하고…, 나는 작은 오렌지는 가지고 있지 않아." Mya는 "타조가 이 알들을 마치 자신의 알인 것처럼 생각해서 이 과일들을 가져가는 방법"을 묘사하였다.

4.4 제2외국어로 영어를 획득하는 어린이들

반복적인 어구나 활동은 스토리텔링 속으로 어린이를 연결하게 하는 갈고리와 같은 것이다. Hartman(2002), Lipman(1999), Allison(1987), Bryant(1947)은 반복적인 어구는 구두 스토리텔링에서 중요한 구성요소라고 관점을 취하고 있는데, Suzanne 선생님과 Louise 선생님 또한 이 반복적인 어구가 구두 스토리텔링의 중요한 구성요소임을 인정한다. 반복적인 어구뿐만 아니라, 주어진 이야기를 반복해서 들려줄 수 있고, 이런 반복이 이야기와 수학적 아이디어를 친밀하도록 한다. 반복적인 어구와 스토리텔링의 한 부분으로서 행위하는 것이 제2외국어로서 영어를 획득하는 어린이들에게 특히 도움이 된다.

Suzanne 선생님과 Louise 선생님 사이에서 진행된 좀 더 상세한 토론에서 한 어린이의 반응은 그 어린이가 얼마나 영어를 이해하고 있는지에 달려 있음을 보여준다. 한 명의 특정한 어린이를 고려하면, 이 이야기를 들려주기 전에 수학적 아이디어들에 대한 사전 개인학습이 필요하다. 이 어린이는 먼저 자신의 모국어로 삼각형이 무엇인가와 관련된 언어와 이 이야기의 개념들에 대해 개인학습을 받는다. 그는 이것을 통해서 그가 이 이야기를 활용한 수업에 참여할 때 자신이 말하고 있는 것에 대한 약간의 지식을 가지는 것이 가능하였다.

이러한 토론의 결과는 소집단에서 진정으로 사고의 공유를 더 쉽게 할 수 있다는 것이고, "대화는 사고가 공유되었을 때, 창조적일 수 있다"는 점이다(Fisher, 2009). 나는 더 깊이 있는 수학적인 관여는 소집단 이야기 경험에 대한 친숙함과 익숙함의 질에 의해 더 유발될 수 있다고 생각한다. 하지만, 스토리텔러들이 소집단 상황을 요구하였을 때에만, 소집단 상황이 창의적인 가능성을 제공해 준다.

5 결론

이 장에서 스토리텔러로서의 교사들은 물리적으로뿐만 아니라 태도의 측면에서도 어린이들 곁에 나란히 있어야 한다(Haynes & Murris, 2012). 스토리텔러는 어린이들과 함께 앉고, 어린이들로부터 나오는 수학적인 아이디어와 이야기를 수용해 주어야 한다. 이때 어린이들이 참신한 연결을 만들기 때문에, 이러한 경험은 창의적인 수학적 대화를 불러일으킬 수 있다. 예를 들어, 삼각형이 원으로 변환되고, 사각형은 '육면체 얼음'으로 변환된다.

이 이야기의 형태, 즉 소집단으로 말하기 하기가 30명의 전체 교실 수업에서 이야기를 하는 것보다 가변적일 수 있다. 1학년 교사인 Suzanne은 구두 스토리텔링의 융통성 있는 특성을 사용하였고, 순간적으로 떠오르는 수학적인 사고를 위한 질문을 설정하였다.

두 둥지에 8개의 알을 재배열하는 또 다른 방법은 무엇인가? 어린이들은 가능한 기회를 기록하였고, 더 많은 것이 있다는 느낌을 가졌다. Suzanne 선생님은 순간적으로 제시되는 사고 가능성을 가미하면서 어린이들과 함께 이 이야기를 구성하였다.

전체 교실 수업 상황에서 조용하였던 어린이들이 소집단의 이러한 토론에 기여하려고 하였다. 이러한 창조적인 접근은 학습 능력이 다소 낮은 어린이들이 수학적인 아이디어에 접근할 수 있도록 허용하고 있다. 제2외국어로 영어를 획득하는 어린이들은 반복적인 어구나 행동이 있는 이야기를 통해 긍정적인 반응을 보였다. 이야기와 함께 사용하는 소품들은 이러한 경험들의 일부분으로써 수학적 아이디어를 지원하는데 중요한 역할을 한다. 구체적인 것은 8장에서 다룬다.

소집단에 대한 관찰은 어린이들의 개인적인 수학적 사고에 대한 증거를 보여준다. 전체 교실 수업 상황, 즉 대집단 상황에서는 그들이 기여하는 부분이 거의 없었던 어린이들이 이러한 스토리텔링에서는 행동하기 시작하였다. 소집단 상황은 활발한 수학과 이야기 대화의 기회를 제공한다. 더욱 친밀하고, 스토리텔러와 이야기 청자 사이의 신선한 대화는 구두 수학 스토리텔링을 더욱 강력하게 만들고, 교육에서 대안적 선택으로 도전할 가치가 있다.

chapter

8 인형과 소품
구성 과정에서의 수학이야기

Teaching Mathematics Through Story

학교 어린이들 사이에서

오, 밤나무여, 거대한 뿌리박고 꽃피우는 자여,
그대는 잎인가, 꽃인가, 아니면 줄기인가?
오, 음악에 맞추어 흔들리는 육체여, 오, 반짝이는 눈이여,
어떻게 우리는 무용수와 춤을 구별할 수 있겠는가?

(Yeats, 1928)

이 장의 목표는 다음을 탐구하는 데 있다.

- 인형과 소품으로 이야기, 수학, 스토리텔러와 청자를 유목적적으로 연결하는 방법
- 인형과 소품이 그 자체로 수학이야기가 되는 방법
- 인형과 소품이 어린이들 사이, 그리고 수학이야기와 스토리텔러 사이를 강화시키는 방법

〈The Elves and the Shoemaker〉

Rebecca Belsten 선생님이 재구성해서 들려줌

옛날에 가난한 구두공이 살았어요. 그 마을에는 경쟁이 심하여 그는 구두를 팔기 위해 고군분투하였어요. 그에게는 오직 한 조각의 가죽만 남았고 가죽을 더 살 수 있는 돈

도 없었어요. 그는 마지막 구두를 만들 준비를 했지만 다 완성하지 못한 채 잠이 들었어요. 다음날 아침 그는 구두가 완성되어 있는 것을 발견했어요. 이 구두는 좋은 가격에 빠르게 팔렸어요. 그는 음식과 가죽을 더 샀어요. 그리고 새로운 구두를 만들기 시작했고 이번에도 밤이 지나면 구두가 또 완성되어 좋은 가격에 팔 수 있었어요. 그와 그의 아내는 밤에 머무르면서 누가 그들을 돕는지 알아보기로 했어요. 그들은 요정들이 그들을 돕고 있다는 것을 알게 되었어요. 그들은 요정들을 위해 옷과 구두를 만들어주었고, 요정들은 선물 포장이 되어 있는 옷과 구두를 보고 매우 기뻐했어요. 구두공은 요정들의 도움 없이 계속 성공하게 되었습니다.

(Grimm Brothers(1995)를 재구성함)

그림 8.1 Rebecca Belsten 선생님이 만든 〈The Elves and the Shoemaker〉를 위한 소품들

1 도입

인형(puppet)은 "줄이나 손을 인형 안으로 집어넣어 움직일 수 있는 사람이나 동물 모양"이고, 소품(prop)은 "지원하거나 보조하는 자료(Oxford Dictionary, 2012)"이다. 구두 스토리텔링 맥락에서 우리는 인형을 이야기 속 인물을 표현하는 것으로, 소품은 이야기나 수학적 아이디어를 어떤 방법으로든 지원해주는 것이라고 생각한다. 이 용어들은 이 맥락에서 엄격하지 않고 서로 교체 가능하다.

인형과 소품은 삽화가 있는 책에서의 그림과 같이(Keat & Wilburne, 2009) 어린이들에게 동기를 부여한다. 구두스토리는 어린이들로 하여금 단어에서 추상적 의미를 찾아낼 것을 요구하고, 인형과 소품은 그 경험을 지원한다. 어떤 인형과 소품은 어린이들이 상상해야만 하는 것을 시각화하는 데 도움을 줌으로써 이야기와 수학적 아이디어를 명확하게 만든다.

유아교육의 기초를 수강하는 두 학생들이 인형과 소품을 가지고 수학이야기를 설계하고 창조하고 이야기하는 것을 시작하였다. 그들의 설명은 이러한 인형과 소품을 어떻게 수학적 아이디어를 지지하도록 할지에 대한 통찰력을 제시하였다. 〈The Elves and the Shoemaker〉를 재말하기 한 Rebecca Belsten은 짝짓기(pairing) 원리를 이용하여 이 이야기를 짝수와 홀수를 이해하도록 연결하였다(Belsten, 2013a). 〈Goodnight Gorilla〉를 재말하기 한 Rachel Adcock은 수의 순서값과 여섯 마리의 동물을 순서화하는 것을 연결하였다. 인형과 소품은 이러한 이야기를 지원한다. 구두공과 아내 그리고 요정들은 멋진 디테일을 가지고 어린이들의 상상력을 잡아끌고, 구두들은 수를 짝수나 홀수로 보여준다(그림 8.1 참고). 고릴라 손가락 인형은 어린이들을 이야기 속으로 끌어들이고, 한 뭉치의 열쇠들은 첫 번째, 두 번째, 세 번째, 네 번째, 다섯 번째, 여섯 번째의 순서 관계를 보여준다. 이 창의적인 인형과 소품은 어린이들이 이야기를 하는 동안 그리고 끝난 후에 이것들이 어떻게 만들어졌는지 물을 때에도 창의적인 수학적 대화에 불을 붙인다.

이 장은 어떻게 교사들이 인형과 소품을 가지고 말로 수학적 이야기를 하는지를 설명하고자 한다. 인형이나 소품은 관련된 목표를 가지고 있다. 어린이들을 스토리와 연결하고 수학적으로 동기부여하는 것이다. 말로 하는 이야기의 추상성은 소품이 수학적 아이디어를 시각화하면 구체적으로 만들어진다. 스토리텔러는 "편안한 담요(comfort blanket)"를 가지고 있으며(Belsten 2013b), 이는 자신감을 가지는 것을 도와준다. 인형과 소품은 나중에 다시 이야기할 때 투입될 수 있다.

인형과 소품을 만드는 것은 어린이들과 함께 나눌 수 있거나 어린이들이 즐길 수 있는 또 다른 수학적 이야기를 만들어낸다. 구두공과 아내, 요정들, 다섯 켤레의 구두를 만들기 위한 지침은 Rebecca가 이런 것을 만들었다는데 감탄한 네, 다섯 살 어린이들에게 이야기를 해줄 때 도움이 된다. 이 장은 소품의 연결적인 목적을 가지고 시작하고, 이야기와 수학적 아이디어를 연결하는 세부적인 사례를 찾아보고, 창의적인 이야기와 인형과 소품 만들기에 대해 알아보고, 인형과 소품이 어린이들과 수학이야기와 스토리텔러 간 관계를 어떻게 공고히 하는지에 대해 요약하며 결론짓는다.

2 이야기, 수학, 스토리텔러와 청자를 유목적적인 방법으로 연결하기

이야기 속 인물들을 인형으로 표현하는 것은 어린이들이 수학적 활동에 몰입하게 동기를 부여한다. 소품이나 인형은 이야기와 수학적 추상화의 구체적 표상이다. 이들은 추상적 수학적 아이디어를 구체적으로 표현한다. 인형과 소품은 이야기, 수학, 스토리텔러와 청자를 유목적인 방법으로 연결한다.

2.1 인형 인물들: 수학적 동기 부여하기

어린이들의 수학적 동기부여는 이야기 속 인물들로 인해 강화된다. Keat와 Wilburne (2009)는 이야기 속 인물들이 어린이들의 수학적 성취에 동기부여를 한다는 것을 발견하였다. 말로 하는 이야기 속 인물을 인형을 가지고 나타내는 것은 책 속 인물을 그리는 것과 유사한 방식으로 학습에 열정적으로 참여하도록 촉진한다(Keat & Wilburne, 2009). 인형은 어린이들이 수학적 의미를 구성하도록 동기를 부여한다. 수 이름이 자동적이지 않고 다수가 어려움을 느끼기는 하지만, 어린이들은 Little Dumpty가 2의 배수들을 12배한 수까지(2, 4, 6, 8, 10, 12, 14, 16, 18, 20, 22, 24) 세는 것을 도우려고 한다.

2.2 추상에서 구체로: 수학적 아이디어를 명확하게 하기

Egan(1988)은 어린 아이들의 경우에 흔히 생각하듯이 모든 학습이 구체에서 추상으로 갈 필요는 없다고 하였다(2장). 어린 아이들이 다른 방법으로 배울 수 있는 잠재력이 있다. 추상에서 구체로 이동하는 것이다. 어린이들은 수학적 아이디어와 관련된 이야기를 듣고 이야기와 관련된 소품을 가지고 놀면서 아이디어를 구체적 방법으로 표현할 수 있다. 추상적 수학적 이야기와 아이디어는 말로 하는 이야기 및 이야기와 관련된 소품을 통해서 수학적 아이디어 구성을 지원할 수 있다.

2.3 수학적 아이디어를 시각화하기

어린 아이들은 말로 한 이야기의 추상성을 받아들이고, 이 경험은 인형과 소품으로 지원될 수 있다. 아주 어린아이들에게 인형과 소품은 상상력을 잡아끌고 수학이야기의 기본과 연결시키는 역할을 한다. 이야기와 관련된 소품은 어린이들로 하여금 수학적 아이디어를 구성하도록 돕는다. Hughes(1986, p. 47)는 4년 1개월 된 패트릭에게 일련의 질문을 하였다. "사탕이 2개 있는데 1개가 더 있으면 사탕은 모두 몇 개인가요?"와 같은 질문을 받으면, 패트릭은 옳게 응답하였으나, "2에 1을 더하면 얼마인가요?"와 같은 추상적 질문에는 틀리게 응답하였다. 어린이들이 수학적 아이디어를 지원해주는 물체들을 통해 이야기의 중심에서 시각화하였을 때 소품은 이야기와 수학적 의미를 구성하는 것을 보조할 수 있다.

수학적 아이디어를 시각화하는 소품의 예

〈Handa's Surprise〉(Browne 1998)를 개작한 〈Handa's Return Journey〉을 이야기하면서, Handa는 오렌지 5개를 덮개가 없는 바구니에 담아서 가지고 오고 있으며, 스토리텔러는 수학적 뺄셈 요소가 구체적인 방법을 표현될 수 있도록 이것들을 준비하고 재조정한다. 스토리텔링에서 원숭이가 5개의 오렌지를 가져가는데, 그러다가 마음을 바꿔서 그냥 도망가는 대신 다시 돌려주기로 결정했다. 다른 동물은 오렌지 4개를 가져가고 1개를 바구니에 남겨두었지만 너무 욕심을 부린 것 같아 다시 마음을 바꿔서 4개를 돌려주고 딱 하나만 가져갔다.

오렌지 5개는 다음과 같은 뺄셈을 보여줄 수 있다.

$$5-5=0,\ 5-0=5$$

$$5-4=1,\ 5-1=4$$

$$5-2=3,\ 5-3=2$$

〈Ladybird on a Leaf〉에서는 무당벌레의 등에 있는 벨크로로 만든 점을 제거하고 다시 붙이고 하면서 $N-n+n=N$ 또는 $N+n-n=N$이라는 패턴을 시각적으로 보여준다.

Rebecca가 〈The Elves and the Shoemaker〉 이야기를 해줄 때 Rebecca는 짝짓기 원리를 활용하면서 자신이 만든 소품을 이야기 맥락에 맞게 구두 한 켤레와 자연스럽게 짝수와 홀수라는 수학적 아이디어를 연결하였다(그림 8.2 참고).

그림 8.2 어린이들이 이야기 소품들을 가지고 즐거워하고, 짝수와 홀수를 알면서 "하나도 아니고 둘도 아닌 세 요정들"을 보고 있는 장면

짝수와 홀수에 접근하는 두 가지 방법이 있다. 두 개의 동일한 그룹으로 나누거나 둘씩 그룹을 만드는 것이다(McGrath, 2010, p. 78). Frobisher(1999)는 어린이들이 짝수와 홀수의 규칙성을 수에서 볼 수 있도록 2개의 동일한 그룹으로 나누는 것과 둘씩 그룹을 짓는 것을 모두 경험할 필요가 있다고 조언한다. 짝짓기 원리(Merttens, 1987)는 어린이들이 실용적으로 해볼 수 있는 방법이다. Rebecca는 짝짓기 아이디어를 홀수와 짝수를 탐구하는 데 사용했다. 기본적으로 이 짝짓기는 구두를 짝짓는 것을 통해 더 명확해질 수 있으나, Rebecca는 짝짓지 못한 구두들을 사용하여 이것이 구두에 대한 것이 아니라 수에 대한 것임을 보여주었다.

Rebecca Belsten 선생님이 재말하기 한 〈The Elves and the Shoemaker〉에 대한 설명

Rebecca 선생님은 요정들에게 도움을 받은 구두공에 대한 이야기를 한다. Rebecca 선생님이 말하면서 요정들을 하나씩 꺼낼 때 "하나도 아니고 둘도 아닌 세 요정들"이라고 이야기하면 어린이들은 이 문구를 따라한다. 반복되는 순서는 상상 속의 신발장에 놓인 다섯 켤레의 구두로 이어진다. Rebecca 선생님은 전체 신발의 개수가 명확히 보이도록 조심하며 신발을 줄 세운다. 어린이들은 다섯 켤레의 구두에 놀란다.

창의적인 수학적 대화

Rebecca 선생님이 어떻게 이 이야기의 재미를 반감시키지 않으면서 한 번의 재말하기를 통해서 수학적 아이디어 부분을 명확하게 보이게 만들어가는지를 주목하는 것은 흥미롭다. 이야기 맥락을 이용해서 수학적 대화를 유지하고 있지만, Rebecca 선생님은 마치 이야기의 줄거리에서 벗어나 있는 것 같다. 2분 후에 Rebecca 선생님은 다시 이야기로 돌아온다. Rebecca 선생님은 훌륭한 응답을 만들어내는 질문을 가지고 수학적 논의를 시작한다.

Rebecca 선생님은 '짝수나 홀수에 대해 들어본 적 있어요?'라고 질문한다.

한 어린이가 '세살 때 들어 보았어요.'라고 대답한다.

〈The Elves and the Shoemaker〉의 재말하기에 표현되어 있는 수학적 아이디어

하나씩 그리고 둘씩 세기: 몇몇 어린이들은 하나씩 세지만, 다른 어린이들은 구두는 켤레로 되어 있어서 둘씩 센다.

전체 구두의 수와 켤레의 수: 어린이들은 구두의 전체 수와 켤레의 수 사이의 상호 관계를 깨닫는다. 구두 10짝은 다섯 켤레이다. 구두 8짝은 네 켤레와 같다. 구두 6짝은 세 켤레와 같다. 구두 4짝은 두 켤레와 같다. 구두 2짝은 한 켤레와 같다.

짝수와 홀수: 어린이들은 이 구두들을 가지고 수들 사이의 관계를 알 수 있다. 즉, 어린이들은 짝수이면 쌍으로 묶일 수 있다는 것과 홀수이면 켤레를 완성하지 못한다는 아이디어를 알 수 있다. 이 구두들을 함께 놓으면서 어린이들은 3의 홀수 성질을 알 수 있다. 한 어린이가 '4는 두 짝수로 이루어졌다'라고 말한다. 즉, 수 4는 두 개의 2가 쌍으로 이루어졌다는 것을 인식한 것이다. 그러고 나서, Rebecca 선생님은 짝이 맞지 않는 구두들(홀수)을 이용해서 어떻게 구두의 특징이 주어진 수가 홀수인지 또는 짝수인지에는 영향을 미치지 않는지를 설명한다. 어린이들은 짝짓기 원리 개념을 확인하며, 나는 한 어린이가 '확실히 짝수야.'라고 말하는 것을 듣게 된다.

또 다른 학생인 라헬은 고릴라를 표현한 손가락 인형, 6개의 열쇠 꾸러미, 그리고 아르마딜로 사진을 이용해서 〈Goodnight Gorilla〉를 재말하기 한다. 고릴라 손가락 인형은 이야기 속 인물을 소개하는데 사용되었다(그림 8.3 참고).

그림 8.3 Rachel Adcock이 〈Goodnight Gorilla〉를 자신이 만든 고릴라 손가락 인형을 가지고 소개하는 장면

〈Goodnight Gorilla〉
Rachel Adcock 선생님이 재말하기 함

이 이야기는 동물원 관리자의 열쇠 6개를 훔쳐서 다른 다섯 동물들을 우리에서 나오게 한 고릴라에 대한 이야기이다. 고릴라, 코끼리, 하이에나, 사자, 기린, 아르마딜로는 동물원 관리자의 침실로 관리자를 쫓아갔다. 한 어린이가 "짜증내는" 동물원 관리자의 역할을 하는 아내가 이들을 동물원으로 돌려보냈다. 어린이들은 이 여섯 동물의 순서를 서수를 사용하여 재말하기 한다. 첫 번째, 두 번째, 세 번째, 네 번째, 다섯 번째, 여섯 번째.

Rachel 선생님은 어린이들에게 자신이 들려준 이야기의 수학적 아이디어를 설명하며 시작한다. 그녀는 동물들의 순서를 어떻게 기억할지 설명한다. 수학적 아이디어는 이야기가 시작되기 전에 명확해진다. 어린이들은 이야기의 목적과 무엇에 대해 생각할지 알게 된다.

Rachel 선생님은 고릴라 손가락 인형을 가지고 이야기를 시작한다. Rachel 선생님은 어린이들에게 다른 동물원의 동물들 그리고 그 동물들을 생각할 때 떠오르는 행동들에 대해 생각하도록 요청한다. 이 스토리텔링은 어린이들에게 고릴라를 순환적으로 따라오라고 요구한다. 어린이들은 이 이야기에서 신체를 사용하는 것을 즐거워한다. 어린이들은 여섯 동물들이 우리에 들어가는 순서에 따라 여섯 동물들의 순서를 기억한다.

이 이야기는 다음과 같이 구성된다.

고릴라
고릴라 + 코끼리
고릴라 + 코끼리 + 하이에나
고릴라 + 코끼리 + 하이에나 + 사자
고릴라 + 코끼리 + 하이에나 + 사자 + 기린
고릴라 + 코끼리 + 하이에나 + 사자 + 기린 + 아르마딜로

(Rathmann, 2012를 재구성함)

'열쇠'를 세는 전략

열쇠 수와 동물 수 사이에는 연관성이 있다. 나는 한 어린이가 이 이야기를 하면서 열

쇠 꾸러미를 받고 세어보라고 요청받았을 때 이 어린이는 열쇠 꾸러미를 풀어서 센 열쇠와 세지 않은 열쇠를 분리하면서 세는 실용적인 전략을 사용하는 것에 주목하였다. 다른 부분을 이야기하는 중에, 한 남자 아이는 열쇠 꾸러미를 바닥에 평평하게 늘어놓고 세다가 잘못 세어서 여섯이 아니라 일곱이라고 세었다. 라엘 선생님은 세어 본 것을 확인하라라고 요청하면서 이 부분을 다루었다.

기억

Rachel 선생님은 스토리텔링을 하면서 위에 언급한 동물들의 순서를 잘못 제시한 적이 있는데, 이때 어린이들과 선생님 모두 이것을 알아채지 못했다. 이렇게 우리 어른들도 실수를 한다.

어린이들이 옳은 순서로 여섯 동물을 기억하려면 지원이 필요하다. 이런 방법으로 순서대로 나열하는 것은 어린이들에게 기억해야 하고, 자신들의 마음속에 이 순서적 추가를 저장할 것을 요구한다. 예를 들어, 코끼리의 코를 표현하기 위해 팔을 앞으로 뻗어 흔드는 것과 같은 관련된 행동들은 기억을 떠올릴 때 매우 유용하다. 가장 어린 아이 중 한 아이인 조지는 다른 어린이들이 두 번째 동물이 무엇이냐고 물었을 때 팔을 흔드는 동작을 보여주었다.

수학적 언어

순서를 나타내는 언어는 이 이야기의 열쇠와 동물과 자연스럽게 관련된다.

첫 번째 열쇠, 첫 번째 동물, 고릴라.
두 번째 열쇠, 두 번째 동물, 코끼리.
세 번째 열쇠, 세 번째 동물, 하이에나,
네 번째 열쇠, 네 번째 동물, 사자,
다섯 번째 열쇠, 다섯 번째 동물, 기린,
여섯 번째 열쇠, 여섯 번째 동물, 아르마딜로.

'아르마딜로'라는 단어는 사진 이미지로부터 도움을 받는다.

(McGrath, 2013)

2.4 인형과 소품이 자신감에 도움을 준다

초보 수학 스토리텔러에게 자신감은 중요하다. 몇몇 스토리텔러에게 소품과 인형은 자신감을 주며, 자신감은 가치 있는 목적이다. Rebecca 선생님은 나에게 "소품이 정말 큰 위안이 되었다"고 말했다(Belsten, 2013b). 솔직히 Rebecca 선생님은 어린이들이 긴장한 스토리텔러로 있는 자신보다 소품에 더 흥미가 있었을 수 있다고 믿었던 바를 기술하고 있다(Belsten, 2013b). Rebecca 선생님과 라엘 선생님은 자신감이 커지면 소품에 덜 의존할 수 있고, 보조 재료들 없이도 재말하기를 할 수 있다는 데 동의했다(Adcock, 2013b; Belsten, 2013b).

2.5 소품이나 인형 등의 비계를 제거하기

이 이야기는 소품이나 인형이 있든 없든 할 수 있음을 우리에게 상기시켜주는데, 이것은 가치 있는 것이다. 일부 스토리텔러들은 소품을 쓰지 않는 것을 선택한다. 소품에 지나치게 의존하지 않는 것이 중요하다. 추후에 이어지는 이야기 재말하기는 소품이라는 비계에 덜 의지할 수 있다. 인형과 소품은 화자와 청자 모두에게 비계가 된다. 어떤 이야기의 비계를 제거하게 되면, 어린이들은 수학적 아이디어를 상상해야 한다. 이야기를 말하기 하는데 있어서 자신감이 형성되고 수학적 아이디어가 점점 더 공고해지면서, 비계는 점차적으로 제거될 수 있다.

2.6 목적

소품이나 인형은 구두 수학이야기의 한 부분으로서 도움이 되며, 도움이 되지 않는 경우라면 이들은 불필요한 방해 요소가 된다. Brown(2013c)은 〈Jack and the Bean Stalk〉를 너무 많은 소품을 가지고 이야기한 경험을 더 '놀이'와 같았다고 기술한다. Wye(2013a)는 소품이나 인형이 이야기 경험을 확장해야 한다는 주장을 밝혔다. Wye가 웃음을 잃은 호랑이 Augustus(Rayner, 2008)에 대해 말하기할 때, Wye는 거울을 꺼내서 이야기를 듣는 모든 사람에게 거울을 보고 웃게 하였다(Wye, 2013b). 이는 호랑이가 웃음을 찾는 추상적인 아이디어를 잡아냈다. 소품이나 인형은 어린이들이 말로 하는 이야기와 수학적 아이디어의 추상성을 의미 있는 방식으로 이해하도록 도움이 되어야 한다.

2.7 인형이나 소품의 범위

소품이나 인형은 이야기 속 인물에서 물체까지 이야기를 표현하는 무언가를 의미한다. 인형이나 소품은 구두공, 요정들, 구두, 고릴라 손가락 인형, Little Dumpty나 스토리텔러가 고른 것처럼 이야기 속의 그 무엇인가가 될 수 있다. 소품은 이야기 속 인물일 수도 있고, 수학적 아이디어를 명확히 하는 장치일 수도 있다. 〈Ladybird on a Leaf〉에서 소품은 이야기 속 인물이고 무당벌레의 점은 수학적 아이디어를 지원한다(그림 8.4 참고). 소품은 〈Two of Everything〉(Toy Hong, 1993) 이야기의 황동 항아리를 상징하는 표현으로 선택될 수 있는데, 여기서 황동 항아리는 2배로 만드는 마법의 힘을 가지고 있다. 기본적으로 인형이나 소품은 구두 수학적 스토리텔링에서 집중력을 흩트리기보다는 의미 있게 이야기를 지원하는 역할을 한다.

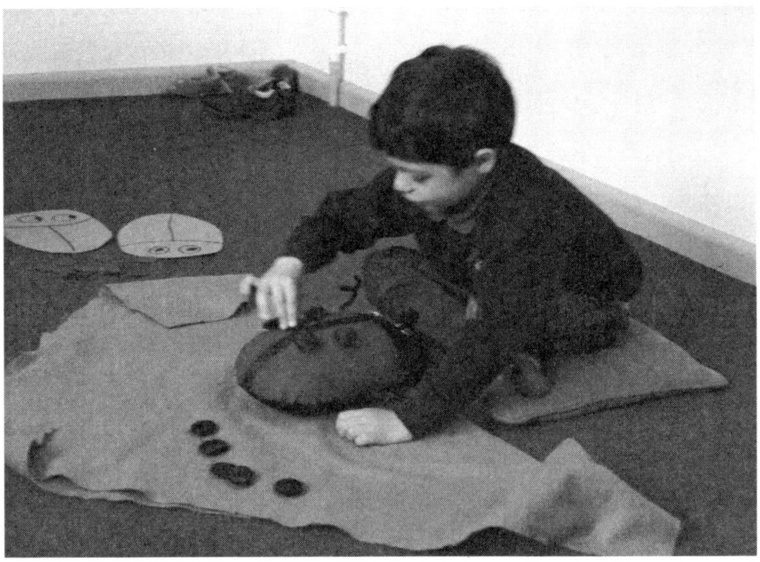

그림 8.4 다니엘이 이야기 속 인물로서 소품과 자신의 수학적 아이디어의 구체적인 표현으로써 점을 이용하면서 〈Ladybird on a Leaf〉를 재말하기 하는 장면

인형과 소품은 다음과 같은 점을 제공한다.

- 인형과 소품은 어린이들이 수학적 아이디어에 대해서 생각할 수 있는 의미 있는 맥락을 제공하기 때문에 수학적 동기 부여를 제공한다.

- 추상적인 수학적 아이디어에 대한 구체적 표현을 제공해 준다. 예를 들어, 뺄셈 보수(5 − 2 = 3, 5 − 3 = 2)에 대한 구체적 표현 오렌지, 수 관계 패턴(5 − 2 + 2 = 0)을 보여주는 무당벌레 등 위에 있는 점 등이다.
- 스토리텔러에게 자신감을 준다. 자신감이 생기면서, 재말하기는 인형이나 소품 없이 할 수 있다.

3 인형과 소품이 그 자체로 수학적 스토리인지 알아보기

인형과 소품을 만드는데 창의적인 수학적 사고가 관여한다. 어느 날 오후에 나는 〈Little Dumpty〉를 '유아기 연구'를 수강하는 학생들에게 이야기해 주고 Dumpty의 모자, 몸통, 구두와 같은 소품들의 상세한 디자인을 보여주었다. 나는 Dumpty의 디자인이 둘씩 세기하는 이야기의 주제와 얼마나 관련이 되는지 말했다. 나는 소품이 어린이들, 이야기, 수학적 아이디어를 연결시킨다는 점을 설명하였다. 한 스토리텔링에서 Dumpty는 사다리를 오르락 내리락 하면서 앞으로 둘씩 세기와 뒤로 둘씩 세기를 한다.

상세한 디자인: 〈Little Dumpty〉(Imai, 1994) 재말하기를 지원하는 Little Dumpty 소품

〈Little Dumpty〉의 디자인은 2의 배수를 기반으로 한다. 예를 들면, 다음과 같다. Dumpty의 구두 끈 구멍(2, 4, 6, 8, 10), Dumpty가 쓴 모자의 부분(빨강 2, 파랑 2, 빨강 2, 파랑 2), 몸통의 네 부분(모두 흰색). 어린이들은 〈Little Dumpty〉의 소품에 매료되고, 그들에게 익숙하지 않을지라도 2씩 12번 뛰어세기 하도록 동기부여되며, 그가 어떻게 만들어졌는지 듣는 것에 관심을 가진다(그림 8.5 참고).

〈Little Dumpty〉는 2의 배수를 세어 보는 이야기를 하고, 그 디자인에서도 수학적 아이디어가 나타난다. 여기에는 두 가지 이야기가 있다. Little Dumpty가 무엇을 하는지와 어떻게 디자인되는지에 대한 이야기이다.

전문학사과정 학생들은 수학적 의도를 가진 구두 스토리텔링을 준비하는 것, 소품이 이야기 경험을 증진시킬 수 있다면 이야기를 지원할 소품이나 인형을 만들어내는 것과 같은 도전에 직면한다. 이 도전에 대해 말하기 전에, 나는 몇몇 학생들이 가능성에 대해 생각하는 것을 느꼈다. 내가 재료들을 정리하기 전에, Rebecca는 요정들과 구두에 대한 세계를 구성해 내었고, 이는 다른 학생들에게 영감을 주었다. 나는 매해 학생들이 얼마나 창의적인 기회를 갈망하는지를 보고 놀란다.

그림 8.5 〈Little Dumpty〉의 디자인을 한 어린이가 보고 있는 장면

3.1 창의적인 수학적 사고

구두 스토리텔링을 지원하는 소품을 만들어보라고 학생들에게 요구한 데에는 여러 가지 목적이 있다. 학생들은 이 창의적인 과정에 포함된 수학적 사고에 대해 통찰력을 가지게 된다. 그들은 창의적 수학적 사고를 경험한다. 나의 추상적 제안으로부터 구체적 표현으로 가려면 학생들은 문제 설정, 문제 해결 및 가능성에 대해 생각해야 하고 결과적으로 이에 몰입하게 된다. 학생들은 그들 자신만의 문제를 만들고 만족스러운 해결책에 도달하기 전에 예기치 못한 문제들을 해결하면서 디자인 창조에 대해 깨닫기 시작한다. 여기에는 외적, 내적 수학적 사고가 섞여 있다. 이는 창의적이고 실용적인 수학적 적용이다.

나는 학생들이 소품이나 인형을 만드는 지침을 제공하기를 제안했다. 왜냐하면 이는 전략적 관점을 고무시키고, 과정을 표현하는 것을 촉진하고, 소품 만드는 이야기를 할 도구를 제공하기 때문이다. Rebecca가 연구 수업에 〈The Elves and the Shoemaker〉이야기를 가지고 왔을 때, 어린이들은 그녀에게 구두공, 요정들, 신발을 어떻게 만들었는지 이야기해달라고 요청했다. 리타는 Rebecca에게 "어떻게 구두공을 단단하면서 부드럽게 만들었어요?"라고 질문했다(그림 8.6, 8.7 참고).

Rebecca는 자신이 이들 소품을 만드는 지침을 만들었는데, 이 지침이 이 창의적인 과정을 기억해낼 수 있도록 도와주어서 기쁘고, 이 지침이 다른 사람들에게 설명할 수 있는 도구가 된다고 말했다. 이 지침은 다른 사람들이 해결할 문제를 설정하는 것을 포함하는데, 이는 문제해결 능력을 더 높은 단계로 올린다(McGrath, 2010). 나는 인형이나 소품에 대한 이 학생들의 선택, 소품이나 인형을 가지고 구두 스토리텔링을 만드는 것, 어린이들에게 구두 스토리텔링을 해주는 것에 대한 생각에 대해 더 알아보는 것에 흥미가 있다.

그림 8.6 어린이들이 Rebecca의 구두공 소품을 가지고 어떻게 만들었는지 질문하는 장면

그림 8.7 Rachel이 자신이 소품을 만드는데 사용한 지침을 어린이들과 함께 공유하는 장면

3.2 소품이나 인형을 만들 때의 수학: 구두공, 요정들, 신발에 대한 이야기

웰링턴 부츠가 다른 신발들에 비해 크다는 점을 보며 Rebecca는 신발을 만들면서 수학에 대해 생각한다. 이런 디자인은 향후 수학적 논의를 여러 가능성에 대해 열어놓는다. Rebecca는 이런 소품을 사용할 수 있는 범위가 교육과정에 걸쳐서 있다고 생각한다.

Rachel은 손가락 인형을 만들면서 겪은 문제에 대해 설명한다. 라엘은 얼굴에 바느질했어야 한다는 것을 인식하기 전에 뒤집어서 2개의 검은 몸통 부분을 함께 바느질했다. 얼굴은 앞과 뒤 부분을 함께 바느질하기 전에 바느질했어야 했다. 마무리하면서 라엘은 고릴라 인형에 귀가 없다는 것을 깨달았고, 이는 디자인 오류로서 해석될 수 있었지만, 라엘은 그림책의 이미지를 따라가기로 했다(Rathmann, 2012). 이 고릴라는 들으려 하지 않는다.

Rachel Adcock가 재말하기 한 〈Goodnight Gorilla〉 (Rathmann, 2012)을 지원하는 고릴라 손가락 인형 만들기 속 수학

- **손가락 인형 이야기**: Rachel은 주인공을 손가락 인형으로 표현함으로써 어린이들이 몰입하기를 원한다. Rachel은 특히 손가락 인형이 어린이들이 쉽게 착용하고 벗을 수 있어서 원했다.
- **창의적 수학적 사고**(추상적 제안으로부터 이동): Rachel은 고릴라를 손가락 인형으로 표현하려는 아이디어를 가졌다.
- **실용적 수학적 사고**(실용적 적용으로 이동): Rachel은 그림책에 표현된 이미지를 옮겨왔다. Rachel은 각 부분들을 자르고 앞뒤를 연결하고 바느질했다. 앞뒤 부분은 신중하게 맞추었다.
- **예상하지 못한 문제**(시행착오): Rachel은 앞뒤 부분을 꿰맨 후에야 얼굴을 아직 바느질하지 않았다는 것을 깨달았다. Rachel은 얼굴에 재료들을 바느질했고, 스스로를 찌르지 않으려고 노력하면서 손에 끼운 인형 얼굴에 붙였다.
- **과정 기록**(인형 이야기를 할 도구): 소품이나 인형을 만드는 각 단계의 사진을 찍으면 논리적 순서로 단계를 쪼개어 보여줄 수 있다. 이는 만든 사람이 나중에 무엇을 했는지 기억하게 도와주고, 어떻게 인형이나 소품을 만들었는지 이야기할 도구가 된다 (지침 복사본은 부록 6 참고).

4 소품과 인형으로 어린이들, 수학이야기, 스토리텔러 간 관계 강화하기

창의성 증진은 초보 구두 수학 스토리텔러에게 동기부여와 자신감 측면에서 중요하다. 소품 제작자가 소품을 만들면서 문제를 설정하고 해결하는 반면, 그들은 그들의 이야기에서 더 높은 단계의 동기부여에 도달한다. 이 관계는 스토리텔러, 소품, 이야기 사이에서 구축되고, 제작자를 성장하게 한다.

어린이들과 인형 만들기 경험을 공유하는 것은 창의적 문제 설정 및 성인 관점에서의 문제해결에 대한 통찰력을 제공한다. 어린이들은 로봇, 모델, 기차 선로를 만들 때 반드시 표현하지는 않아도 실용적 수학을 사용하고(McGrath, 2010), 이는 어떻게 인형과 소품이 만들어지는지가 창의적이고 실용적인 수학 적용에 대한 이야기를 하는 점을 설명한다. 어린이들은 Rebecca가 어떻게 구두공, 요정들, 신발들이 실제처럼 디자인되었는지에 대한 이야기에 빠져들었다.

5 결론

인형과 소품은 이야기의 추상적 특징을 구체적으로 표현한다. 소품이나 인형은 이야기 맥락이 의미 있어지도록 어린이들과 연결하는 이야기 속 인물일 수 있다. 인물화뿐만 아니라 인형과 소품은 이야기와 수학적 추상성을 다른 방법으로 연결할 수 있다. 즉, 소품은 수학적 아이디어를 시각화한다.

인형과 소품은 수학이야기 경험을 지원하고 확장해야 한다. 전문적 스토리텔러는 소품이 이야기 경험을 확장할 수 없다면 포함시키지 않을 것을 충고한다. Cassandra Wye가 〈Augustus: The tiger who lost his smile〉이야기를 할 때, 거울을 마지막에 꺼내어 모든 청자들이 거울을 보고 자신의 미소를 보며 이야기 경험이 깊어지게 한다. 인형이나 소품은 목적의식을 가지고 사용되어야 한다. 거울은 웃음을 찾은 호랑이의 추상적 아이디어를 지원한다.

인형과 소품을 만드는 것은 창의적 수학적 사고를 포함한다. 인형 제작자는 추상적 아이디어로부터 구체적 결과물을 끌어낸다. 인형의 모습에 대한 생각은 상상에 의한 것일 가능성이 있다. 원래의 창의적인 문제는 제작자의 마음에 설정된다. 문제해결은 인형이 현실 세계로 오면서 연습된다. 예상하지 못한 문제가 그 길 위에 나타난다. 고릴라 인형의 얼굴이 다르게 바느질되는 것이다. 시행착오는 디자인 과정의 부분을 보여주며, 이는 문제해결 전략이다.

창의적 수학은 디자인에서 밖으로 드러나기도 하고, 인형과 소품을 만드는 것 안에 내재되어 있기도 하다. 인형과 소품을 만드는 동안에 가능성과 실용적 측정에 대한 창의적 사고가 있다. 다른 사람이 따라할 수 있도록 인형 만드는 방법을 기록하는 것은 연관된 사람들의 사고를 더 예리하게 한다. 소품이나 인형을 어떻게 만드는지에 대한 지침은 수학적 사고를 외재적, 내재적으로 담고 있는 이 창의적 경험을 정의한다. 제작자는 지침 안에서 이야기를 녹음한 후에 지침을 어린이들과 공유하는 도구로서 사용하는 것과 같이 소품이나 인형을 만드는 데 연관된 수학에 대한 이야기를 하게 된다.

소품과 인형은 어린이들로 하여금 구두 수학이야기 경험과 연결하도록 한다. 인형이나 소품은 구두 수학이야기 경험의 추상성을 지원한다. 인형과 소품의 목적은 다양하다. 어린이들의 수학적 사고를 촉진하고, 추상적 수학적 아이디어의 시각화를 지원하고 스토리텔러에게 자신감을 준다. 다음 장에서는 어린이들이 구두 수학이야기를 재말하기 하기 위해 어떻게 인형과 소품과 연관된 이야기를 사용하는지에 대한 내용을 다룬다.

chapter

9 수학의 스토리텔러로서 어린이

Teaching Mathematics Through Story

폭풍(The Tempest, 1611) 5막 1장

벌과 함께 꽃의 꿀을 빨아 먹는다.
앵초꽃송이 속에 자리 잡고
누워서 올빼미 소리를 듣는다.
박쥐 등에 걸터타고
즐겁게 여름을 따라 간다
즐겁게 즐겁게 살아가자꾸나
가지에 늘어진 꽃 밑에서

(Shakespeare, 2009)

이 장의 목표는 다음을 살펴보는 데 있다.

- 수학이야기를 재말하기 하면서 정확성과 상상력을 보여주는 어린이의 사례
- 구두 스토리텔링은 어린이에게 어려운 과제인가
- 이야기와 수학적 아이디어를 다루는 스토리텔러로서 어린이

〈Penguin〉

Suzanne Kelham 선생님이 들려줌

옛날 옛적에 작은 펭귄이 살았어요. 펭귄 엄마가 말했어요.

"마법의 연못으로 가서, 물고기 10마리를 잡아 오너라."

작은 펭귄은 한 걸음 걷고, 작은 펭귄은 한 걸음 걷고, 작은 펭귄은 한 걸음 걷고, 작은 펭귄은 한 걸음 걸었어요. 마침내 반짝반짝 빛나는 마법의 연못에 도착했어요.

"오늘은 오렌지와 레몬 맛의 물고기가 있어요." 연못이 말했어요.

펭귄은 물고기를 잡고, 또 잡고, 또 잡아서 마침내 물고기 10마리를 잡았어요. 잡은 물고기를 집으로 가져왔고, 가족들이 물고기를 먹었는데, 그런데 여전히 배가 고팠어요. 그래서 펭귄은 다시 연못으로 가야했고 물고기 10마리를 잡는 다른 방법을 찾았어요…

(Kelham, 2013d)

1 도입

이 장에서 우리는 어린이에게 수학이야기를 재말하기 하는 기회를 주었을 때, 어떤 일이 일어날 것인지를 살펴보고, 어떻게 어린이들이 **정확하게** 그리고 **상상하면서** 이야기를 재말하기 하는지를 설명한다.

유치원 교사인 Suzanne 선생님은 〈Penguin〉 이야기를 다시 하자고 어린이들을 불러 모았다. 이 이야기의 아이디어를 들었던 어린이들은 이야기를 재구성했고 수학적 아이디어는 그대로 유지했다. 이 이야기를 들은 몇몇 어린이들에게 스토리텔러의 역할을 요청했다. 프레야가 이 이야기를 재말하기 한 사례를 소개한다.

놀이처럼, 스토리텔링도 어린이들에게 쉬운 일이라고 오해하는 경우도 있다. 놀이가 자연스럽지만 어려운 일인 것처럼 스토리텔링과 수학적 아이디어를 조정하는 일도 어렵다. 어린이들에게 스토리텔러의 역할이 주어지면, 그들은 자신들이 들은 이야기의 아이디어를 확장하여 새로운 수학적 관계를 형성한다. 자신들이 들은 이야기의 수학적 아이디어를 확장하는 방식으로 이야기를 재말하기 하는 어린이의 사례를 논의할 것이다.

스토리텔러가 된 어린이들이 어떻게 수학적 내용이 담긴 이야기를 재말하기 하고, 친구들 앞에서 연습하고, 상상력을 발휘하여 이야기를 변형하고, 소품을 사용하여 수학이야기를 새롭게 만드는지를 보여주는 사례를 살펴볼 것이다. 구두 수학 스토리텔링은 어린이들에게 이야기를 재구조화하고, 재형성하고, 재말하기 하는 과제는 도전적이다. 스토리텔러 방석에 앉은 어린이는 어른들도 어려운 과제에 직면하게 된다.

2 수학이야기를 재말하기 하면서 정확성과 상상력을 보여주는 어린이들

수학적 이해의 발달은 듣는 이의 마음속에 연결 관계를 형성하는 일이다. 구두 수학이야기는 수학적 연결 관계를 형성시키는 방법이다. “연결 관계가 많을수록, 이해는 더 단단해지고 더 유용해진다”(Haylock & Cockburn, 2013, p. 11). 연결 관계를 만드는 것이 수학학습의 핵심이다(Haylock & Cockburn, 2013; Suggate et al., 2010; 2006). 어린이들이 이야기를 만들 때, 이야기 맥락, 용어, 소품, 이야기 지도와 활동을 새롭게 만들면서, 여러 가지 수학적 아이디어들을 연결한다. 이야기 소품은 이야기와 밀접하거나 느슨하게 관련될 수 있는데, 그러한 관계를 맺기 위해 어린들은 시각, 청각, 물리적 표현 사이를 옮겨 다녀야 한다.

2.1 집단으로 〈Penguin〉 이야기 재구성하기

Suzanne 선생님은 적어도 한 번씩은 이야기를 들었던 적이 있는 어린이들을(네 살 또는 다섯 살) 모아서 펭귄에 대한 수학이야기, 즉 레몬 맛과 오렌지 맛의 물고기 10마리를 잡기 위해 계속해서 마법의 연못에 가야 하는 펭귄의 이야기를 재말하기 해보도록 했다. Suzanne 선생님은 어린이들의 수학적 아이디어를 자극하기 위해 융통성을 발휘해서, 펭권이 잡은 물고기의 조합을 어린이들이 결정할 수 있도록 허용했다. 필자가 관찰한 것은 어린이들에게 이야기의 기본적인 아이디어를 주었다는 것과 어린이들 각자가 수학적 사례를 사용하여 반복된 흐름에 따라 이야기를 만들었다는 것이다. Suzanne 선생님은 보수와 관련된 힌트를 알려주지 않았고 대신 어린이들이 직접 여러 가능성을 실험하도록 유도했다. 한 어린이가 "오렌지 맛 7마리와 레몬 맛 3마리"를 말하자, Suzanne 선생님은 그 어린이에게 바닥 위에 물고기 조각을 놓아보라고 말했다(그림 9.1). 한 어린이가 "오렌지 맛 4마리, 레몬 맛 6마리"를 제안하자, Suzanne 선생님은 그 어린이에게 "오렌지 맛 6마리와 레몬 맛 4마리"를 생각해보라고 했지만 답을 알려주진 않았다. Suzanne 선생님이 어린이들에게 "서로 사랑하는" 수를 생각해보라고 요청했을 때(보수를 생각하는 다른 방식), Suzanne 선생님은 다른 학습과의 관계를 형성한 것이다.

어린이들이 여러 옵션을 다루어보면서, 어린이들은 "오렌지 맛 7마리와 레몬 맛 3마리 또는 오렌지 맛 3마리와 레몬 맛 7마리"도 될 수 있다는 제안을 하기 시작했다. 어린이들이 제안을 하고 교사는 어린이들을 이야기와 관련시키고 더 많은 아이디어를 유도하면서 상호작용이 활발한 이야기가 만들어지면서, 10의 보수가 수학적 대화에 나타났다. 어린이들은 색깔 있는 물고기 조각을 이용하여 이러한 수 관계를 바닥에 표현했다. 물고기가 충분히 많다는 것은 어린이들이 새로운 수를 찾으면서도 바닥에 놓은 보수를 유지할 수 있다는 뜻이다. 즉, 앞서 찾은 사례와 관련을 지을 수도 있고 새로운 가능성을 유도할 수도 있다는 것이다.

그림 9.1 〈Penguin〉 재말하기 중인 어린이들이 펼쳐놓은 카펫 위 물고기 패턴

2.2 패턴

어린이들은 물고기 조각을 배열하는 방식을 바꾸면서 수의 결합이나 보수를 찾는 또 다른 차원을 추가한다. 10마리를 모두 같은 색의 물고기 조각으로 놓지 않으면서 패턴에 대한 또 다른 수학적 아이디어를 추가했다. 오스틴은 7과 3의 다른 배열을 보면서 무언가를 깨닫게 되었다. 그는 레몬 물고기 5마리, 오렌지 물고기 2마리, 레몬 물고기 2마리 그리고 오렌지 물고기 1마리를 조심스럽게 (이 순서대로) 놓고 10마리를 만들었다. 그는 이야기의 주인공인 펭귄이 몇 마리의 오렌지 물고기와 몇 마리의 레몬 물고기로 10마리를 만들어야 하는지에 대해 답하기 위해 열심히 노력해야 했다. 그는 레몬 물고기와 오렌지 물고기를 더한다면, 자신이 만든 패턴이 그 전에 바닥에 놓았던 것과 동일한 방식으로 해석될 수 있다는 사실을 깨달았다.

오스틴의 물고기 패턴

레몬 5 + 오렌지 2 + 레몬 2 + 오렌지 1 = 레몬 7 + 오렌지 3

$$5+2+2+1=7+3=10$$

오스틴의 레몬 물고기 7마리와 오렌지 물고기 3마리는 다른 어린이들과 동일하지만 놓은 방식은 차이가 있다. 레몬 물고기 7마리는 5마리와 2마리로 이루어졌고, 오렌지 물고기 3마리는 2마리와 1마리로 이루어졌다. 오스틴과 다른 어린이들은 바닥 위의 배열의 패턴들 사이의 관계를 만들기 시작했다.

어린이들이 제시한 물고기의 조합은 임의적이었지만 독자를 위해 순서대로 배치하면 다음과 같다. $10+0=10, 0+10=10$, $9+1=10$, $1+9=10$, $8+2=10$, $2+8=10$, $7+3=10$, $3+7=10$, $6+4=10$, $4+6=10$, $5+5=10$.

이러한 수 관계를 찾고 들은 뒤에, 어린이들은 종이를 접어서 물고기 조각을 하나 더 잘라내면 그만큼 더 갖는다는 사실을 발견하고 크게 놀라워했다. 한 어린이는 "10이 나왔다"는 자신의 발견에 기뻐했다.

2.3 프레야는 정확하게 그리고 상상하면서 〈Penguin〉을 재말하기 했다

〈Penguin〉을 듣고 프레야는 물고기 조각을 사용하여 이야기를 정확하게 재말하기 했다(그림 9.2). 어린이들은 물고기를 자르면서 조용히 했고, 프레야가 7분 넘게 이야기하면서 어린이들은 합법적인 주변적(legitimate peripheral) 방식(Lave & Wenger, 1991)으로 참여했다. 필자는 어린이들이 이렇게 오래 집중했다는 사실에 놀랐다. 이런 집중은 보통의 네다섯 살 어린이들에게 기대할 수 없는 일이었다. 프레야는 근처에 있는 상자에 있는 오리와 거위 장난감을 이용하여 자신만의 이야기를 만들었다. 프레야는 새로운 캐릭터에 맞게 이야기를 창의적으로 변형했고 10이 아니라 11의 보수가 되도록 이야기를 확장했고, 새로운 결말을 제시했다. Suzanne은 선생님인 나에게 프레야가 평소 수업에서는 조용한 편이라고 말해주었다. Suzanne과 필자 모두는 프레야의 〈Penguin〉 이야기에 놀라워했다.

그림 9.2 물고기를 이용하여 〈Penguin〉을 말하는 프레야

다음은 프레야가 말한 〈Penguin〉의 녹취록이다. 프레야의 말은 명조로 표시했다. 다른 글씨체는 독자의 이해를 돕기 위한 것이다. 프레야의 나이는 5년 11개월이다.

〈Penguin〉을 재말하기 하는 프레야

5년 11개월 된 프레야가 들려줌

수학적 아이디어: 10과 11에 대한 보수

옛날 옛적에 오리 한 마리가 살고 있었어요.

이 오리가 물개에게 말했어요. "우리 엄마는 네가 연못에 가서 물고기를 잡아왔으면 좋겠데, 반짝반짝 빛나는 마법의 연못에서."

그래서 물개는 연못에 갔고 연못 속으로 들어갔어요.

그리고 노란 물고기 2마리를 잡았어요.

(이 말을 반복했다.)

노란 물고기 2마리, 분홍 물고기 3마리, 오렌지 물고기 4마리, 파란 물고기 1마리.

그래서 물개는 물고기를 세었어요. 1, 2, 3, 4, 5, 6, 7, 8, 9, 10

물개는 모두 10마리를 잡았어요.

물고기를 모두 집어 들고선

거위 집으로 갔어요.

"여기에 10마리 물고기가 있어"

"하지만 나는 여전히 배가 고파"

그래서 물개는 다시 연못으로 갔어요.

그리고 물개는 분홍 물고기 1마리, 파란 물고기 4마리, 노란 물고기 3마리, 오렌지 물고기 2마리를 잡았어요.

물개는 물고기를 세었어요. 1, 2, 3, 4, 5, 6, 7, 8, 9, 10

물개는 물고기를 집었고 머릿속으로 세어 보았어요.

물고기를 모두 거위 집으로 들고 갔어요.

"하지만 나는 아직도 배가 고파" 거위가 말했어요.

물개는 다시 반짝반짝 빛나는 연못으로 갔고

오렌지 물고기 2마리를 잡았고, 세어보고 거위 집으로 갔어요.

"아직도 배가 고파"

물개는 다시 연못으로 갔고 거위 집으로 돌아왔어요.

거위가 말했어요. "이번엔 11마리가 필요해"

물개는 반짝반짝 빛나는 연못으로 갔고

오렌지 물고기 5마리와 노란 물고기 4마리, …

(프레야는 오렌지 물고기 5마리를 놓고 노란 물고기 4마리를 놓은 다음 노란 물고기 1마리, 파란 물고기 1마리를 놓았다.)

노란 물고기 1마리, 파란 물고기 1마리

물개는 물고기를 세었어요. 1, 2, 3, 4, 5, 6, 7, 8, 9, 10, 11

물고기를 모두 집어 들고 세어보았어요.

물개는 물고기를 거위 집으로 가져갔고

물개와 거위는 배가 부르게 먹었어요.

물고기를 다 먹은 뒤에 거위는 배가 불렀어요.

거위는 생각했어요. "너무 배가 부르네. 내가 2마리 더 필요하다고 말했어야 했나봐."

끝.

이야기와 관련된 소품은 어린이들이 수학적 아이디어를 구성하는 데 도움이 된다. 프레야는 물고기 조작을 사용하여 수 관계를 명확하게 표현하였다. 프레야는 물고기를 세었고, 우리에게는 이야기의 등장인물이 물고기를 세었다고 말했다. 프레야는 새로운 수를 선택했고 오렌지 물고기 5마리, 노란 물고기 5마리, 파란 물고기 1마리의 조합으로 물고기 11마리를 만들었다. 프레야는 보수 아이디어를 자신이 선택한 더 큰 수로 확장하였다.

프레야의 〈Penguin〉 이야기에 표현된 수학적 아이디어 요약

10을 만드는 수: 2+3+4+1=10

정확하게 세기: 1, 2, 3, 4, 5, 6, 7, 8, 9, 10

총합: "물고기는 모두 10마리"

10을 만드는 수: 1+4+3+2=10

11을 만드는 수: 5+5+1=11

정확하게 세기: 1, 2, 3, 4, 5, 6, 7, 8, 9, 10, 11

프레야는 세기와 덧셈 지식을 사용하여 자신만의 이야기를 구성했다. 프레야가 들었던 이야기를 따라하고 있지만 새로운 아이디어를 넣어 이야기를 바꾸었다. 프레야는 이러한 수학적 아이디어를 뒷받침하기 위해 물고기 조각을 사용했다.

프레야의 이야기는 원래 이야기와 많이 비슷하지만 새로운 수에 보수 아이디어를 적용했다는 점은 확실하다. 프레야는 (3장의) 제이크와 비슷한 방식으로 이야기를 다시 했지만 스토리텔러가 되고 싶었다. 제이크와 프레야의 재말하기 사이에는 유사점이 많다. 스토리텔러로서 소품을 다루었다는 점이 그렇다.

프레야는 〈Penguin〉 이야기를 사용하여 자신만의 수학적 이야기를 만들었다. 이러한 추상적인 경험은 프레야가 선택한 수와 수 관계로 재형성되었다. 프레야는 서로 다른 물고기 조각을 사용하여 새로운 보수를 만드는 아이디어를 내면화했다. 프레야는 물고기를 시각적으로 활용하여 자신이 들은 이야기의 수학적 아이디어를 자신의 이야기와 연결하였다. 프레야가 펭귄 이야기를 다시 하면서 새로운 보수의 가능성을 시험하고 이야기와 수학적 아이디어를 창의적으로 결합하고 결말을 조정하는 등의 정확함을 보여주었다.

스토리텔러로서의 어린이에 관한 또 다른 논의는 McGrath(2014)의 "수학 스토리텔러 왕과 여왕: 수학적 사고를 자극하고 어린이의 수학적 능력을 이해하는 대안적 교수법"에서 찾아볼 수 있다.

3 구두 스토리텔링은 어린이들에게 도전거리이다

어린이들에게 놀이가 어려운 일인 것처럼 스토리텔링도 어렵다. 수학적 아이디어의 창의적인 표현은 Haylock과 Cockburn(2013, p. 285)이 언급한 "어려운 생각"에 해당될 수 있다. 어린이들은 이야기 내러티브를 수학적 아이디어를 조직하고 내면화하는 방식으로 사용한다. 필자는 이야기를 재말하기 하는 어린이들의 녹취록을 검토하면서, 어린이들이 이야기 방석에 앉았을 때 어떻게 반응하는가에 대해 서술하고자 한다.

러시아 이야기를 재구성한 〈Teremok〉

(이 이야기는 Arnold(1994), Ransome(2003)에서 볼 수 있다.)

애나(4년 8개월)는 스토리텔러 역할을 했지만 무엇을 해야 하는지 알지 못하는 듯했다. 나는 애나가 알 것이라고 기대했지만 애나는 자신의 머리카락을 자를 때 전동기기를 이용한다는 것을 말하고 있었다. 아마도 애나는 긴장한 것 같았다. 애나는 "옛날 옛적에 귀여운 고양이가 살았어요."라는 말을 꺼냈다. 장난감 더미에서 강아지 인형을 발견한 것에 대해 굉장히 흥분했다. 애나의 이야기는 "…이 나타났어요"로 시작했지만 곧 "끝"을 외치고 토비에게 차례를 넘겼다. 애나는 스토리텔러로서 무엇을 해야 하는지를 몰랐다. 토비(5년 2개월)는 "똑, 똑, 똑, 내가 문을 두드리면 누가 대답할까?"라는 문장을 반복하며 이야기를 열성적으로 시작했고, 동물 인형을 오두막에 놓을 때마다 위치를 나타내는 단어를 사용하였다. 토비의 이야기를 들은 다음, 애나는 토비로부터 이야기하기에 대해 뭔가를 배운 듯이 이야기를 다시 하였다. 애나는 토비의 이야기로부터 힘을 얻었고, 애나는 자신의 〈Teremok〉 이야기를 자신 있게 재말하기 하였다. 이것은 어린이의 능력을 보다 정확하게 평가하려면 어린이에게 다른 사람의 시범을 따라할 수 있는 기회를 주어야 한다는 사례라고 볼 수 있다(Vygotsky, 1978).

(McGrath, 2013)

〈Ladybird on a Leaf〉

친구가 이야기하는 것을 보았던 토비는 〈Ladybird on a Leaf〉 이야기를 재말하기 요청을 받은 후, 스토리텔러의 방석에 앉아서 "그 이야기는 몰라요. 이건 어려워요."라고 말했다. 토비의 "어려워요"라는 말은 스토리텔러의 역할이 가진 다양한 성격에 대한 통찰을 제공했다. 앞서 했던 이야기는 토비에게 아무런 망설임도 주지 않았지만 이번 역할은 그에게 도전으로 다가왔다.

(McGrath, 2013)

〈Handa's Return Journey〉는 원래 이야기인 〈Handa's Surprise〉(Browne, 1998)에 기초하는데 Handa가 귤을 가지고 집으로 돌아올 때 일어나는 일에 대한 이야기이다.

〈Handa's Return Journey〉

홀리(5세)는 시작하기를 어려워했고 그래서 필자가 시작하는 문장을 말해줬다. 홀리는 이야기의 나머지는 스스로 말하였고, 원래의 뺄셈 이야기도 만들었다. 홀리는 5개의 귤에서 시작했는데 이야기 아이디어를 사용하여 이 수를 0으로 줄였다. 홀리는 귤을 하나도 갖지 않는 원숭이를 상상했는데, 원숭이는 바나나만 먹기 때문이었다. 그리고 2개를 가져가는 얼룩말도 상상했는데, 얼룩말은 욕심을 부려서는 안 된다고 생각하고 마음을 바꾸었다. 홀리는 과일 바구니가 텅 비도록 이야기의 구조를 생각했다. 홀리가 자신의 아이디어를 생각하고 표현하는 데 시간이 걸렸지만 홀리는 다음과 같은 수학적 아이디어를 표현했다. $5-2=3$, $3-1=2$, $2-0=2$, $2-1=1$, $1-1=0$.

(McGrath, 2013)

이러한 설명은 어린이들이 이야기하는 것을 항상 쉽게 느끼는 것은 아니라는 점을 보여준다. 서로 다른 상황에서 어린이들이 어떻게 반응하는지를 살펴보는 것은 흥미로운 일이다. 즉, 스토리텔러로서의 자신감은 일관적이지 않았다. 프레야는 〈Penguin〉 이야기를 재말하기 하였지만 앞서 했던 만큼의 놀라운 모습을 보여주진 않았다. 해리는 방 안의 소품을 사용하여 이야기를 새롭게 했다. 해리의 이야기는 복잡했지만 똑같은 수를 버리고 대신하는 것에 대한 이야기의 아이디어는 그대로 유지하였다.

4 스토리텔러로서 이야기와 수학을 다루는 어린이들

4.1 이야기 속에서 연결되는 수학적 아이디어

어린이들은 수학이야기를 재말하기 하면서, 이야기와 수학을 연결하고, 추상적인 수학적 아이디어와 구체적인 이야기와 관련된 소품을 연결하고, 개별적인 수학적 아이디어(수 관계)와 복합적인 수학적 아이디어(세기, 덧셈, 뺄셈)를 연결한다. 이야기 속에서 수학적 아이디어들이 결합되고 전개되면서 여러 가능성들이 열린다. 프레야가 〈Penguin〉 이야기를 재말하기 할 때, 프레야는 보수의 패턴을 보여주는 특정한 사례를 신중하게 다루었다. 그러나 프레야의 이야기 속에는 여러 가지 수학적 아이디어들이 연결되고 있었다.

프레야는 주로 10을 다루었고 보수가 무엇인지를 자동적으로 떠올릴 수는 없었다. 프레야는 세기, 덧셈의 지식을 사용하여 보수를 표현하는 방법을 찾았다. 프레야는 이야기의 패턴을 확립하고 여러 수학적 아이디어를 연결하였다.

> 프레야는 〈Penguin〉 이야기를 재말하기 하면서 여러 수학적 아이디어를 사용했다.
>
> 일대일 대응에 따라 1, 2, 3, 4, 5, 6, 7, 8, 9, 10, 11을 정확하게 세기
> 10에 대한 덧셈의 보수
> 11에 대한 덧셈의 보수
> 패턴: 물고기를 규칙적으로 배열하기. 11을 오렌지 물고기 5마리, 노란 물고기 5마리, 파란 물고기 1마리로 구성, 즉 5+5+1=11

4.2 이야기 내의 수학적 연결

구두 수학이야기는 수학적 아이디어들을 서로 연결시켜 준다. 이야기와 수학적 아이디어를 바꾸면서, 어른들이 들려준 이야기의 수학적 아이디어와 이야기 아이디어를 확장하는 어린이들의 사례를 제시하겠다.

4.3 〈Teremok〉

Paula Brown 선생님은 네, 다섯 살 어린이들 30명에게 동물들이 오두막에 하나씩 차례로 도착하는 이 이야기를 해주었다. 토비는 이 이야기의 아이디어를 다루면서 한 번에 토끼 2마리, 개 2마리 그리고 4마리의 동물이 함께 온다고 하였다. 토비는 이 이야기의 일

부를 바꾸었고 질문을 던졌다. "만약 동물들이 1마리씩 오지 않고, 2마리나 4마리씩 온다면 어떻게 될까?" 이러한 아이디어는 빈 상자를 빨리 채우려는 그의 욕구와 연결된다. 한 번에 더 많은 동물들이 추가된다면 오두막의 정원은 훨씬 빨리 채워질 것이다.

토비의 〈Teremok〉 재말하기에서 발췌

그로밋이라는 강아지가 있었어요. 강아지는 걷고 또 걸었어요. 걷다가 무언가와 마주쳤어요. 강아지는 위를 보고, 옆을 보고, 뒤를 보고 아래를 보았어요. 강아지는 그 속이 궁금했어요.

똑, 똑, 똑, 내가 두드리면 누가 대답을 할까?

강아지 두 마리가 함께 걸었어요. 앞, 위, 옆, 뒤, 아래를 보았어요. 두 마리의 토끼가 함께 걸었고, 그 집과 마주쳤어요. 토끼들은 앞, 위, 옆, 뒤, 아래를 보았어요. 궁금했어요. 4마리 모두 함께 왔어요. 우리 모두를 위한 방이 있었어요.

4.4 〈Penguin〉

제시카(5년 5개월)는 이 이야기를 재말하기 했지만 제시카의 이야기는 두 더미의 물고기에 관한 것이었다. 제시카는 듣는 어린이들이 각각의 더미를 확인하도록 부탁했다. 제시카는 원래의 이야기를 연기하면서 등장인물을 소개했고 물고기 더미를 똑같이 나누는 것에 대한 수학적 아이디어를 떠올렸다. 다른 어린이인 렉시는 〈Penguin〉 이야기를 다른 수학적 아이디어에 맞게 재구성하였다. 즉, 3+4+10+11처럼 물고기를 더하면서 덧셈이라는 다른 수학적 아이디어가 나오도록 이야기를 바꾸었다.

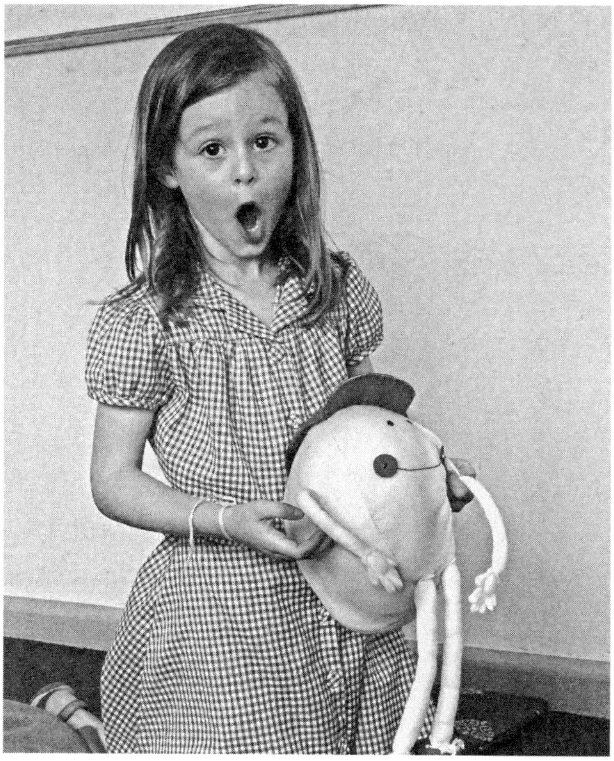

그림 9.3 미야는 Little Dumpty를 가지고 이야기할 준비가 되어 있다. 이 이야기는 Dumpty가 사다리를 오르면서 용기를 내어 5의 배수를 세는 내용이 포함되어 있다.

4.5 Little Dumpty

미야(4년 11개월)는 소품 캐릭터와 사다리를 사용하여 〈Little Dumpty〉를 사랑스러운 이야기로 재말하기 하였다(그림 9.3). Mya는 5, 10, 15, 30, 35, 40, 45, 50, 55, 60, 65와 같이 5의 배수로서 Dumpty를 세기로 했다(20과 25가 없음에 주의). 이렇게 재말하기 하는 동안, Dumpty는 벽을 뛰어넘어서 종이 위에 앉았다. Dumpty는 벽에 기대어 놓은 사다리를 거두고 그 위에서 잠이 들었다. 다음 날, Dumpty는 다른 벽을 5의 배수씩 세면서 올랐고 이번에는 70까지 세었다. 미야는 벽의 높이를 재는 아이디어를 표현했고 "마을에서 가장 높은 벽"을 찾고 있었다. 미야는 사다리가 충분히 길지 않다고 생각했고 다른 벽에도 시도했다. Dumpty가 이 벽의 위에 올랐을 때, 한 이웃이 그 사다리를 가져갔고 Dumpty는 벽의 꼭대기 위에 갇히게 되었고 "이제 어떻게 내려가지?"라고 소리쳤다.

〈Little Dumpty〉

5년 2개월 된 애나가 들려줌

애나는 〈Little Dumpty〉를 1부터 12까지 세고, 12에서 1까지 거꾸로 세면서 재말하기를 했다. 셀 때마다 Dumpty의 발이 사다리의 한 칸에 오도록 신중하게 행동했다(그림 9.4). 애나는 더 큰 벽을 놓았고 Dumpty는 2씩 세면서 24까지 세었다. 애나는 3씩 세는 것도 제안했지만 이 아이디어는 취소하고 대신 "근사한 수들(zoomy numbers)"로 세었다.

(Imai(1994)을 재구성함)

그림 9.4 Little Dumpty를 이용하여 세기를 시작하는 애나

앞서 살펴본 설명을 보면, 어린이들은 자신이 들었던 이야기를 수학적 아이디어와 이야기의 아이디어가 즐겁게 연결되는 방식으로 재말하기를 했다. 어린이들은 상상할 수 있는 수학적 아이디어가 풍부한 이야기를 만들었다. 다음 설명에서, 토비는 〈The Greedy Triangle〉(Burns, 1994)을 말하면서 어른들의 수학적 사고를 자극하는데 사용될 수 있는 질문을 우연히 던졌다.

4.6 〈The Greedy Triangle〉

7장에서 우리는 삼각형에게 각과 변을 하나씩 주어 삼각형이 사각형이 되게 하고, 다시 또 오각형, 육각형이 되게 하는 모양 마법사에 대한 이 이야기를 각색한 이야기를 보았다. 모양 마법사는 각과 변을 빼어서 육각형이 오각형이 되고, 사각형이 되고 다시 삼각형으로 되돌아가게 된다. 이차원 모양, 덧셈, 뺄셈에 관한 수학적 아이디어가 이야기의 맥락 속에서 서로 연결되고 전개된다(Burns, 1994). 〈The Greedy Triangle〉을 다시 이야기하면서, 토비는 우연하게 수학적 아이디어를 다루게 된다.

토비가 〈The Greedy Triangle〉을 다시 말한다

토비는 이야기에 도움을 주기 위해 사용할 소품으로 모양을 선택했지만 오각형은 없었다. 모양 꾸러미에 오각형은 없었다. Louise 선생님은 도화지로 오각형을 만들었는데 그것이 사라진 것이다. 토비는 모양 이야기를 다시 하면서 오각형의 부재를 우연히 극복하였다. 사각형에게 2개의 각과 2개의 변을 주는 모양 마법사의 아이디어를 제기한 것이다. 토비의 이야기에서 모양 마법사는 2개의 각과 2개의 변을 주었고 사각형은 육각형이 되었고 오각형이 필요하지 않게 되었다.

하나의 이야기 속에 여러 가지 수학적 아이디어가 서로 연결된다. 하나의 수학적 아이디어가 활용되어 다른 것을 변화시킬 수도 있다. 토비는 각과 변을 하나씩 더하는 대신에 2개씩 더할 필요가 있어서, 덧셈을 활용해서 사각형을 육각형으로 만들었고, 오각형 소품이 없는 상황에서 오각형을 표현해야 할 필요성을 없애버렸다.

모양 마법사가 2개의 각과 변을 더하는 방식으로 이렇게 이야기를 다루는 아이디어는 7장에서 창의적인 수학적 대화의 일부로서 어린이들이 제안한 삼각형을 원으로 바꾼다는 아이디어와 연결된다. 만약 모양 마법사가 매우 바빠서 무한개의 각과 변을 더한다면, 삼각형은 원이 될 것이다. 이야기와 관련된 소품으로 무엇을 선택해야 하는가에 대해서도 통찰을 준다. 만약 삼각형, 오각형, 칠각형이 주어진다면 어떤 일이 일어날 것인가?

이야기를 다시 하는 어린이들의 사례는 구두 수학이야기와 수학적 아이디어가 서로 결합되어 창의적인 수학적 사고를 지원하는 방식을 보여준다(Pound & Lee, 2011). 이러한 경험은 단어로부터 의미를 추출하고 이러한 단어에서 수학적 아이디어를 구성하여 자신만의 수학 이야기를 말하는 아이들에게 달려 있다.

5 결론

교사가 들려준 이야기의 수학적 아이디어와 다른 새로운 아이디어로 확장하면서 수학 이야기를 다시 말하는 아이들의 정확성과 상상력은 놀라울 정도이다. 프레야는 자신의 수학적 사고에 도전하는 방식으로 〈Penguin〉을 다시 말했는데 듣고 있던 교사들이 놀랄 정도였다. 이야기를 재말하기 하면서, 어린이들은 이야기와 수학적 아이디어를 즐기고 있었고 둘 모두를 조정하는 방법을 찾았다.

어린이들은 이야기를 재말하기 하는 것에 유연하게 접근하는 모습을 보였고 이러한 과정에서 자연스럽게 또는 우연한 방식으로 새로운 수학적 가능성을 보여주었다. 이야기와 관련된 소품은 어린이들이 이런 활동을 가능하게 해주었다. 〈Penguin〉에서 보조 소품은 물고기 조각이고, 이것이 수 관계와 패턴을 결정하는 방법을 다양하게 해주었다. 〈Little Dumpty〉를 재말하기 하면서, 사다리는 학생들이 하나, 둘, 다섯씩 셀 수 있도록 자극하였다. 어린이들이 3개씩 셀 수 있다는 가능성을 찾아냈고, 이는 듣고 있던 교사들이 이야기를 다시 하면서 결정할 수 있는 요소가 되었다.

어린이들은 스토리텔러의 역할이 어렵다는 것을 알았다. 때때로 어린이들이 이러한 역할을 능숙하게 수행했으나 교사는 학생들이 항상 할 수 있다는 고정된 기대를 하지 않는 것이 중요하다. 유창하고 일관되며 수학적으로 건전하게 이야기를 말로 하는 것이 가능하지만 항상 보장되는 것은 아니다. 이것은 상상력 있게 수학 이야기를 하는 어른에게도 마찬가지이다. 어린이들과 우리 자신에 대한 현실적인 기대를 갖는 것이 중요하다. 스토리텔러로서 어린이들이 친구들과 선생님을 모범으로 삼아서 자신의 능력을 발휘할 때, 우리는 그들의 수학적 능력을 정확하게 평가할 수 있다(Vygotsky, 1978). 다음 장은 구두 수학이야기의 어려움을 해결하는 방법에 대한 지침을 다룬다.

chapter

10 구두 수학이야기를 만들고 말하기

Teaching Mathematics Through Story

절대로 굴하지 말라(Never give in, 1941)
절대로 굴하지 말라, 절대로 굴하지 말라.
절대로, 절대로, 절대로, 절대로.
위대한 것도, 하찮은 것도 없으며,
커다란 것도, 작은 것도 없다.
절대로 굴하지 말라.

(Churchill, 2005)

이 장의 목표는 다음에 대한 통찰을 얻는 데 있다.

- 구두 스토리텔링에 대한 교사와 스토리텔러의 접근법
- 스토리텔러가 구두 수학이야기를 만들고 말하는 방법
- 구두 수학 스토리텔링에 도전

〈산을 옮기는 사람〉

중국에는 넓은 범위에 걸쳐서 여러 산들이 있었으며, 이 산들은 국가의 한쪽 면에서 다른 쪽 면까지 사방으로 펼쳐져 있었다. 어떤 산기슭에 부부와 아이들이 살고 있는 집이 있었다. 이 가족은 채소를 재배하여 산의 반대편에 있는 시장에 팔았다. 그들은 시장에 도착하기까지 먼 길을 걸어야 했으며, 그들이 시장에 도착할 때쯤이면 채소는 상하곤 했다. 노인은 고민을 했으며, 최선의 방법은 산을 옮기는 것이라고 결정했다. 매일 그는 산에서 흙을 퍼서 양동이에 채웠으며, 그것을 바다에 버렸다. 그는 이 일을 매일 매일 매일 매일 하였다. 이웃 사람이 궁금해 하면서 그 사람에게 물었다. "당신 무슨 일을 하는 거예요?", "나는 산을 옮기고 있어요."라고 그 사람이 대답했다. "당신은 산을 절대 옮길 수 없을 거예요."라고 이웃 사람들이 웃으면서 말했다. "아마도 내가 살아있는 동안에는 할 수 없겠지만, 내 아이의 아이의 아이의 아이가 살 때쯤이면 가능할 거예요."라고 그 사람이 대답했다. 지금 여러분이 중국에 간다면 여러분은 넓은 범위에 걸쳐서 여러 산들이 있으며, 그 산들은 한쪽 면에서 다른 쪽 면까지 사방으로 펼쳐져 있는 것을 보게 될 것이다. 그렇지만 어떤 곳에는 예전에 산이 있었지만 지금은 비어있는 것을 보게 될 것이다.

Cassandra Wye가 재구성함(원작 이야기는 A. C. Graham이 번역한 중국 고대《열자》〈우공이산〉에 있음

1 도입

이 장은 구두 수학이야기를 만들고 말하는 것에 대해 도전할 수 있는 몇 가지 지침을 이끌어내고 제공하는 것을 목표로 한다. 이야기를 통해 의도적으로 수학적 아이디어에 대해 의사소통하는 스토리텔러와 교사를 살펴보면서 통찰을 얻을 수 있다. 이러한 개개인들에게는 수학적 목적을 가진 스토리텔링이 새로운 접근법을 의미한다.

이 장의 핵심은 다양한 상황을 파악하는데 있다. 나는 전문 스토리텔러인 Cassandra Wye를 관찰했으며, 여러 학교에서 모인 집단의 어린이들과 구두 이야기를 하는 것에 대해 공유하였다. 나는 〈산을 옮기는 사람〉과 같은 이야기에서 어린이들이 수학적 아이디어를 재구성한 구두 스토리텔링에 대해 다루는 연수회를 관찰했다. 나는 Cassandra가 협의회에서 성인들을 훈련시키는 것을 관찰했다. 이러한 경험을 통해, 전문 스토리텔로로서 Cassandra가 스토리텔링이라는 기법을 사용하면서 이야기와 공간과 청중을 어떻게 조화시키는지에 대한 통찰을 얻었다.

유아교육의 기초 수강의 일부로서, Cassandra는 저학년 견습생들에게 스토리텔링의 기법에 대해 훈련시킨다. 훈련 과정이 끝나면 학생들은 그들 자신만의 구두 이야기를 재구성하거나 창조하고, 그들 동료에게 이야기를 말하면서 비디오로 녹화하고, 그 비디오를 분석하며, 유치원의 아이들에게 이야기를 적용하는데 필요한 기법에 반영한다. Kuyvenhoven(2009)은 초기 훈련과정의 일부로서 스토리텔링이 포함되어야 하지만, 거의 이루어지지 않고 있다고 주장한다. 연말에 학생들로부터 받은 피드백을 통해 이러한 전문적인 기법이 얼마나 자신감을 높여주고, 채용 자격을 향상시키는지를 알게 된다. 보조교사(Burns, 2013a)는 새로운 직장에 들어가기 위한 면담에서 단연 우수했으며, 창의적인 방식으로 구두 이야기를 말하였으며, 이러한 기법 덕분에 확실하게 고용될 수 있었다고 주장한다. 구두 이야기 작업을 통해 자신감이 향상되며, 수학적 스토리텔러로서의 기법은 잠재적으로 장래 고용주에게 독특한 매력 포인트로 작용할 것이다.

이 책을 지지하는 연구로는 또 다른 스토리텔러인 파울라 브라운과 함께 작업한 것이 있다. Paula는 Cassandra와 비교하여 연극적인 요소는 덜 갖추고 있다. 나는 Paula가 Bristol Storytelling Festival*의 일부로서, 5~8세 아동 120명 집단을 대상으로 그리고 4~5세 아동 30명 집단을 대상으로, 이야기를 말하는 것을 보았다(Brown, 2013d). Paula는 앞의 장에서 언급했던 러시아 아동 도서인 〈Teremok〉이라는 이야기를 재구성했다.

수학을 지도하기 위해 창의적 구두 스토리텔링 접근법을 활용하고자 하는 교사들은 대집단이나 소집단의 어린이들과 함께 실행했던 것들을 비디오로 녹화하고 관찰했다. 비디오를 통해 스토리텔러의 관점에서 구두 수학 스토리텔링의 경험에 대해 반성적으로 논의하는 것이 가능하다. 이런 관찰은 구두 이야기가 훌륭한 이야기여야 할 뿐만 아니라 수학적 이미지를 창조할 수 있는 언어들을 가지고 있는 이야기이어야 한다는 점을 분명하게 하였다(Pound & Lee, 2011). 이야기를 통해 어린이들이 사고를 조직하고 수학적인 내용으로 생각하도록 도와야 한다(Walker, 1975). 구두 수학 스토리텔링에 도전하기 위한 몇 가지 지침이 이 장에서 제시될 것이다.

---

* 2007년 Martin Maudsley가 전통적인 스토리텔링 기법을 향상시킬 목적으로 'Bristol Storytelling Festival'을 시작하였다.

2 교사와 스토리텔러의 접근법

구두 스토리텔링은 상상력을 자극한다. Allison(1987)은 구두 언어가 얼마나 강력하고 신비로운지에 대해 설명하였다. Bryant(1947)은 구두 스토리텔러는 어떤 것으로도 제한받지 않는다는 점에 대해 설명했다. 2장에서 언급했던 것처럼, 구두 스토리텔링은 표현의 강도 면에서 읽기보다도 틀림없이 훨씬 강력하다. 자신의 삶의 대부분을 스토리텔러로 살아온 사람들을 '전문 스토리텔러'라고 부른다(Wye, 2013a). 교육이론가들은 전문 스토리텔러로부터 무엇인가를 얻을 수 있을 것이다. 교사들은 스토리텔러의 전문적인 삶에서 행하였던 것들 중 일부를 얻을 수 있을 것이라고 Suzanne(유치반 1학년 교사)은 나에게 말하였다(Kelham, 2013b).

만약 어린이들이 수학적 아이디어를 개념화하는데 이야기가 도움이 된다면, 쉽게 말할 수 있는 이야기를 준비하여야 구두 수학이야기 경험이 성공할 수 있다. 이야기를 말하는 것은 수학적 의미를 확립하는 또 다른 방식이다. 이야기에 의해 수학적 아이디어 혹은 잠재적으로는 패턴이 정리된다. 스토리텔러는 가상적인 수학적 이미지를 창조할 수 있으며, 추상적인 수학적 아이디어를 이해할 수 있는 설명으로 만들 수 있다(Kuyvenhoven, 2009). 이런 경험이 어린이들이 수학적 사고를 조직하도록 돕는다. 구두 이야기를 통해 어린이들은 이야기와 수학에 숨겨져 있는 놀라운 사실을 알게 된다.

수학이야기를 공들여 만들려고 하면 창의적인 도전에 직면하게 된다. 이런 도전은 다음과 같이 구분될 수 있다.

- 암묵적이든 명시적이든 수학적 아이디어를 담고 있는 이야기가 현존하여 이를 활용할 수 있는 것이 있다. Cassandra Wye는 〈산을 옮기는 사람〉을 활용하였으며, 이 이야기는 수학적 아이디어를 명시적으로 담고 있다. 스토리텔링이 이루어지고 난 이후의 워크숍을 통해 이러한 사실은 보다 명확하게 되었다(Wye, 2013c). 이 이야기는 수학자가 가지고 있는 감정과 관련되어 있다. 즉, 체력, 인내, 산을 옮기는 것과 같이 다른 사람이 비현실적이라고 생각하는 것에 대해 해법을 찾으려는 노력 등이 그것이다. Cassandra는 이야기를 말하고 나서 나중에 어린이들을 워크숍에 초대하였으며, 채소의 모양은 어떨지 그리고 산을 넘어서 시장까지 채소를 운반하는 방법은 무엇일지에 대해 생각하도록 하였다. 어린이들은 흙으로 채워진 양동이의 무

게와 그 사람이 산에서 바다로 갈 때의 이동 경로의 패턴에 대해 연기를 하였다.

- 수학이 명시적으로 드러나도록 하기 위해서 본래의 이야기를 변화시키거나 재구성하는 것이 있다. Paula Brown은 러시아 이야기인 〈Teremok〉을 재구성하였으며, (다른 번역본으로는 〈Knock, Knock, Teremok!〉, Arnold, 1994; 〈Who Lived in the Skull?〉, Ransome, 2003 등이 있다.) 위치와 관련된 언어, 배열하기, 용량에 강조점을 두고 있다(Brown, 2013a). 유치반 1학년 담임교사인 Suzanne과 Louise는 〈The Greedy Triangle〉(Burns, 1994)를 재구성하였으며, 어린이들에게 삼각형을 정사각형, 오각형, 육각형으로 바꾸어보고, 다시 거꾸로 오각형, 사각형, 삼각형으로 바꾸어 보는 활동을 마음속으로 그려보도록 하는데 강조점을 두었다. 보조교사인 Kirsty Burns(2013b)는 〈The Enormous Turnip〉을 재구성하였으며, 양에 대한 수학적 언어를 사용하였다.
- 명확한 수학적 아이디어를 표현하도록 이야기를 창작하는 것이 있다. 유치반 1학년 담임교사인 Suzanne은 이야기와 수학적 내러티브를 유연한 방식으로 연결하여 〈Penguin〉과 같은 이야기를 창작하였다.

그림 10.1 Kirsty Burns는 유치반 1학년 수업에 들어온 어린이들에게 〈The Enormous Turnip〉를 말하기 하기 위한 소품으로 공간을 꾸몄다.

3 스토리텔러가 구두 수학이야기를 만들고 말하는 방법

수학에 강조점을 두고 이야기를 하려는 도전을 하려고 할 때, 스토리텔러는 이야기를 어떻게 만들고, 말하고, 반성하는가?

3.1 연결의 순간

모든 것을 합치고자 할 때, 연결의 중요한 순간에 앞서서 해야 할 일은(Hartman, 2002) 준비하는 것이다. 이를 위해 무대에서 공연을 하기에 앞서 무대의 뒤편에 가서 어떤 것들이 준비되어 있는지 주목하는 것이 좋다. Cassandra는 전문 스토리텔러로서 이야기 경험에 대한 긍정적인 결과를 이끌어내기 위해 필요한 중요한 항목들에 대해 주의를 기울여 세밀하게 설명하였다(Wye, 2013a). 그 순간 이전에도 작업이 이루어졌으며, 그 순간에는 다듬고 재구성하고 조정하였으며(Hartman, 2002; Parkinson, 2011), 그 순간 이후에는 스토리텔링에 대해 반성하는 작업을 하였다. 준비가 잘 이루어진다면, 그 순간에는 수업에서 학생들이 진정으로 당신과 함께 하고 있다는 것을 느끼게 된다. 당신은 즐거운 하루를 경험하면서 '사과 파이'를 먹는 순간이기도 하고, 어린이들은 2와 3의 합이 3과 2의 합과 같다(2+3=3+2)는 것을 말하는 순간이기도 하며, '만족스러운 순간'이라는 단어가 다양한 의미를 갖게 되기도 한다.

3.2 장소

장소는 이야기를 적용하는데 도움이 되기도 하고 방해가 되기도 한다(Kuyvenhoven, 2009). 이야기를 말하는 장소는 이야기의 경험을 증가시키기도 하고, 이야기의 경험을 떨어뜨리기도 한다. 나는 Cassandra가 대학에 일찍 도착해서 장소를 꾸미는데 많은 시간을 들이는 것을 여러 해에 걸쳐 보아왔다. 이야기와 이론적인 관점을 결합하는 것에 대해 다루는 협의회에 참석하기 위해 내가 Cassandra와 함께 Torbay에 도착했을 때, Cassandra가 워크숍을 위해 자신에게 할당된 장소를 얼마나 자세히 검사하는지를 보았으며, 그 장소가 적절하지 않다고 판단되었을 때에는 50명의 위원들을 상대로 바꿔달라고 협상하는 것을 보았다(McGrath, 2012b). 마치 Cassandra가 존재하는 이유는 스토리텔링 장소를 준비하기 위한 것처럼 보였다. 어린이들이 이야기를 듣는 장소는 중요하다. 공간, 의자나 방석의 배열 방식, 빛, 음향 효과를 고려할 필요가 있으며, 만약 그것이 양질의 경험을 하는데 적절하지 않다면 재배치할 필요가 있다. Suzanne은 첫 번째 방에서 이야기를 말하고 있을 때 화장실에서 사용하는 핸드 드라이어의 소음 때문에 방해를 받는다는 것을 알고는 다른 쪽 방으로 옮겨서 〈Penguin〉 이야기를 재말하기 하였다. 대부분의 장소는 한계가 있을 것이다. 그러나 중요한 것은 그러한 한계점이 무엇인지를 찾고 또한 당신이 그런 상황에서 제대로 할 수 있는지를 찾기 위해 애쓰는 것이다.

3.3 갈고리: 도입문장과 반복적인 문구

이야기를 시작할 시간이 되었을 때, 나는 Cassandra가 움츠려들면서 중얼거리기도 하고 콧노래를 부르기도 하는 것을 보았다. 이것은 Cassandra가 마음을 다잡으려는 행동이며 마치 자신을 충전하는 것과 같았다. 이야기를 막 시작하면서 문장이 꼬이는 것처럼 보였고, 학생들과 교사들은 나와 함께 공포의 순간을 맛보았다. 첫 번째 문장이 나오면서부터 이 스토리텔러는 이야기의 흐름을 타기 시작했고, 이야기의 암초를 벗어날 수 있었다. 잘 만들어진 첫 번째 문장을 가지고 있을 것을 제안하며, 나는 이것을 "시작하는 갈고리(beginning hook)"(Lipke, 1996)라고 부를 것이다. 예를 들어 〈Ladybird on a Leaf〉 이야기에서, "옛날에 나뭇잎에 늙은 무당벌레가 살았어요."라고 시작한다면 처음에 시작할 때의 공포를 극복할 수 있다.

3.4 반복적인 문구

안정적인 구조를 갖춘 반복적인 문구는 어린이들과 스토리텔러에게 연결자 역할을 한다(Allison, 1987; Bryant, 1947; Hartman, 2002; Lipman, 1999). 도입 문장과 반복적인 문구는 분명하게 기억할 가치가 있다. 이야기의 나머지 부분은 마음속에 계열로써 새겨두는 것이 좋으며, 한 줄 한 줄 기억할 필요는 없다. 이야기를 말하는 동안 이야기 지도(story map)(Corbett, 2007; 2006), 도식이나 메모를 참조할 수 있다.

3.5 수학을 분명하게 하기: 사고의 실타래

나는 이야기를 시작하기 전에 수학적인 목표의 골격을 어린이들과 공유해야 한다고 주장한다. 수학적인 주제는 이야기가 진행되기 전에 보여줄 수도 있고, 진행되는 중간에 보여줄 수도 있으며, 진행된 후에 보여줄 수도 있다. Hughes(1986)가 충고한 것처럼, 명시적으로 지도하는 것에 대해 두려워하지 않는 것이 중요하다. 나는 이야기와 수학을 연결하는 '사고의 실타래'에 대해 언급했으며, 이야기를 말하기 한 후에는 '사고의 실타래'로 돌아와서 어린이들에게 그들이 만든 사고의 실타래에 대해 말하도록 요구해야 한다고 했다. 그들이 만든 실타래를 통하여 어떤 아이디어가 지나가는가? 내가 소집단의 어린이들에게 〈Little Dumpty〉 이야기를 들려주었을 때, 작은 화이트보드에 '2의 배수로 세기'라고 적고, 나의 머리에 떠오르는 단어들을 말하였으며, 이런 수학적 아이디어를 머리에 떠오르는 이야기와 연결시킬 것이라고 설명하였다. 이때 미야는 이야기를 다르게 말해도 되는지에 대해 질문을 했고, 그녀가 화이트보드에 '5의 배수로 세기'라고 적었을 때 나는 깜짝 놀랐다(9장 참조). 이 어린이가 설계하고자 한 것은 수학적 목표를 제시하는 것이었다(그림 10.2 참조).

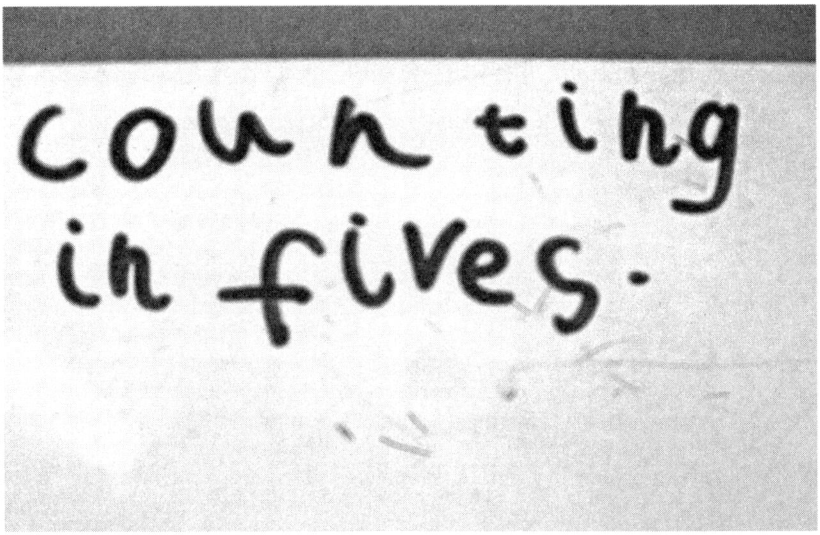

그림 10.2 미야는 〈Little Dumpty〉에 대한 수학적 아이디어를 '5의 배수로 세기'라고 적었다.

3.6 수학에 대한 로드맵

구두 수학이야기는 주의해서 준비할 필요가 있다. 이야기 내러티브에 주의를 기울이고 수학적 아이디어에 주의를 기울여야 한다. 수학적 아이디어는 낱낱이 밝힐 필요가 있으며, 스토리텔러가 이해하여야 한다. 만약 교사가 수학적 아이디어와의 관련성을 풍부하게 하고자 한다면, 수학적으로 깊이 있는 이해를 하는 것이 중요하다.

소집단은 이야기를 가지고 놀이를 하고, 수학을 가지고 놀이를 하는 기회가 더 많은 경향이 있다. 수학적 아이디어를 가지고 놀이를 하기 위해서는 수학적 아이디어가 무엇인지에 대해 이해할 필요가 있다. 이것이 없다면, 혼란에 빠지고 오개념이 형성되고 방향을 잃고 헤매기 쉽다. 관계를 만들고 패턴을 이해하여야 수학에 대한 로드맵을 세울 수 있다(Suggate et al., 2010; 2006). 이 로드맵을 이용하여 우리는 방향을 결정할 수 있으며, "도구적 이해"뿐만 아니라 "관계적 이해"도 가질 필요가 있다(Skemp, Suggate et al. (2010, p. 7)에서 인용). 관계적 이해를 위해서는 수학의 특수한 내용이 더 일반적인 내용과 어떻게 연결되는지에 대해 알 필요가 있다(현재 우리가 있는 곳과 관련하여 로드맵상에서 우리의 목적지가 어디에 위치하는지를 알 필요가 있다). 구두 수학 스토리텔러는 수학이야기를 말한다. 수학적인 방향을 가지고 놀이를 하기 위해서는 패턴을 이해하고 이야기 저편에 있는 수학적인 가능성을 이해할 필요가 있으며, 이야기에서 수학적인 아이디어가 다른 수학적 아이디어와 어떻게 관련되는지를 이해할 필요가 있다.

3.7 여러 가지 수학적 로드맵

줄거리의 윤곽이 이야기에 대한 로드맵이다. 줄거리의 윤곽은 이야기 내러티브와 수학적 아이디어 사이를 가로지른다. 이야기와 수학 사이의 관련성으로 인해 이야기가 바뀌게 되면 수학도 바뀌게 되는 방식으로 나타나게 된다. 이야기의 구조 및 수학적 아이디어의 구조로 진행하기 위해서 스토리텔러는 두 가지 로드맵을 필요로 한다. 도전은 두 가지 맵 사이를 움직여야 한다는 것이다. 즉 이야기와 수학적 아이디어의 계열 사이를 움직여야 한다. 나는 이야기 지도(story map)와 수학 지도(Mathematics map)를 모두 그려볼 것을 추천하며, 이렇게 함으로써 스토리텔러로서 방향을 잡기가 보다 용이할 것이다. 덧셈이나 뺄셈에 대한 수학 지도를 통해 스토리텔링의 일부로써 패턴이 어떻게 만들어지는지를 알게 된다. 〈Handa's Return Journey〉은 〈Handa's Surprise〉라는 원래의 이야기에 기초하여 만들어진 구두 이야기이며(Browne, 1988), 이것은 수학적 아이디어를 자극할 목적으로 놀이를 하면서 들려줄 수 있다.

〈Handa's Return Journey〉

Handa가 자신의 바구니에 귤 5개를 담은 후에, Akeyo 마을을 떠나 집으로 돌아오고 있을 때, 원숭이가 나타나서 처음에는 귤 3개를 가져갔지만, 바구니에 2개밖에 남아있지 않기 때문에 너무 욕심을 부린 것 같다고 생각해서, 3개를 돌려놓고 귤 2개만을 가지고 도망쳤다. Handa가 자신의 마을에 도착했을 때, 만약 중간에 아무런 일이 일어나지 않았다면, 그녀는 바구니를 내려놓고 귤 3개가 있다는 것을 알게 될 것이다.

수학 지도: 만약 $c = a + b$라면 $c - a = b$이고 $c - b = a$이다.

특수한 예: 만약 $5 = 3 + 2$라면 $5 - 3 = 2$이고 $5 - 2 = 3$이다.

〈Ladybird on a Leaf〉

늙은 무당벌레는 일기 예보를 확인하고, 친구가 일찍 도착할 것이라고 예상하여 모조 반점 5개를 붙였다. 장난스러운 비구름이 지나가면서 "없어진 것은 없어진 것이야!"라고 말하면서 반점 2개를 씻어서 없애버렸다. 그러나 무당벌레에게는 자연적인 반점이 없었으며 그래서 무당벌레가 당황하고 있을 것이라고 생각한 친절한 개미는 이러한 사실을 알고, "등에 있는 것이 있는 것이잖아"라고 말하면서, 무당벌레 모르게, 반점 2개를 무당벌레 등 위에 붙였다. 어떤 때는 개미가 장난기가 발동해서 무당벌레의 등 위에 반점 3개를 붙였는데, 그때는 비구름이 개미의 장난을 알고는 반점 3개를 씻어서 떠내려가게 하였다.

수학 지도: $N - n + n = N$, $N + n - n = N$

특수한 예: $5 - 2 + 2 = 5$, $5 + 3 - 3 = 5$

3.8 이야기 내러티브를 통해 수학적 아이디어를 이해하는 어린이들

좋은 내러티브는 상상력과 질문을 확장시킨다(Haynes와 Murris, 2012). 그러나 Haynes와 Murris(2012)는 의사소통 과정에서 어린이들이 어떻게 이해할지 미리 예측하는 것에 대해 경고하였다. 때로는 어린이들은 수학적 아이디어를 전혀 다르게 이해하며, 그것이 완전히 잘못된 것이 아닐 수도 있다. 예를 들어, Ikran은 무당벌레에게 반점이 5개 있다는 것을 한쪽 날개에 반점이 3개 있고, 다른 쪽 날개에 반점이 2개 있는 것으로 이해하였다. 그래서 비가 내려서 반점 1개가 씻겨 없어졌을 때, 그녀는 5−1=4라고 하지 않고 3−1=2라고 이해하였으며, 몸 전체로서보다는 무당벌레의 한쪽 날개에 있는 점의 변화에 대해 설명했다. 때로는 어린이들은 다른 관점에서 본다면 옳을 수도 있는 답을 제시하기도 한다.

3.9 수학적 존재로서 스토리텔러

수학이야기를 만드는 일은 이야기 창조자로서 창의성에 의존하기도 하며, 또한 수학적 존재로서의 자기 자신에 의존하기도 한다(Mason, 1989). 스토리텔러는 어린이의 관점에서 수학을 이해할 필요가 있다. "어린이가 수학적 아이디어를 이해하게 되는 방법과 관련하여 진지하게 수학적 아이디어의 구조와 연관 짓도록 하는 것은 종종 교사 자신이 가르치는 수학에 대한 이해를 강화하고 확장하는 방식이기도 하다"(Haylock & Cockburn, 2013, p. 7). 우리의 현재의 수학적 상태는 수학적 아이디어의 본질을 탐구할 수 있는 책을 읽음으로써 정교하게 될 수 있다. 나는 수학 지도에 대한 아이디어를 이해하기 쉽게 만들어진 책들을 몇 권 제시하였다(본문에 있는 참고문헌이나 끝부분에 있는 목록을 참조).

4 구두 수학 스토리텔링의 어려움

구두 수학이야기를 창조할 때에는 이야기와 수학 사이의 관계가 확립되어야 한다. 이야기와 수학은 동반자가 되어야 한다. 이러한 동반자 관계를 유지하는데 있어서 어려움이 있다. 또한 어린이들이 "N+n−n=N 혹은 N−n+n=N"과 같은 수학적 일반화에 도달하도록 하는데 있어서 어려움이 크다. 그 이유는 이것을 더하고 빼는 수가 같다면 원래의 수는 항상 변하지 않은 채로 남아있다고 문장으로 번역하거나 혹은 빼고 더하는 수가 같다면 원래의 **수는** 항상 변하지 않은 채로 남아 있다고 문장으로 번역하여야 하기 때문이다. 스토리텔러로서 느끼는 어려움 중의 하나는 이야기와 수학 사이의 관계를 유지하면서 어린이들이 이러한 패턴을 이해하도록 하는 것이다.

4.1 이야기와 수학적 관계를 유지하기

구두 이야기는 잠재적으로 창의적인 수학적 경험이다. 스토리텔러가 이러한 경험을 다루는 방법에 있어서 내재된 긴장감이 있을 수 있다. Haylock과 Cockburn(2013)은 수학에서의 창의성이란 어린이가 유연하게 사고하는 것이라고 생각했다. 스토리텔러에게 있어서 어려움은 어린이가 수학적 관련성을 만들도록 돕는 방식으로 이러한 창의성을 발휘하는 것이다. 우리는 어린이가 이야기와 이야기 속의 수학적 아이디어를 결합하기를 원하며, 그래서 수학적 패턴을 설명할 수 있기를 원한다. 창의적 구두 이야기 내러티브와 창의적인 수학적 통찰 사이에서 균형 감각을 찾을 수 있어야 한다. 만약 이야기 담화가 지배적이면, 수학적 아이디어는 나타나지 않을 것이다. 만약 수학이 지배적이라면, 이야기는 줄어들고 경험은 또 다른 것이 될 수 있다.

4.2 소품과 이야기의 활용

유치반 1학년 담임교사인 Louise Cheshire는 두 배 혹은 절반이라는 수학적 아이디어를 제시하기 위해 소품으로써 모자와 지팡이를 활용하여 이야기를 말하기 하였다. 이야기를 말하기 한 직후에 Louise는 이야기를 유지하는 것과 수학적 아이디어를 명확하게 하기 위해 소품을 사용하는 것 사이에서 균형감을 유지하는 것이 얼마나 어려운지에 대하여 의견을 말하였다. Louise가 소품을 줄인 상태에서 이야기를 재말하기 하자 어린이들은 지팡이 3개를 두 배 하여 6개로 만들기 위해 서로 다퉜다. 이야기와 소품 사이의 관계를 조정할 필요성에 대해 고려하는 것이 중요한데, 그 이유는 어린 아이들이 수학적 아이디어를 시각화하는데 소품은 중요하기 때문이다. 또한 아이디어가 좀 더 확립되었을 때는 소품의 사용을 줄여서 같은 이야기를 재말하기 할 필요가 있다.

4.3 이야기와 수학을 주의 깊게 만들기

패턴을 이해하기 위해서는, 관련성을 만들고 일반화를 시도하여, 모든 경우를 조사하는 것으로부터 벗어나야 한다. 수학이란 수학적 사실이나 개념일 뿐만 아니라 추론하는 것도 포함한다. 어린이들은 추론하는 것을 연습할 필요가 있다(Haylock & Cockburn, 2013). 만약 우리가 패턴을 이해할 수 있다면 매우 세부적으로 지루하게 학습하지 않아도 된다. 만약 우리가 $a+b=b+a$임을 알고 있다면, 2+3=5라는 사실로부터 다시 계산해보지 않고도 3+2=5이 된다는 것을 즉각적으로 알 수 있다. 일반화를 시도함으로써 어린이들은 특수한 경우를 모두 조사하는 활동에서 벗어날 수 있다. 수학적 구두 이야기를 통해 이러한 것을 달성할 가능성이 있다는 것을 알 수 있다. 그러나 이러한 가능성은 이야기와 수학적 아이디어를 얼마나 잘 만드는가에 달려 있다.

4.4 아이디어가 작동하지 않을 때 조정하기

나는 〈Ladybird on a Leaf〉에 대해 여러 번 말하기 한 후에야 비로소 진정으로 성취해야 할 것을 성취할 수 있었다. 나는 수들 사이의 관계를 다양하게 다룬 이후에 어린이들이 N+n−n=N 또는 N−n+n=N이라는 패턴을 분명하게 표현하도록 유도하는 이야기를 활용하였다. 이제는 내가 시도했던 몇 가지 변화에 대해 반성하면서 설명하고자 한다. 첫째, 나는 일반화라는 아이디어로 되돌아왔는데, 이러한 문장은 항상 언급되는 내용이다(Haylock & Cockburn, 2013, p. 297). Haylock과 Cockburn(2013, p. 297)은 한 가지 예를 제시했다. "만약 어떤 수에 6을 더하고, 다시 그 결과에서 6을 뺀다면, 처음 시작했던 수를 다시 얻게 된다." 이것은 무당벌레 이야기에서의 패턴인 N+6−6과 일치한다. 즉, 여러분이 어떤 수를 5라고 하고, 이 수에 반점 6개를 더하고, 다시 그 결과에서 6을 뺀다면, 여러분은 처음에 시작했던 수인 5를 다시 얻게 된다. 이것을 식으로 표현하면 5+6−6=5이다.

나는 패턴 N+n−n=N를 여러 번 반복했으며, 어린이들에게 N과 n에 해당하는 수를 결정하도록 하였다. 무당벌레에게 무슨 일이 일어났는지에 대해 어린이들에게 설명하도록 요구하자, 어린이들은 매우 일반적인 이야기 형태의 용어를 사용하여 패턴을 표현하였다. "개미가 반점들을 붙였고 비는 반점들을 씻어서 없어지게 했어요."

나의 이야기에서 너무 자주 일어나는 것에 대해 반성했다. 숫자 N이 변하기 때문에 N−n+n=N 또는 N+n−n=N이라는 패턴을 이해하기가 너무 어려웠다. 숫자 'N'은 고정시킬 필요가 있었으며, 그렇게 하면 같은 수의 반점을 더하고 빼면 무당벌레의 원래의 반점의 수와 같다는 것을 어린이들은 쉽게 알 수 있을 것이다.

〈Ladybird on a Leaf〉 말하기에 대한 반성

내가 'N'을 변화시키면서 무당벌레의 뺄셈 이야기를 말하기 하였을 때, 어린이들은 개미가 반점을 더하였고, 비는 같은 수만큼 씻어 없앴다고 말하였다. 수학을 없애고 이야기를 강조하자, N은 '같은 것'으로 표현되었고, N+n−n이라는 패턴은 인식하지 못하였다. 어린이들이 이해하고 있는 유일한 패턴은 개미가 반점을 더해 주었고, 비는 반점을 없앴다는 것이며, 이것이 일반화였다. 의도했던 수학적 아이디어가 충분히 표현되지 않았기 때문에 나는 실망했다. 나는 이야기와 수학 사이의 관계를 조정할 필요가 있었으며, 그래서 같은 수로 남게 되는 원래의 반점의 수를 강조하게 되었다.

(McGrath, 2013)

이야기를 다듬어서, 원래의 수 'N'은 고정시키고, 개미가 더하고 비가 씻어 없앤 반점의 수인 'n'을 변화시켰다. 그리고 특별히 개미가 항상 먼저 나오고 비는 나중에 나오도록 함으로써 패턴은 보다 분명하게 인식되었으며 크게 말할 수 있었다.

수학 지도

수학적 패턴: N+n−n=N

원래의 수 'N'을 고정하기: 만약 'N'이 5라면, 총 10개의 반점으로 가능한 활동은 다음과 같다. 5+5−5=5, 5+4−4=5, 5+3−3=5, 5+2−2=5, 5+1−1=5, 5+0−0=5.

질문은 다음과 같이 만들었다. “만약 무당벌레에 5개의 반점이 있고, 개미가 어떤 수만큼 반점을 더하고, 비는 그 수만큼 씻어 없앴다면, 무슨 일이 일어날까?” 내 마음속에서는 수학을 강조하였으며, 이렇게 함으로써 어린이들은 보다 확실하게 패턴을 일반화할 수 있었다. 비가 반점 3개를 제거하였다고 말하자, 한 어린이가 “개미가 반점 3개를 등에 붙였다.”고 말해야 된다고 나에게 지적했다. 이것이 비록 특수한 예라고 할 수 있지만, 그 어린이는 이러한 패턴이 어떻게 작동하는지를 이해하고 있는 것으로 보였다.

나는 또한 이야기와 수학적 패턴에 도움이 될 수 있도록 이용 가능한 반점의 수를 결정해야 한다는 것을 깨달았다. 만약 날씨가 맑다면, 무당벌레는 위험을 무릅쓰고 10개의 반점을 붙이려고 할 수 있으며, 이러한 생각을 통해 비가 반점을 제거하고 다음에 개미가 반점을 붙인다는 이야기의 아이디어를 생각하게 되었다. 이 경우 이용 가능한 반점의 총수는 10개이다. 만약 시작할 때 모든 반점이 사용되었다면($N-n+n=N$), 이야기는 먼저 비가 내리는 시점에서 시작되어야 한다. 만약 $N+n-n=N$의 패턴이 이루어지기 위해서는 반점의 수가 더 많이 요구된다.

4.5 해결

구두 수학 스토리텔러로서 나는 나의 이야기를 분석할 필요가 있었다. 이야기의 핵심과 수학적 아이디어의 핵심에 접근할 필요가 있었다. 나는 놀이의 장, 즉 이야기 놀이와 수학적 놀이의 장에 있어야 한다(Hartman, 2002). 어느 정도 시간이 지나자, 나는 이 문제를 어린이들이 이 이야기에 있는 수학적 패턴을 매우 일반적인 방법으로 설명할 수 있도록 허용하는 것으로 해결하였다. 이것은 스토리텔러, 청자, 이야기, 이야기에 있는 특정한 수학적 아이디어, 또는 이야기를 벗어난 특정한 수학적 아이디어 사이의 관계를 다루기 위한 것이다.

앞에서 언급된 각 변인들 사이의 관계를 해결함으로써, 스토리텔러인 나는 어린이들이 구두 수학이야기를 통해 수학적 관련성을 만들어가는 진귀한 순간을 목격할 수 있었다. 변인들 사이의 관계는 분석될 필요가 있으며, 어떤 스펙트럼을 따라 이동할 필요가 있다. 이러한 스펙트럼은 이야기 상황에 의존하며, 스토리텔러가 가지고 있는 수학, 이야기, 청중 사이의 관련성에 의존한다. 이것은 어린이들에게 이야기를 읽어주는 것 이상으로 도전적이고 복잡하다. Suzanne은 유치반 1학년 학급의 어린이들에게 구두 수학 스토리텔링을 시도하기로 도전한 담임교사로서, Suzanne은 구두 수학 스토리텔링의 본질에 대해 반성했다. "예전에는 어떤 스토리텔링을 시도했을 때, 스토리텔러와 이야기 청자가 있었을 뿐이다. 이것을 통해서 나는 〈구두 수학 스토리텔링〉은 생동감 있고, 상호작용적이며, 관계적 경험을 제공하며, 창의적이고 흥미로우며 미지의 세계라는 것을 깨닫게 되었다."

5 결론

이 장은 삶에 대한 이야기를 말하는 스토리텔러들의 이야기와 삶에 대해 가르치는 성인들의 이야기를 다루었다. 스토리텔러나 교사는 수학적 목적을 갖고 이야기를 들려주며, 스토리텔러는 독특한 기교나 스타일을 사용한다. 교육이론가들은 수학적 아이디어를 맥락화시키기 위해서 출판된 이야기를 재구성하거나 원래의 이야기를 만들어내는 것 사이를 오간다.

이야기, 어린이, 화자 사이에 관련성을 맺는 순간에 이르기 위해서는 기능, 기교, 준비 사이의 상호작용이 필요하다. 스토리텔러는 자신을 이야기 속으로 끌고 들어가야 한다. 구두 수학 스토리텔링은 이야기 속으로 들어가는 과정이며 수학적 아이디어로 들어가는 과정이다. 스토리텔러는 그들이 말하는 이야기에서의 수학적 아이디어들 사이의 관계에 대해 질문할 필요가 있다.

이야기와 수학 사이의 관련성은 다양한 수준으로 만들 수 있다. 그러나 특수한 수학적 아이디어를 명확한 방식으로 그리고 더 일반적인 패턴으로 이해시키기 위해서는 심도 있는 수학적 지식이 요구된다. 이 말은 스토리텔러가 이러한 것을 달성하지 못한다는 것을 의미하는 것이 아니라, 오히려 수학적 직관을 형성함으로써 특정한 수학적 아이디어를 확장된 패턴으로 이해시킬 수 있는 가능성을 열어준다는 것을 지적하기 위한 것이다. 이를 통해 어린이들은 수학적 관련성을 만들 수 있으며, 패턴을 이해하고, 특수를 넘어서 일반화에 도달하게 되며, 결국은 "관계적 이해"(Skemp, Suggate et al., 2006; 2010에서 인용)에 이르게 된다. 만약 어린이들이 수학적 일반화를 만들어야 한다면 스토리텔러는 수학과 이야기 속으로 들어갈 필요가 있으며, 무엇을 고정시키고, 무엇을 변화시켜야 할지를 알고 있어야 한다.

결론

Teaching Mathematics Through Story

내가 할 차례를 주세요?

Toby는 스토리텔러 쿠션 자리를 차지하려고 요구한다.

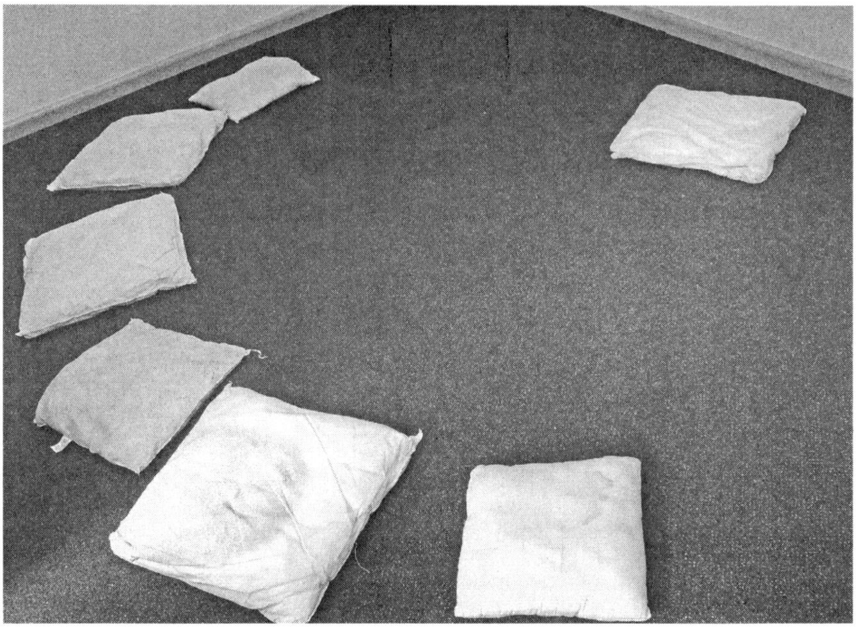

그림 1.1 소집단 구술 수학스토리텔링에 초대하는 여섯 개의 쿠션

어린이들이 구술 이야기 환경 속에 있을 때, 이들은 이야기 맥락을 통해 수학적 아이디어를 파악하려는 경향이 있다. 어린이들은 어른들이 이야기 해 준 이야기에서 자신들이 들은 것 보다 더 많은 이야기의 아이디어들을 활용해서 수학적 개념들을 시험해 보려 한다. 또한 어린이들은 자신들이 들은 이야기를 새로운 수학적 관계들과 연결 지으려고 한다. 어린이들은 수학적 아이디어들이 담겨진 이야기를 치밀하고, 명료하고, 자연스럽게 이야기하는 이야기꾼(teller)이고, 이들은 스토리텔러로서 역할이 어렵다는 것을 발견할 수 있었다.

본 연구프로젝트에서 보여준 것처럼, 어린이들은 인형과 소품 등을 사용하여 수학적 이야기들을 말하는데 열정적이다. 어린이들은 어른들이 인형과 소품들을 이용해서 수학적 아이디어들이 명확하게 표현하는 것을 볼 수 있다. 본 연구 프로젝트의 결과로 볼 때, 어린이들은 구술 수학 스토리텔링의 의식을 매우 바르게 확립함을 알 수 있다. 어린이들은 반원 모양으로 배치된 방석 위에 앉고, 종종 자신들의 신발을 벗고, 스토리텔러, 청자, 그림그리기 사람 혹은 자르는 사람 등의 역할을 협상한다. 그들은 오랜 시간 동안 이야기를 듣거나 이야기를 직접 말하기를 한다.

1 가능성

이 책은 한 연구프로젝트의 결과에 기초하여 어린이들의 수학적 참여를 용이하게 하는 방법으로써 '구술 이야기'와 '출판이 되어 있는 이야기'의 활용 가능성에 대해 탐구하였다. 이러한 수학적 경험은 이미 출판이 되어 있는 이야기에 근거할 수도 있고, 스스로 창작한 이야기에 근거할 수도 있다.

이 연구프로젝트의 핵심 목적은 어린이들에게 수학적 활동을 이끌어 내기 위해서 '수학'과 '이야기'를 함께 사용할 수 있는지에 대한 여부와 방법에 대해 탐구하는 것이다. 이 교수법에 대한 이해를 수집하기 위해서, 4세에서 7세 사이의 어린이들, 스토리텔러들, 교사들을 관찰하였고, 비디오로 녹화하였고, 사진을 찍었으며, 오디오로 녹음하였다. 우리는 이것을 이들이 듣고 있을 때, 소품을 구성하는 것과 구성한 소품을 가지고 놀이를 하고 있을 때, 그리고 스토리텔러로서의 역할을 수행하고 있을 때 하였다. 여러 가지 이야기들에 대한 어린이들의 명백한 반응은 그들이 다루는 이야기의 구조 속에서 수학적 아이디어와의 관련성에 대해 이야기하고 있다는 점이다.

1.1 구술 스토리텔러로서의 어린이들

어린이들은 항상 이야기 속에 담겨 있는 수학적 아이디어를 표현하려 하지는 않는다. 어린이들이 스토리텔러로서의 역할을 모델링하고, 이 상황 속에서 놀이를 하는 것으로 결정하였을 때, 그때 비로써 어린이들은 이야기 속에 있는 수학적 아이디어에 대해 분명하게 표현하려는 경향이 있다. 스토리텔러로서 어린이들은 이야기와 관련된 소품을 가지고, 동시에 수학적 이야기를 재창조하기 위한 동기를 가지고 놀이를 한다. 어린이들은 어른들 곁에서 자발적으로 구술 수학 스토리텔러가 되고자 하는 의지가 있음을 보여 준다. 어린이들이 스토리텔러의 역할을 수행하고, 다른 어린이들이 합법적인 주변 참가자로 기꺼이 귀 기울여주는 구술 수학 이야기를 만들 때, 매혹적인 일이 발생한다(Lave & Wenger, 1991).

이런 어려움에도 불구하고, 어린이들은 자연스러운 스토리텔러가 될 수 있지만, 더 놀라운 것은 어린이들이 자연스러운 구술 수학 스토리텔러가 될 수 있다는 점이다. 실제로 Freya는 놀라운 정확성을 가진 자신의 이야기 패턴을 만들고, 본래의 이야기의 구조를 손상시키지 않으면서 새로운 수학적 사고방식을 고수하면서 〈Penguin〉이라는 이야기를 재말하기 하였다. 나는 이런 사례가 종종 다른 어린이들에게서도 충분히 발생할 수 있을 것이라고 생각하게 되었다.

낮은 학업성취를 보이는 어린이들, 제2외국어로 영어를 습득한 어린이들, 자폐증 증세를 보이는 어린이들은 본 연구프로젝트 과정에서 생성된 구술 이야기 경험에 매우 긍정적인 반응을 보였다. 그러나 구술 이야기는 항상 동일한 방식으로 작동하지 않는다는 점을 인지할 필요가 있다. 때로는 문제점이 있음을 알아차릴 수도 있지만, 때로는 문제점이 무엇인지 파악하기 어려운 경우도 있다. 구술 이야기는 수학의 구세주는 아니지만(Pound & Lee, 2011; Schiro, 2004), 다른 교육적 접근을 보완하기 위한 독창적인 대안을 제공해 준다. Suzanne는 구술 이야기를 통해 어린이들의 수학적 사고를 촉진한 경험이 있은 후에 다음과 같은 결론을 내리고 있다. “이 프로젝트를 처음 시작했을 때 나는 스토리텔링에 대해 정말로 불안하게 생각하였다. 하지만, 이제는 나 자신 만의 이야기를 적용하고 만드는 것에 대한 자신감이 생겼고, 이 접근 방식을 사용하여 수학 개념을 도입할 수 있을 것이라고 생각한다." 수학에 접근하는 한 방법으로서, 어린이들과 함께 수학적 아이디어를 소개하거나 개발하기 위해 다른 접근 방법들과 병행해서 이 접근을 사용할 수 있다.

구술 수학 이야기 경험은 어린이들이 창의적으로 문제를 해결할 수 있도록 용기를 돋우어 줄 수 있다. 왜냐하면 어린이들은 이야기와 관련 있는 자료와 함께 언어, 행동 및 아이디어에 대한 물리적 표현을 통해 의사소통을 요구할 수 있는 방법을 사용하기 때문이다. 어린이들이 수학적 아이디어에 관해 뭔가를 깨달으려 하는 그 연결의 순간은 항상 발생하는 것은 아니지만, 어린이들이 그것을 깨달을 때가 있음을 당신은 알게 될 것이다.

구술 수학 이야기는 어른들에게 자신감을 키워주고, 일부 어린이들이 이러한 경험에 어떻게 반응하는지에 놀랄 가능성을 제공해 준다. 연구프로젝트에 기여한 유치원 1학년 선생님인 Suzanne Kelham은 자신의 구술 수학 이야기 경험에 대해 다음과 같이 회고하였다.

> 나는 전통적인 이야기에 머물러있는 선생님이었는데, 수학 개념에 기초한 내 자신의 이야기를 만들 수 있게 되었고, 자신감을 가지고 스토리맵(Story map)을 사용하여 말할 수 있도록 성장하였다. 나는 또한 일부 어린이들을 과소평가했다는 것을 깨달았다. Freya와 같은 어린이들은 대집단을 대상으로 하는 이야기 상황 속에서는 매우 조용하였지만, 소규모 인원을 대상으로 하는 이야기 상황인 구술 수학 이야기 경험에서는 큰 자신감을 가지고 자신의 의견을 표현하는 것을 보고 놀라지 않을 수 없었다.

2 핵심 아이디어

문제제기와 문제해결은 '수학', '이야기' 및 '놀이'를 만드는 바퀴와 같은 것이다. 또한 '만약에 어떻게?(What if?)'에 대한 추측적 질문은 새로운 수학, 이야기 및 놀이 가능성을 열어주는 열쇠와 같은 것이다. 이야기는 맥락 속에서 추상적인 수학적 아이디어와 이야기의 아이디어를 유지하고 있는데, 이것이 어린이들을 몰입하게 해 준다.

이야기와 관련이 있는 소품과 인형은 추상적인 수학적 아이디어를 구체적이고 명확하게 표현하기 위한 목적으로 사용된다. 즉, 이것들을 통해 어린이들에게 특정 수학 아이디어를 시각적으로 보여줄 수 있다. 우리는 소품들을 활용하여 추상적인 수학 이야기 아이디어와 관련이 있는 숫자 관계를 구조화하는 몇 가지 사례에 주목하였다. 무당벌레의 등에 있는 반점들은 수 패턴을 $N-n+n=N$ 혹은 $N+n-n=N$으로 시각적으로 만들었고, 제이크와 같은 어린이들은 $12-7+7=12$와 같은 수학적 아이디어에 도전할 수 있게 되었다. 또한 색칠된 물고기는 프레야가 색상의 패턴을 사용하여 여러 가지 보완물을 만들 수 있도록 하였다.

이야기, 수학, 놀이를 자연스럽게 결합하는 세 가지 핵심 주제가 있다.

1. 문제 제기, 문제 해결하기 및 문제 창조하기
2. 질문하기 : '만약에 어떻게?(What if)'
3. 추상적인 아이디어를 구체화된 방식으로 표현하기.

어린이들과 함께 소품을 가지고 공유한 그림 책 속의 이야기, 인쇄된 교재에 있는 이야기, 또는 구술 이야기 속의 이야기는 이야기, 수학, 놀이를 창조적인 방식으로 함께 제공해 준다. 진정한 방법으로 이야기와 수학이 결합을 하면, 대부분의 경우 이야기에 등장하는 등장인물이 해결해야 하는 문제가 있으므로, 필연적으로 문제제기 상황이 발생한다. 수학과 구술 이야기는 추상적인 성질을 공유하고 어린이들은 이들 사이의 관계를 맺는다 (Egan, 1988). 어린이들은 이야기를 재말하기 할 때 이야기와 관련된 소품들을 이용하고 그리고 추상과 구체 사이를 능숙하게 결합하면서, 이들은 이야기 속의 추상적인 아이디어들과 수학적 아이디어들의 구체적인 식들 사이를 왔다 갔다 한다.

3 출판된 이야기 및 구술 수학 이야기로 활동하기

소품과 인형들은 이야기 경험을 지원하거나 확장시켜 주는 역할을 한다. 소품과 인형들은 새로 만들기 보다는 이미 만들어져 있는 것을 선택하도록 한다. 이들은 이야기에 대한 무엇인가를 대략적으로 표현하거나 수학적 아이디어들에 대한 시각화를 가능하게 하는 방식으로 좀 더 긴밀한 연결을 해준다. 어린이들은 수학적 아이디어에 대한 기초를 다지기 위해서 소품의 도움을 필요로 한다. 소품들은 막대기나 돌, 쿠키를 담는 항아리의 뚜껑같이 간단한 것들에서부터 8장에 제시된 "유아교육의 기초"를 수강하는 학생들이 만들었던 '고릴라' 손가락 인형이나 '요정들과 구두장이' 소품들처럼 창의적인 것들까지 매우 다양하다.

현재 출판된 수준급의 어린이 문학이야기들 중에 의도하지는 않았지만, 수학과의 관련성이 존재하는 경우가 종종 있다. 또한 어른들은 의도적으로 수학과의 관련성을 만들어 낼 수도 있다. 이 연구프로젝트의 일환으로 수준급의 그림책들을 구술 스토리텔링의 목적으로 재구성하였다. 이러한 의도치 않은 수학적 아이디어들은 Van Den Heuvel-Panhuizen과 Elia(2012)가 제시한 학습 특징에 따라 그림책을 재구성함으로써 더욱 명확하게 수학적 아이디어를 제시할 수 있었다.

이야기 분석표(story profile)는 이야기 구조를 하위 구성요소로 분해함으로써 이야기가 어떻게 작동하는지 그 원리를 이해하게 하고, 수학적 아이디어를 찾을 수 있도록 도와주는 역할을 한다. 어린이들의 수학적 행동들은 Casey(2011, 1999)가 제시한 형식의 관찰 도구와 Carr(2001)가 제안한 평가 형식의 관찰 도구를 사용하여 학생들의 행동을 모니터링하였다. Vygotsky(1978)는 어린이들이 지금 알고 있는 것만을 평가하는 것은 불충분하다고 생각하고, 어른의 시범이나 도움을 받아 어린이들이 수행할 수 있는 것을 평가해야 한다는 견해를 가지고 있었다. 이 책에서 설명하고 있는 이야기 경험들을 통해, 어린이들은 어른들과 동료(친구)들을 수학적 구술 스토리텔러로 인식함과 동시에 이를 모델링(모방)하고 있으며, 관찰자들에게 수학적으로 사고할 수 있는 능력이 있음을 보여 주고 있다(Vygotsky, 1978). 이러한 관찰 도구는 어린이들이 스토리텔링 수업시간에 역할을 수행하는 것을 관찰하고, 어린이들과 부모님들이 함께 참여하도록 하는 방식에서 구술 수학 이야기로 '놀이'를 하거나 '재말하기' 하는 것을 관찰할 때 사용할 수 있다. 또한 음성녹음과 이야기 관련 놀이에 대한 관찰을 통해 어린이들의 수학적 언어의 사용에 대한 통찰력을 얻게 해 준다. 어린이들의 수학적 이야기에 대해 녹음하는 것을 통해 어린이들과 함께하는 가치 있는 정보를 수집할 수 있기 때문에 구수녹음기(dictaphone)를 사용하는 것이 유익할 것이다. 실제로 어린이들이 수학적 이야기를 '재말하기' 하는 것을 녹음함으로 인해 어린이들에 대한 연구의 가치를 더 높여주고 우리로 하여금 구술 이야기가 무엇인지 이해하도록 도와주었다(Paley, 1999, 1981; Parkinson, 2011).

3.1 수학적 측면에 집중하기

수학적 아이디어들 사이를 연결한 지도를 만드는 것은 스토리텔러들이 어린이들에게 "만약에 ~라면?"이라고 물었을 때에 어린이들로부터 제기될 수 있는 질문들에 대비하게끔 도와준다. 수학을 구성요소들로 분해하는 것은 교수(teaching) 기법 중의 하나이다(Haylock & Cockburn, 2013). 이야기와 수학적 아이디어의 내부로 들어간다는 것은 어린이들이 더 자유롭게 사고하면서 깨달음을 얻고, 패턴을 보고, 일반화를 만들어가면서 연결의 순간을 가져오게 한다는 것이다. 수학의 내부로 들어가는 한 가지 방법은 접근 가능한 방식으로 수학과 의사소통할 수 있도록 하는 책을 읽음으로써 수학적 아이디어를 개발하는 것이다. 스토리텔러로서 이야기와 수학과의 관계에 의문을 제기하고 수학적 존재에 집중하도록 하여야 한다(Mason, 1989).

구술 수학 이야기 작업을 도와주는 도구는 다음과 같다.

- 이야기 분석표
- 학습을 지원하는 특징들을 파악하는 것
- 이야기 지도와 수학적 아이디어들 사이의 지도
- 어린이들의 수학적 행동을 기록하기 위한 관찰 기록

3.2 수학적 아이디어 명료화하기

구술 스토리텔링 이전, 구술 스토리텔링 도중, 그리고 구술 스토리텔링 이후에 수학적 의도를 명료화 하는 것은 스토리텔러 머릿속 의도를 확인하게 하고, 어린이들에게 무슨 일이 일어났는지 설명하게 한다. Hughes(1986)는 '명료하게 하기'를 두려워하지 말라고 조언한다. 문해력의 가르침에 대한 목표를 명료하게 이해하고 있는 어린이들은 이에 대한 자신의 역량을 정확히 보여줄 수 있다. 한 스토리텔링 시나리오에서, Mya는 자신의 스토리텔링에서 이 아이디어를 사용하여 '5의 배수로 세기'라는 수학적 문구를 결정하고 사용하였다. 명료화한 수학적 아이디어에 대한 언어를 제공하여 주면, 어린이들에게 수학적으로 어떤 일이 일어났는지에 대한 설명을 뒷받침할 수 있다. 어린이들은 이야기에 나오는 언어('비는 점들을 지우지만, 개미는 계속 점을 만들어낸다')와 수학적 용어('이것은 패턴인데, 매번 네가 하나를 잃어버린 것을 셀 수 있다')를 사용한다. 이렇게 수학적 아이디어들을 명료화하는 것은 직관적 이해를 강화시킨다(Fisher, 2009; Schiro, 2004). 또한 수학적 아이디어들을 명료화하는 것은 어린이들이 이야기 경험을 손상시키지 않으면서 수학적 설명을 구성할 수 있는 방법을 제공해 준다.

3.3 다른 이야기 경험

이야기를 듣는 어린이의 수(집단의 크기)에 따라 서로 다른 이야기 경험이 만들어질 수 있다. 이것은 대집단에서 긍정적인 수학적 이야기 경험을 가질 수는 있지만, 소집단이 더 용이하다는 것이다. 소집단에서 학생들이 서로 옆에 앉아서 이야기를 하거나 창의적인 수학적 대화를 촉진하기 더 쉽다는 점이다.

3.4 어린이들과 함께하는 유연한 스토리텔링

우리는 그림책을 가지고 시작하여 창의적인 수학적 토론이 잘 일어나도록 유도할 수 있다. 그러나, 어린이들은 그림책 없이 어떤 이야기를 '재말하기' 하면, 이들은 매우 다른 이야기 경험을 만들어낸다. 어린이들은 이야기 줄거리에 익숙해진 다음에, 자신들의 경험과 수학적 아이디어가 더해져 이야기를 재구성할 수 있었다. '만약에 ~라면?'라고 묻는 것은 이야기가 다른 형태로 변하게끔 하는 핵심질문이다. Suzanne는 자신만의 이야기 아이디어를 만들고 이것을 10의 보수와 연결하였다. 그녀가 이야기를 할 때, 그것들을 매우 융통성 있게 이야기하였고, 놀랍게도 '만약에 펭귄이 오렌지 맛이나 레몬 맛으로 열 마리의 물고기를 잡을 수 있는 다른 방법들이 있다면 어떤 방법이 있을까?'라는 질문에 대한 대답을 하면서, 모든 수학적 아이디어에 기여한 다른 어린이들과 함께 〈Penguin〉 이야기를 쾌활하게 재구성하였다. 창의적인 수학적 대화는 유연한 이야기 경험의 일부로 자연스럽게 나타난다. 구술 이야기는 수학 학습에서 선호하는 방식인 유연한 사고를 촉진할 수 있다(Haylock & Cockburn, 2013; Standford, 2012).

4 미래

이 책에서는 수학, 문학, 구술 이야기를 서로 연결하려고 하였다. 문학이 제공할 수 있는 의미 있는 맥락들은 구술 이야기로 확장될 수 있었다. 구술 이야기는 수학적 아이디어에 대한 생각이 필요한 방식으로 이야기의 플롯을 재구성할 수 있으므로 이야기가 융통성과 유연성을 가지도록 허용하여 주었다. 이 책은 다양한 교육적 가능성을 열어두었지만, 창의적인 접근법에 대한 몇몇의 의문과 불확실성에 대해서만 집중하여 마무리 지었다. 따라서 또 다른 이야기들과 수학적 아이디어들을 연결시키면서 탐구해야 할 많은 문제들이 여전히 남아있는 상태라 할 수 있다.

구술 이야기는 어린이들이 유연하게 그리고 창의적으로 수학에 참여할 수 있는 강력한 교육 방법이라고 할 수 있다. 어린이들과 교육자가 누릴 수 있는 이야기, 수학 및 놀이 사이에는 매우 자연스러운 관련성이 존재하고 있었다. 이 프로젝트에서 어린이들이 스토리텔러의 역할을 맡았을 때, 어린이 스스로 문제를 제기하는 아이들을 관찰할 수 있었고, 다양한 보조자료를 사용하여 이야기를 재말하기 하는 것을 통해, 제기된 이러한 문제들을 해결하는 것을 발견할 수 있었다. 어린이들의 자발적이고 상상력이 뛰어난 수학 아이디어들은 나에게 추구할 가치가 있는 긍정적인 결과물이었고, 매우 놀라운 것들이었다. 구술 수학 스토리텔링은 교사들로 하여금 창의력을 발휘하게 하고, 자신에 대해 좀 더 알 수 있게 해 주기에 충분한 것이다. 구술 수학 스토리텔링은 문제해결의 전략으로써, 시행착오를 사용하도록 하는 창의적인 문제를 제기해 주는 하나의 질문이었다. 시도하라 그리고 Catherine Rayner의 책 〈Augustus와 그의 미소〉에 나오는 호랑이 Augustus처럼, 당신의 미소를 찾아라!

부록 1 수학적 관찰 도구

수학적 관찰

수학적 특징	내러티브 설명
추측하기: “만약 ~이라면?” (문제 만들기)	
알고리듬 (예를 들어, +, −, ×, ÷)	
수학적 발화 (수학 용어들)	
수학적 사실	
일반화 (패턴을 인식하면서 수학적 연결하기)	
수학적 실수와 잘못된 이해	
수학적 아이디어들을 놀이 맥락에 전이시키기	
호기심 (수학적 맥락 내에서)	
융통성 (수학적 아이디어 활용의 용이성)	

제목	어린이의 나이 (OO년 OO개월)	성	맥락	관찰자의 이니셜	날짜	음성 녹음된 참고물

촉진	관찰자 의견
수학적 아이디어를 놀이 또는 이야기를 재말하기 하기와 같은 맥락에 전이시키기 소품의 활용 들은 원작의 이야기와 연결하기 아이디어를 확장하기 속편	

어린이와 논의한 결과	학부모와 논의한 결과

부록 2 이야기 분석표 양식

이야기 분석표	
장소	
주인공	
주인공에 대한 인식	
시간(프레임:	
줄거리(문제점)	
관점	
사건(순서)	
간단한 세부사항(이야기와 실세계의 연결)	
반복(어구)	
첫 문장	
수학적 가능성 "만약에 무엇이라면?":	

부록 3 이야기 분석표: Eileen Browne가 쓴 〈Handa's surprise〉

<table>
<tr><th colspan="2">이야기 분석표</th></tr>
<tr><td>장소:
아프리카 어느 마을</td><td rowspan="8">※ Eileen Browne가 쓴 〈Handa's Surprise〉
Handa는 그녀의 친구 Akeyo를 위해 일곱 종류의 외국산 과일을 바구니에 담고, 그 바구니를 머리 위에 얹은 채 친구의 마을로 출발한다. 친구의 마을로 이동하는 도중에 일곱 종류의 여러 동물들이 한 번에 1개씩 Handa의 머리 위 바구니에서 과일을 몰래 훔쳐 간다.
"Handa는 친구 Akeyo를 위해 바구니에 7개의 맛있는 과일을 담았다. Handa는 Akeyo의 마을을 향해 출발하면서 친구가 매우 기뻐할 것을 기대하였다.
Handa는 Akeyo가 가장 좋아할 과일은 무엇일까 궁금해하였다.
Akeyo는 부드럽고 노란 바나나를 좋아할까, …
아니면, 달콤한 향이 나는 구아바를 좋아할까?
둥근 즙이 많은 오렌지를 좋아할까, …
아니면 잘 익은 붉은 망고를 좋아할까?
까칠한 껍질을 가진 파인애플을 좋아할까, …
부드러운 초록색의 아보카도를 좋아할까, …
아니면 강한 냄새가 나는 자주빛의 시계꽃 열매를 좋아할까?
Akeyo는 어떤 과일을 가장 좋아할까?"
끈에 매여 있던 한 마리의 염소가 우리를 탈출하여, 나무와 강하게 부딪힌다. 이 충돌로 인해, Handa의 빈 바구니 위로 밀감 1개가 떨어진다.
Handa가 "안녕, Akeyo. 깜짝 선물을 가지고 왔어."라고 말했다. Akeyo가 "밀감! 이게 내가 좋아하는 과일이라고!"라고 말했다. Handa가 "밀감이라고? 정말 놀라운 일이네."라고 말했다.

삽화
삽화로 원숭이, 타조, 얼룩말, 코끼리, 기린, 영양, 앵무새가 한 조각 한 조각으로 보인다. Handa가 바라보는 지점은 그림으로 명확하게 보여주어야 하는데, 그녀의 머리 위에서 무슨 일이 일어나지 알 수 없도록 정면을 향해 바라도록 삽화에 나타난다. 과일에게 어떤 일이 벌어졌는지에 대한 이야기는 그림을 통해 전달되도록 한다.

이야기와 수학 사이의 관계
이야기는 간단하다. 당신의 머리 위에 무엇인가를 올려놓고 이동하려고 할 때, 당신은 머리 위에서 어떤 일이 벌어졌는지 말할 수 없는 상황이 벌어진 여행에 대한 것이다. Handa는 7개의 과일을 바구니에 올려놓았고, 목적지에 도착하니 밀감이 바구니에 담겨 있었다.
이야기는 풍부한 수학적 아이디어를 가지고 있다. 동물의 배열 혹은 순서(원숭이, 타조, 얼룩말, 코끼리, 기린, 영양, 앵무새), 동물들이 가져간 과일의 순서(바나나, 구아바, 오렌지, 망고, 파인애플, 아보카도, 시계꽃 열매, 대체 과일인 밀감).
동물과 과일 사이의 관계가 존재한다. 바나나와 원숭이, 구아바와 타조, 오렌지와 얼룩말, 망고와 코끼리, 파인애플과 기린, 아보카도와 영양, 시계꽃 열매와 앵무새, 염소와 Handa의 바구니에 가득 찬 밀감.</td></tr>
<tr><td>주인공:
Handa</td></tr>
<tr><td>주인공에 대한 인식:
Handa는 그녀의 머리 위에서 벌어지는 일을 인지하지 못한다.</td></tr>
<tr><td>시간(프레임):
낮; 기간은 정확하게 정해지지는 않았다.</td></tr>
<tr><td>줄거리(문제점):
7마리의 동물이 7개의 과일을 훔쳐가서 바구니는 텅 비게 되지만, 염소가 나무에 부딪혀 그 텅 바구니에 밀감이 담기게 된다. Handa와 그녀의 친구 Akeyo는 밀감을 발견하고 놀라워한다.</td></tr>
<tr><td>관점:
독자</td></tr>
<tr><td>사건(순서):
Handa는 7개의 과일을 바구니에 담았다. 7마리의 동물이 각각 1개씩의 과일을 훔친다. 염소가 나무에 부딪히고 바구니는 나무에서 떨어진 밀감으로 채워진다. Handa는 Akeyo의 마을에 도착한다. 바구니를 내려서 밀감을 발견한다.</td></tr>
<tr><td>간단한 세부사항(이야기와 실세계의 연결):
과일, 바구니, 친구에게 줄 선물, 놀라게 된 계획</td></tr>
</table>

반복(어구): 그녀가 좋아할까? 첫 문장: Handa는 친구 Akeyo를 위해 바구니에 7개의 맛있는 과일을 담았다.	수 규칙과 관계들 7에서부터 1씩 빼서 0까지 가기: '1만큼 작게'라는 수학적 아이디어는 이야기의 소재로 사용되고 있지만, 표면적으로 드러나지는 않는다. 7보다 1작은 것은 6, 6보다 1작은 것은 5, 5보다 1작은 것은 4, 4보다 1작은 것은 3, 3보다 1작은 것은 2, 2보다 1작은 것은 1, 1보다 1작은 것은 아무것도 없다. 이야기의 아이디어와 수학 사이의 관계는 매우 잘 조화를 이루고 있다. 각각의 동물들이 1개의 과일을 훔쳐감으로 인해 7부터 0까지 1씩 감소하는 것과 같이 수학의 패턴과 규칙이 존재한다. 패턴과 규칙은 1씩 거꾸로 세기를 해서 0에 이르게 하는 과정을 하나씩 하나씩 구분 지을 수 있다.
수학적 가능성 "만약에 무엇이라면?": 7에서부터 0까지 하나씩 하나씩 빼기: 이야기는 동일한 줄거리를 유지하면서, 문장 "원숭이가 바나나 1개를 훔쳐서, Handa의 바구니에는 6개의 과일만 남았다"를 포함하면서 다시 이야기로 말할 수 있다. 거꾸로 수 세기: 우리는 처음 시작하는 과일의 수 및 감소하는 크기의 수에 변화를 줄 수 있다. 즉, 1과 1, 2와 2, 5와 5, 10과 10 혹은 임의의 두 수들의 조합을 만들 수 있다. 예를 들면, 14와 2의 수의 조합을 생각하자. 과일은 14개이고, 2씩 감소하는 수이다. 그러면, 동물들이 각각 2개씩의 과일을 훔쳐가고 그 수는 14, 12, 10, 8, 6, 4, 2, 0으로 거꾸로 수를 셀 수 있다. 두 배하기: 만약에 14개의 과일이 있는데, 각각의 동물들이 1개씩 훔쳐갔다고 하면, 바구니에는 7개의 과일이 남아있게 된다. 7과 14 사이의 관계성에 대해 놀이를 할 수 있다. 즉, 7은 14의 반이고, 14는 7의 두 배이다.	

부록 4 이야기 분석표: Pat Hutchins이 쓴 〈The Doorbell Rang〉

<table>
<tr><th colspan="2">이야기 분석표</th></tr>
<tr><td>장소:
부엌</td><td rowspan="8">※ Pat hutchins이 쓴 〈The Doorbell Rang〉
Victoria와 Sam은 12개의 쿠키가 담긴 접시를 받았어요. 각자 6개씩 먹을 수 있겠네요. 2명의 아이들이 문 앞에 도착했어요. 이제 12개의 쿠키와 4명의 아이들이 있으니 1명 당 3개씩 줄 수 있겠네요. 2명의 아이들이 더 왔어요. 이제 6명의 아이들과 12개의 쿠키가 있으니 1명 당 2개씩 줄 수 있겠네요. 6명의 아이들이 더 왔어요. 이제 12명의 아이들과 12개의 쿠키가 있으니 1명 당 1개씩 줄 수 있겠네요. 초인종이 또 울리고 있어요. 어떻게 할까요? 문을 열기 전에 엄마는 아이들에게 쿠키를 하나씩 먹어도 된다고 했어요. 하지만 Sam이 문을 열었어요. 문 앞을 보미 할머니가 커다란 접시에 쿠키를 담아 오셨어요.

삽화
발자국 그림으로 아이들이 점점 많아지는 모습을 보여준다. 쿠키를 나누어 담은 그림을 제시한다. 예를 들어, 12개의 쿠키가 12개의 접시에 1개씩 놓여있다. Sam이 우편함을 통해 마지막에 온 사람을 확인하는 그림이 있다.

이야기와 수학의 관계
삽화는 쿠키를 똑같이 나누어주는 규칙과 관련하여 나눗셈의 아이디어를 보여준다. 이야기의 아이디어에 수학이 풍부하다. 수학적 아이디어를 자연스럽게 표현하는 사례이다.

이야기 속 수학적 아이디어
똑같이 나누어 주는 활동에 근거한 나눗셈(Haylock & Cockburn, 2013).
아이들의 수를 늘려가면서 12를 반복해서 나눈다. 2, 4, 6, 12명의 아이들에게 쿠키를 6, 3, 2, 1개씩 준다. 12개의 쿠키와 아이들의 수 사이에 관계가 있다.
12를 2로 나누어 = 6
12를 4로 나누어 = 3
12를 6으로 나누어 = 2
12를 12로 나누어 = 1
(12명은 이미 부엌에 있었던 6명과 새로 온 2명에 그 사촌 4명 즉, 2+4=6명으로 구성된 것이다.)

이야기 속 수학적 언어
'쿠키를 나누자'; '1명 당 6개씩'; '1명 당 3개씩'; '1명 당 2개씩'; '1명 당 1개씩'; '많이'

수 패턴과 수 관계
이야기를 하면서 12를 4로 나눈 3과 12를 3으로 나눈 4의 관계를 다룰 수 있다. 아이들이 도착하는 방법을 바꾼다면 이러한 패턴을 발견할 수 있다. 2명의 아이들이 있는데 1명이 더 와서 3명이 되었다. 또 초인종이 울려서 1명이 더 와서 4명이 되었다.</td></tr>
<tr><td>등장인물:
Victoria와 Sam</td></tr>
<tr><td>등장인물이 인식한 것:
무슨 일이 일어나고 있는지 파악한다. 마지막에 Sam은 우편함을 통해 밖에 누가 왔는지 볼 수 있다.</td></tr>
<tr><td>시간(환경):
낮, 시간은 정확하지 않음</td></tr>
<tr><td>줄거리(문제):
12개의 쿠키를 아이들과 똑같이 나누어야 하는데, 점점 아이들이 많아지고 결국 1명 당 1개씩도 갖지 못할 위험에 부딪힌다. 마지막에 온 할머니가 쿠키를 더 가져오면서 문제가 해결된다.</td></tr>
<tr><td>시점:
독자</td></tr>
<tr><td>사건(계열):
아이는 12개의 쿠키가 담긴 접시를 받는다. 초인종이 4번 울린다. 마지막 초인종이 울릴 때 엄마는 문 열기 전에 쿠키를 먹자고 제안한다. Sam은 우편함을 통해 밖을 본다. 마지막에 온 사람이 쿠키 접시를 더 가져 왔다.</td></tr>
<tr><td>간단한 소품(이야기와 실세계의 연결):
부엌, 쿠키, 미지의 방문자</td></tr>
</table>

<table>
<tr>
<td>반복(구절):
초인종이 울릴 때마다 엄마는 '할머니처럼 쿠키를 만드는 사람은 없어'라고 말함</td>
<td rowspan="2">쿠키의 개수를 변경하여 나눗셈과 관련된 또 다른 패턴을 만들 수 있다. 16개의 쿠키도 가능하다. 아이들이 도착하는 순서는 다음과 같다. 처음에 2명이 있고, 2명 더 오고, 4명 더 오고, 8명 더 와서 모두 16명이 된다. 2, 4, 8, 16명의 아이들에게 쿠키를 8, 4, 2, 1개씩 줄 수 있다.
16을 2로 나누어 = 8
16을 4로 나누어 = 4
16을 8로 나누어 = 2
16을 16으로 나누어 = 1

쿠키를 20개 바꿀 수 있다.
20을 2로 나누어 = 10
20을 4로 나누어 = 5
20을 5로 나누어 = 4
20을 10으로 나누어 = 2
20을 20으로 나누어 = 1

뺄셈과 나눗셈의 연결
뺄셈과 나눗셈을 함께 하는 방식으로 이야기를 전개할 수 있다. 먹은 쿠키를 빼는 방식으로 패턴을 만들 수 있다. 쿠키 20개를 2명에게 10개씩 나누어 주었는데, 각자가 2개씩 먹어서 20−4=16개의 쿠키가 남았다. 초인종이 울리고 2명의 아이들이 더 왔다. 16개의 쿠키를 4명에게 4개씩 나누어준다. 4명의 아이들이 2개씩 쿠키를 먹어서 16−8=8개의 쿠키가 남는다. 4명의 아이들이 더 온다. 8개의 쿠키를 8명에게 1개씩 나누어주고 각자 1개씩 먹는다.</td>
</tr>
<tr>
<td>시작하는 문장:
'차와 함께 먹을 쿠키를 만들었어.'엄마가 말했어요.</td>
</tr>
<tr>
<td colspan="2">수학적 가능성 "만약에 무엇이라면?":
만약 2, 4, 6, 12명의 아이들이 아니라 1, 3, 5명의 아이들이 들어 왔다면(짝수가 아니라 홀수)?
만약 쿠키가 15개였다면?
만약 초인종이 울리고 아이들이 집을 나간다면?
만약 할머니가 가져오신 접시에 담긴 쿠키를 세어보고 이를 12개에 더해서 12명의 아이들과 어른 2명에게 나누어준다면?</td>
</tr>
</table>

부록 5 이야기 분석표: Miko Imai가 쓴 〈Little Dumpty〉

<table>
<tr><th colspan="2">이야기의 구조와 요약</th></tr>
<tr><td>장소:
Humpty Dumpty가 떨어졌던 Dumpty 마을

등장인물:
Little Dumpty

등장인물이 인식한 것:
Dumpty는 벽의 꼭대기에 있을 때, 두려움을 바로 느끼지는 않았다.

시간(환경):
늦은 오후

줄거리(문제):
Dumpty는 벽에 올라가야겠다는 생각을 한다. 그는 올라갔지만 내려올 수는 없었다. 그리고 구조될 필요가 생겼다.

관점:
Little Dumpty

사건(계열):
방과 후 Dumpty는 사다리를 발견한다. 그는 벽을 오른다. 그는 내려오려고 하면서 극심한 두려움을 느낀다. 마을 사람들이 담요를 가져오고, 그는 구조된다. 두려웠던 사건에도 불구하고, 그는 여전히 벽을 좋아한다.</td>
<td>※ Miko Imai이 쓴 〈Little Dumpty〉
Dumpty라는 작은 마을에 높은 벽이 있었어요. Humpty Dumpty는 아주 오래 오래 전에 벽에서 떨어졌어요. 그렇지만 사람들은 아직도 그를 기억하고 있어요.
매일 어린이들은 벽 근처에서 놀면서 노래를 해요.
“Humpty Dumpty는 벽에 앉아 있었다네. Humpty Dumpty가 쿵하고 떨어졌다네.”
Little Dumpty는 벽을 좋아했고, 항상 벽의 꼭대기에 오르는 것을 꿈꾸었어요.
Dumpty의 엄마는 “절대 올라가서는 안 돼. 왕의 기마병들과 왕의 신하들이 달려왔지만 산산 조각난 Humpty Dumpty를 다시 붙일 수 없었어.”라고 말했다.
그렇지만 꼬마 Dumpty는 벽에 대한 생각을 멈출 수 없었어요. 하루는 학교에서 집으로 가는 길에 기다란 사다리를 보았고, 사다리를 벽으로 끌고 갔어요.
그는 사다리를 오르고, 오르고, 또 올랐어요.
드디어 꼭대기에 올랐어요. “아! 저기가 우리 집이네! 저기는 우리 학교네! 구름까지도 거의 닿을 것 같아!”
Dumpty는 너무 행복해서 줄타기 곡예사와 같이 벽 위에서 춤을 추었어요.
“지금 내 친구들이 나를 볼 수만 있다면!”
그리고 Little Dumpty는 아래를 보았어요. 그렇지만 아래를 본 것은 아주 큰 실수였어요. 그의 다리는 흔들리고 떨리기 시작했어요.
“아! 안 돼. 사다리로 돌아갈 수 없을 것 같아.”
“저녁 시간까지 집에 못가면 어떻게 하지?”
날은 어두워지기 시작했고, Little Dumpty는 Humpty Dumpty에게 일어났던 일을 기억했어요. 그는 큰 소리로 도움을 요청했어요. 마을 사람들이 담요를 잡고 넓게 흩어졌어요. 그는 담요 위에서 세 번 튀어 올랐어요. 그는 엄마에게 벽의 꼭대기에서 어떤 것을 보았는지 말했어요. 그리고 Little Dumpty는 달님에게 자신이 벽을 아직도 좋아한다고 말하고는 잠이 들었어요.

삽화
높은 벽에 대한 아이디어를 제시한다. 분필로 쓴 낙서를 Dumpty가 지우는 그림을 보여주면서 Dumpty가 벽을 좋아한다는 것에 대해 의견을 나눈다. 높은 꼭대기에서 본 경치는 두려움을 느끼게 된다는 방식으로 설명한다. Dumpty가 침대에 잠들어 있는 그림을 보면서 집으로 안전하게 돌아왔다는 것을 안다.</td></tr>
</table>

간단한 소품(이야기와 실세계의 연결):
아무것도 하지 말라는 어른의 경고. 사다리. 건물(학교) 소품을 인식하기. 홍차와 비스킷. 침대의 안락함과 작은 장난감.

반복(구절):
유아 리듬과 관련된 익숙한 구절
"Humpty Dumpty가 벽에 앉아 있었다네.
Humpty Dumpty가 쿵 하고 떨어졌다네."

시작하는 문장:
"Dumpty라는 작은 마을에 높은 벽이 있었어요."

이야기와 수학과의 관계
이야기는 단순하다. 올라가지 말라는 경고에도 불구하고 올라가기 시작한다. Dumpty는 내려오려고 하면서 극심한 공포를 느끼고 경고의 의미를 알게 된다. 스토리는 수학적 아이디어로 가득 차 있다.
다음의 수학적 아이디어가 이야기에서 이끌어진다. 벽의 높이, '아주, 아주 오래 전'이라는 역사적 시간(Humpty가 떨어진 역사적 사건), 하루 동안의 시간의 변화(저녁시간이 되고 점점 어두워짐), 기다란 사다리의 길이, 위, 꼭대기, 멀리 바라본 경치(높은 곳에서 아래를 보는 것), 아래, 벽의 꼭대기를 가로질러서 사다리까지의 거리, 담요의 크기(길이), 펼쳐진 넓이와 팽팽하게 당기기, 벽의 바닥, 담요를 잡고 있는 사람의 수(4개의 변×각 변에 3명=총 12명), '한 번, 두 번, 세 번' 튀어오르기.

이야기 속의 수학적 언어
'길이', '위', '꼭대기', '아래', '바닥', '한 번', '두 번', '세 번'

수 패턴과 관계
이야기와 수학적 아이디어 사이에는 조화로운 관련성이 있다. Dumpty가 '한 번, 두 번, 세 번 튀어 오르고, 담요 위에 안전하게 멈출 때까지' 수 패턴이 존재한다. 수학적인 가능성을 발견할 기회를 가지면서 이야기의 줄거리가 지속된다.

어떤 수의 배수로 세기
사다리의 가로대 간 거리와 벽의 벽돌의 수 사이의 관계를 설명할 수 있다. 이러한 관계는 어떤 수의 배수로 수를 세는데 사용될 수도 있고, 벽의 높이를 벽돌의 개수로 계산하는데 사용될 수도 있다.
사다리의 각각의 가로대 사이의 거리가 벽돌 2개와 같다면 어떻게 될까? Little Dumpty가 사다리의 가로대를 오를 때마다 벽돌 2개씩 오르게 되면서 2의 배수로 수세기를 할 기회를 갖게 된다. 사다리에 12개의 가로대가 있고 Little Dumpty가 벽의 꼭대기에 오르게 된다면, 수세기는 2, 4, 6, 8, 10, 12, 14, 16, 18, 20, 22, 24와 같이 이루어질 수 있다. 사다리의 가로대를 오를 때마다 Little Dumpty가 벽돌 5개씩 오르게 된다면 5의 배수로 수세기를 할 기회를 갖게 되며, 5, 10, 15, 20, 25, 30, 35, 40, 45, 50, 55, 60과 같이 수세기를 하게 된다.

수학적 가능성 "만약에 무엇이라면":

수세기 패턴(앞으로 세기와 뒤로 세기)
하나씩 수세기: 만약 사다리의 가로대 사이의 거리가 벽돌 하나의 높이와 같다면 어떻게 될까? 이야기를 재구성한다면 Dumpty는 사다리를 오르면서 1, 2, 3, 4, 5, 6, 7, 8, 9, 10, 11, 12와 같이 수세기를 할 수 있다.
어떤 수의 배수로 수세기: 만약 사다리의 가로대 사이의 거리가 벽돌 2개의 높이와 같다면 어떻게 될까? Dumpty는 사다리를 오르면서 2, 4, 6, 8, 10, 12, 14, 16, 18, 20, 22, 24와 같이 수세기를 할 수 있다.
만약 사다리의 가로대 사이의 거리가 벽돌 5개의 높이와 같다면 어떻게 될까? Dumpty는 사다리를 오르면서 5, 10, 15, 20, 25, 30, 35, 40, 45, 50, 55, 60과 같이 수세기를 할 수 있다.

곱셈:
만약 한 줄에 벽돌이 5개씩 있다면 어떻게 될까? 5개씩 한 무더기는 5개, 5개씩 두 무더기는 10개, 5개씩 세 무더기는 15개, 5개씩 네 무더기는 20개, 5개씩 다섯 무더기는 25개, 5개씩 여섯 무더기는 30개, 5개씩 일곱 무더기는 35개, 5개씩 여덟 무더기는 40개, 5개씩 아홉 무더기는 45개, 5개씩 열 무더기는 50개, 5개씩 열한 무더기는 55개, 5개씩 열두 무더기는 60개이다.

부록 6 고릴라 손가락 인형 만들기

필요한 것

- 손가락 인형 견본
- 검은색 펠트 25×30cm (2장)
- 회색 펠트 15×15cm
- 단추 2개
- 솜 (인형 속을 채울 것)

장비

- 바늘
- 실 (검은색, 회색)
- 재봉틀
- 가위
- 핀

1. 검은색 천에 인형본을 대고 2장을 잘라냅니다.

2. 회색 천에 고릴라 얼굴 모양을 대고 잘라냅니다.

3. 회색실로 고릴라 얼굴을 꿰매고 솜을 채울 공간을 남겨둡니다.

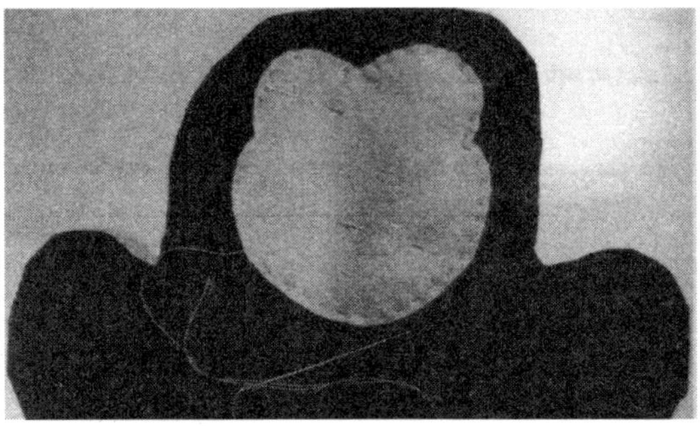

4. 얼굴 아래쪽으로 솜을 넣어 채우고 구멍을 꿰맵니다. 그리고 단추로 눈을 붙이고, 코, 입을 장식합니다.

5. 재봉틀과 검은색 실로 2장의 고릴라 모양 천을 안쪽으로 모양대로 꿰맵니다.

6. 인형을 감싸고 바깥쪽이 나오도록 뒤집습니다.

7. 손가락 인형에 손을 넣고 펴도록 하면, 이제 사용할 준비가 되었습니다.

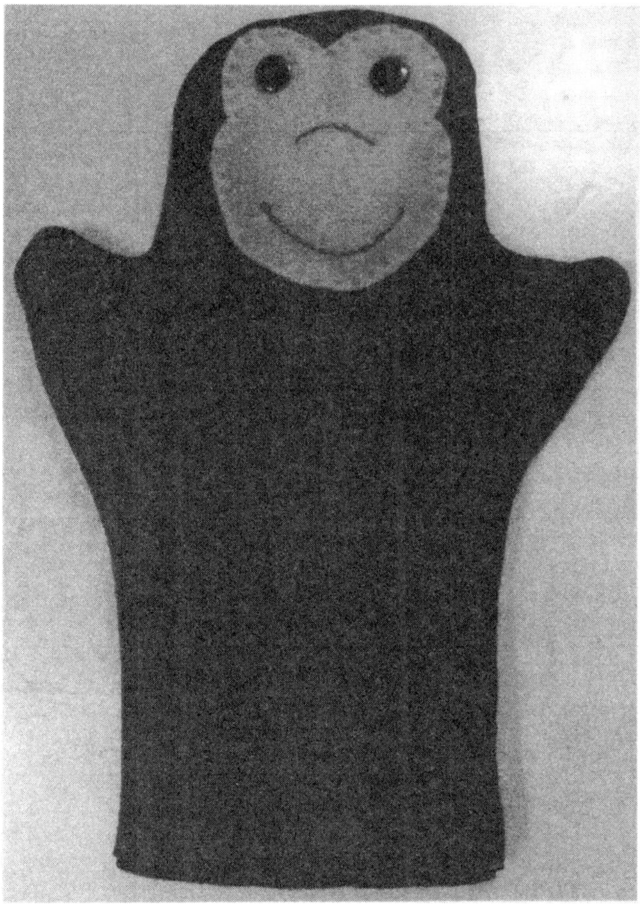

인용문헌

Adcock, R. (2013a) 'Oral Mathematical Story Project: Good Night Gorilla retold by Rachel Adcock'. Audio and video recorded by Caroline McGrath for unpublished thesis, Plymouth University, 14 June.

Adcock, R. (2013b) 'Oral Mathematical Story Project: Discussion about experience creating and using props and puppets'. Interview with Caroline McGrath for unpublished thesis, Plymouth University, 14 June.

Allison, C. (1987) *I'll Tell You a Story, I'll Sing You a Song: A parents' guide to the fairy tales, fables, songs, and rhymes of childhood*. New York: Dell Publishing.

Arnold, K. (1994) *Knock, Knock, Teremok*! New York: North-South Books.

Baxter, J. (2005) 'Some Reflections on Problem Posing: A conversation with Marion Walter', *Teaching Children Mathematics*, 12 (3), October, pp.122–128.

Beck, I. (2004) *The Enormous Turnip*. Oxford: Oxford University Press.

Belsten, R. (2013a) 'Oral Mathematical Story Project: The Shoemaker and the Elves retold by Rebecca Belsten'. Audio and video recorded by Caroline McGrath for unpublished thesis, Plymouth University, 14 June.

Belsten, R. (2013b) 'Oral Mathematical Story Project: Discussion about experience creating and using props and puppets'. Interview with Caroline McGrath for unpublished thesis, Plymouth University, 14 June.

Blake, W. (1905) 'The Tyger', in J. Sampson (ed.) *The Poetical Works of William Blake: A new and verbatim text from the manuscript engraved and letterpress originals*. Oxford: Clarendon Press, pp. 110–111.

Booker, C. (2004) *The Seven Basic Plots: Why we tell stories*. London: Continuum.

Brown, P. (2013a) *Teremok* [oral storytelling to Ashley Down Infants School]. 25 January.

Brown, P. (2013b) Stone Soup [oral storytelling to Ashley Down Infants School]. 25 January.

Brown, P. (2013c) 'Oral Mathematical Storytelling from a Storytellers Perspective'. Interviewed by Caroline McGrath for unpublished PhD thesis. Plymouth University, 13 May.

Brown, P. (2013d) 'Bristol Storytelling Festival'. Bristol, 1 February.

Brown, T. (2003) *Meeting the Standards in Primary Mathematics: A guide to the ITT NC*. London:

Routledge Falmer.

Browne, E. (1998) *Handa's Surprise*. London: Walker Books.

Browne, E. (2013) E-mail to Caroline McGrath, 26 July.

Browne, E. and Parkins, D. (1993) No Problem! London: Walker Books.

Bruner, J. (1986) *Actual Minds, Possible Worlds*. Cambridge: Harvard University Press.

Bryant, S. C. (1947) *How to Tell Stories to Children: And some stories to tell*. London: George G. Harrap and co. Ltd.

Burns, K. (2013a) 'Oral Mathematical Story Project: Discussion about experience including oral story as part of an interview for employment'. Interview with Caroline McGrath for unpublished thesis, 23 July.

Burns, K. (2013b) 'Oral Mathematical Story Project: The Enormous Turnip retelling with a small group'. Audio and video recorded by Caroline McGrath for unpublished thesis, 23 July.

Burns, M. (1994) *The Greedy Triangle*. London: Scholastic.

Burroway, J. (2009) E-mail to Caroline McGrath, July.

Carr, M. (2001) *Assessment in Early Childhood Settings: Learning stories*. London: SAGE Publications Ltd.

Casey, R. (1999) 'A key concepts model for teaching and learning mathematics', Mathematics in School, 28(3): 29–31.

Casey, R. (2011) 'Teaching mathematically promising children', in V. Koshy, and J. Murray (eds) *Unlocking Mathematics Teaching* (2nd edition). Oxon: Routledge, pp.124–150.

Cheshire, L. (2013) 'Oral Mathematical Story Project: Experience as part of the research project'.

Interview with Caroline McGrath for unpublished thesis, 21 June.

Churchill, W. (2005) *Never Give In!: Winston Churchill's greatest speeches* [CD]. BBC Audiobooks Ltd.

Coles, A. (2013a) *Being Alongside: For the teaching and learning of mathematics*. Seminar Graduate School of Education, Bristol University. 6 June

Coles, A. (2013b) 'On Metacognition', *For the Learning of Mathematics*, 33 (1): 21–26.

Corbett, P. (2006) The Bumper Book of Storytelling into Writing Key Stage 1. Wiltshire: Clown Publishing.

Corbett, P. (2007) 'Developing Creative Writing Skills'. Available at http://www.learning-works.org.uk/index.php?id=566 (accessed 19 February 2014).

Craft, A. (2001) *Creativity and Early Years Education: A lifewide foundation*. London: Continuum.

Davies, A. (2007) *Storytelling in the Classroom: Enhancing traditional oral skills for teachers and pupils*. London: Paul Chapman Publishing.

Dodd, L. and Sutton, E. (1978) *My Cat Likes to Hide in Boxes*. London: Penguin.

Egan, K. (1988) *Teaching as Storytelling: An alternative approach to teaching and the curriculum*. London: Routledge.

Fairclough, R. (2011) 'Developing Problem-Solving Skills in Mathematics', in V. Koshy and J. Murray (eds), *Unlocking Mathematics Teaching* (2nd edn). Oxon: Routledge, pp. 84–109.

Fisher, R. (2009) Creative Dialogue: *Talk for thinking in the classroom*. Oxon: Routledge.

Forest, H. (1998) Stone Soup. Arkanas: August House LittleFolk.

Frobisher, L. (1999) 'Primary School Children's Knowledge of Odd and Even Numbers', in O. Orton (ed), *Pattern in the Teaching and Learning of Mathematics*. London: Cassell, pp. 31–48.

Frobisher, L., Monaghan, J., Orton, A., Orton, J., Roper, T. and Threlfall, J. (1999) *Learning to Teach Number: A handbook for students and teachers in the primary school*. Cheltenham: Nelson Thornes.

Gallas, K. (1995) *Talking Their Way Into Science: Hearing children's questions and theories, responding with curricula*. New York: Teachers College Press.

Ginnis, S. and Ginnis, P. (2006) *Covering the Curriculum with Stories: Six cross-curricular projects that teach literacy and thinking through dramatic play*. Wales: Crown House Publishing Ltd.

Grimm Brothers (1995) *The Elves and the Shoemaker*. Stafford: Nutshell Publishing Ltd.

Grugeon, E. and Gardner, P. (2000) *The Art of Storytelling for Teachers and Pupils: Using stories to develop literacy in primary classrooms*. London: David Fulton.

Hartman, B. (2002) *Anyone Can Tell a Story: Bob Hartman's guide to storytelling*. Oxon: Lion Hudson plc.

Haylock, D. (2006) *Mathematics Explained for Primary Teachers* (3rd edn). London: SAGE.

Haylock, D. and Cockburn, A. (2013) *Understanding Mathematics for Young Children* (4th edn). London: SAGE.

Haynes, J. and Murris, K. (2012) *Picturebooks, Pedagogy and Philosophy*. Oxon: Routledge.

Hersh, R. (1998) *What Is Mathematics Really?* London: Vintage.

Hong, H. (1996) 'Effects of Mathematics Learning Through Children's Literature on Math Achieve -ment and Dispositional Outcomes', *Early Childhood Research Quarterly*, (11): 477 –494.

Hughes, M. (1986) *Children and Number: Difficulties in learning mathematics*. Oxford: Blackwell Publishers Ltd.

Hutchins, P. (1986) *The Doorbell Rang*. New York, Greenwillow Books.

Imai, M. (1994) *Little Dumpty*. London: Walker Books.

Keat, J. B. and Wilburne, J. M. (2009) 'The Impact of Storybooks on Kindergarten Children's Mathematical Achievement and Approaches to Learning', *US-China Education Review*, 6 (7) serial no.56 p61–67. Available at http://www.eric.ed.gov/ERICWebPortal/search/detailmini.jsp?_nfpb=true&_&ERICExtSearch_SearchValue_0=ED506319&ERICExtSearch_SearchType_0=no&accno=ED506319 (accessed 6 October 2011).

Kelham, S. (2013a) 'Oral Mathematical Story Project: "My Cat Likes to Hide in Boxes"'. Interview with Caroline McGrath for unpublished thesis, 22 February.

Kelham, S. (2013b) 'Oral Mathematical Story Project: Experience as part of the research project'. Interview with Caroline McGrath for unpublished thesis, 21 June.

Kelham, S. (2013c) 'Oral Mathematical Story Project: "Blue Egg Dinosaur" story telling small group'. Audio and video recorded by Caroline McGrath for unpublished thesis, 21 March.

Kelham, S. (2013d) 'Oral Mathematical Story Project: "Penguin" story telling with small group'.

Audio and video recorded by Caroline McGrath for unpublished thesis, 5 July.

Koshy, V. (2001) *Teaching Mathematics to Able Children*. London: David Fulton.

Kuyvenhoven, J. (2009) *In the Presence of Each Other: A pedagogy of storytelling*. London: University of Toronto Press Incorporated.

Lave, J. and Wenger, E. (1991) *Situated Learning: Legitimate peripheral participation*. Cambridge: Cambridge University Press.

Lewis, K. (1992) *Floss*. London: Walker Books.

Lipke, B. (1996) *Figures, Facts and Fables: Telling tales in science and maths*. Portsmouth NH: Heinemann.

Lipman, D. (1999) *Improving Your Storytelling: Beyond the basics for all who tell stories in work or play*. Arkansas: August House Publishers, INC.

Lord, J. V. and Burroway, J. (1972) *The Giant Jam Sandwich*. Basingstoke: Macmillan Children's Books.

Mason, J. (1989) 'Mathematical Abstraction as a Result of a Delicate Shift of Attention', *For the Learning of Mathematics*, 9 (2): 2–8.

Matterson, E. (1991) *This Little Puffin*. London: Penguin Group.

McGrath, C. (2010) *Supporting Early Mathematical Development: Practical approaches to playbased learning*. Oxon: Routledge.

McGrath, C. (2012a) 'From Posing to Solving', *Early Years Educator*, 14 (4).

McGrath, C. (2012b) 'Problem Posing: Problem solving'. Presentation for Torbay Local Education Authority at Torbay Early Years Maths Conference, Torbay. 12th June.

McGrath, C. (2013) Private notes. Unpublished PhD research thesis. Plymouth University.

McGrath, C. (2014) 'Mathematical Storyteller Kings and Queens: An alternative pedagogical choice to facilitate mathematical thinking and understand children's mathematical capabilities', in S. Chinn (Ed.), *The International Handbook for Mathematical Difficulties and Dyscalculia*. Oxon: Routledge.

McQuillan, M. (ed.) (2000) *The Narrative Reader*. London: Routledge.

Mercer, N. (2000) *Words and Minds: How we use language to think together*. London: Routledge.

Merttens, R. (1987) *Teaching Primary Mathematics*. London: Edward Arnold.

Naik, M. (2013) 'Mathematics', in R. Jones and D. Wyse (eds), *Creativity in the Primary Curriculum* (2nd edn). Oxon: Routledge, pp. 33–49.

Oxford Dictionary (2012) *Paperback Oxford English Dictionary* (7th edn). Oxford: Oxford University Press.

Paley, V. G. (1981) *Wally's Stories: Conversations in the kindergarten*. London: Harvard University Press.

Paley, V. G. (1999) *The Kindness of Children*. London: Harvard University Press.

Parkinson, R. (2011) *Storytelling and Imagination: Beyond basic literacy 8–14*. Oxon: Routledge.

Play for Tomorrow (1991) BBC Television (date of transmission unknown).

Polya, G. (1945) *How to Solve It: A new aspect of mathematical method* (2nd edn). Princeton, NJ: Princeton University Press.

Pound, L. (2006) *Supporting Mathematical Development in the Early Years* (2nd edn). Berkshire:

Open University Press.

Pound, L. (2008) *Thinking and Learning about Mathematics in the Early Years*. Oxon: Routledge.

Pound, L. and Lee, T. (2011) *Teaching Mathematics Creatively*. Oxon: Routledge.

Pratt, N. (2006) *Interactive Maths Teaching in the Primary School*. London: Paul Chapman.

Ransome, A. (2003) *Old Peter's Russian Tales*. London: Jane Nissen Books.

Rathmann, P. (2012) *Good Night Gorilla*. London: Egmont.

Rayner, C. (2008) *Augustus and His Smile*. London: Mantra Lingua.

Rogoff, B. (2003) *The Cultural Nature of Human Development*. Oxford: Oxford University Press.

Schiro, M. (2004) *Oral Storytelling and Teaching Mathematics: Pedagogical and multicultural perspectives*. California: SAGE.

Shakespeare, W. (2009) 'The Tempest' in Knowles, E. *Oxford Dictionary of Quotations* (7th edn). Oxford: Oxford University Press, pp. 733–734.

Smith, C. (2007) *One City, Two Brothers*. Bath: Barefoot Books.

Stanford, P. (2012) 'Stop Telling Children Maths Isn't for Them', *Telegraph Weekend* (Saturday), 20 October, p.13.

Suggate, J., Davis, A. and Goulding, M. (2006) *Mathematical Knowledge for Primary Teachers* (3rd edn). Oxon: Routledge.

Suggate, J., Davis. A. and Goulding, M. (2010) *Mathematical Knowledge for Primary Teachers* (4th edn). Oxon: Routledge.

Talk for Writing (2008) Presented by P. Corbett [DVD]. Nottingham: DCSF Publications.

The Book of LIEH-TZU: A Classic of the Tao (1990) Translated by A. C. Graham. London: HarperCollins, pp. 99–101.

Toy Hong, L. (1993) *Two of Everything*. Chicago, IL: Albert Whitman and Company.

Van den Heuvel-Panhuizen, M. and Elia, I. (2012) 'Developing a Framework for the Evaluation of Picturebooks That Support Kindergartners' Learning of Mathematics', *Research in Mathematics Education*, 14 (1): 17–47. University of Plymouth. Available at http://dx.doi.org/ 10.1080/14794802.2012.657437 (accessed 19 February 2014).

Van den Heuvel-Panhuizen, M. and Van den Boogaard, S. (2008) 'Picture Books as an Impetus for Kindergartners' Mathematical Thinking', *Mathematical Thinking and Learning*, 10 (4): 341–373. University of Plymouth. Available at http://dx.doi.org/10.1080/ 10986060802425539 (accessed 19 February 2014).

Vygotsky, L. (1978) *Mind in Society: The development of higher psychological processes*. Translated by M. Cole, V. John-Steiner, S. Scribner and E. Souberman (eds), London: The MTI Press.

Walker, B. (1975) *We Made a Story*. London: J. Garnet Miller Ltd.

Walshe, L. (2013) 'Oral Mathematical Story Project: Discussion after Little Dumpty'. Interview with Caroline McGrath for unpublished thesis, 23 November.

Weaver, S. (2013) 'Number Stories' [Lecture to Foundation Degree Early Childhood Studies year one]. 21 November.

Welchman-Tischler, R. (1992) *How to Use Children's Literature to Teach Mathematics*. USA: The National Council of Teachers of Mathematics.

Wye, C. (2013a) ‘Oral Mathematical Story Project’. Telephone interview with Caroline McGrath for unpublished thesis, Plymouth University, 24 July.

Wye, C (2013b) ‘Training Oral Story: Augustus retold by Cassandra Wye’ [Lecture to Foundation Degree Early Childhood Studies year one]. 30 January.

Wye, C. (2013c) ‘Oral Mathematical Story Project: The Man Who Moved a Mountain’ [Lecture to Foundation Degree Early Childhood Studies year one]. 29 January.

Yeats, W. B. (1912) *Poems*. London: T. Fisher Unwin Ltd.

Yeats, W. B. (1928) *The Tower*. London: Macmillan and Co. Ltd.

참고문헌

Boaler, J. (2009) *The Elephant in the Classroom: Helping children learn and love maths*. London: Souvenir Press Ltd.

Boden, M. A. (2001) 'Creativity and Knowledge', in A. Craft, B. Jeffrey and M. Leibling (eds), *Creativity in Education*. London: Continuum, pp.95-102.

Brizuela, B. (2004) *Mathematical Development in Young Children Exploring Notations*. New York: Teachers College Press.

Bruce, T. (2001) *Learning through Play: Babies, toddlers and the foundation years*. London: Hodder Arnold.

Bruce, T. (2011) *Cultivating Creativity for Babies, Toddlers and Young Children*. London: Hodder Education.

Carlsen, M. (2013) 'Engaging with mathematics in the kindergarten. Orchestrating a fairy tale through questioning and use of tools', *European Early Childhood Education Research Journal*, 21(4), 502-513.

Clemson, D. and Clemson, W. (1994) *Mathematics in the Early Years*. London: Routledge.

Egan, K. (1989) *Memory, Imagination and Learning: Connected by the story*. Available at http://www.educ.sfu.ca/kegan/MemoryIm.html (accessed 31 March 2014).

Eun, B. (2010) 'From Learning to Development: A sociocultural approach to instruction', *Cambridge Journal of Education*, 40 (4): December 2010, pp. 401-418.

Fox, C. (1995) 'Storytelling at Home and at School', in R. Campbell and L. Miller (eds), *Supporting Children in the Early Years*. Staffordshire: Trentham Books Ltd.

Fox, C. (2003) 'Playing the Storyteller: Some principles for learning literacy in the early years of schooling', in N. Hall, J. Larson and J. Marsh (eds), *Handbook of Early Childhood Literacy*. London: SAGE, pp.189-196.

Gamble, N. and Yates, S. (2008) *Exploring Children's Literature* (2nd edn). London: SAGE Publications Ltd.

Garvey, C. (1984) *Children's Talk*. Oxford: Fontana Paperbacks. (The Developing Child).

Griffiths, N. (2007) *Stories Can be Counted on! Ideas for developing mathematics through story*. Wiltshire: Corner to Learn.

Haringham (2001) 'Effective Teaching and Learning: The role of the creative parent-teacher', in A. Craft, B. Jeffrey and M. Leibling (eds), *Creativity in Education*. London: Continuum, pp.152-157.

Haylock, D., and Thangata, F. (2007) *Key Concepts in Teaching Primary Mathematics*. London: SAGE Publications.

Hobart, C. and Frankel, J. (2004) *A Practical Guide to Child Observation and Assessment* (3rd edn). Cheltenham: Nelson Thornes.

Holt, M., and Dienes, Z. (1973) *Let's Play Maths*. Middlesex: Penguin Books.

Hughes, M. (1996) *Progression in Learning* (BERA Dialogues) (ed). Clevedon: Multilingual Matters.

Hughes, M. Desforges, C. and Mitchell C. (2000) *Numeracy and Beyond: Applying mathematics in the primary school*. Buckingham: Open University Press.

Jack, A. (2010) *Pop Goes the Weasel: The secret meanings of nursery rhymes*. London: Penguin.

Joubert, M. (2001) 'The Art of Creative Teaching: NACCCE and beyond', in A. Craft, B. Jeffrey and M. Leibling (eds), *Creativity in Education*. London: Continuum, pp.17-34.

Kline, M. (1987) *Mathematics in Western Culture: A fascinating assessment of a science that has contributed immeasurably to our civilization*. London: Penguin Books.

Koshy, V. and Murray, J. (2011) *Unlocking Mathematics Teaching* (2nd edn). Oxon: Routledge.

Kozulin, A. (1990) *Vygotsky's Psychology: A biography of ideas*. Hertfordshire: Harvester Wheatsheaf.

Leeper, M. (2011) 'Life in Another Language', *Early Years Educator*, 12 (12): April, pp.v-vii.

MakeBelieve Arts (2002) *Our Philosophy: The unique power of story*. Available at http://www.makebelievearts.co.uk/Information/About+Us/Our+Philosophy (accessed 31 March 2014).

Merttens, R., (2009) Ruth Merttens Describes the New Maths Teaching Sequence. Available at http://www.hamilton-trust.org.uk/standard.asp?id=8995 (accessed 19 February 2014).

National Advisory Committee on Creative and Cultural Education (1999) *All Our Futures: Creativity, culture and education*. Suffolk: DfEE Publications.

Ong, J. (2002) *Orality and Literacy: The technologizing of the word*. London: Routledge.

Palmer, S. and Corbett, P. (2003) *Literacy: What Works? The golden rules of primary literacy and how you can use them in your classroom*. Cheltenham: Nelson Thornes.

Pimm, D. (1987) *Speaking Mathematically: Communication in mathematics classrooms*. London: Routledge and Kegan Paul.

Pratt, N. (2011) 'Mathematics outside the classroom', in S. Waite (Ed.), *Children Learning Outside the Classroom: Birth to Eleven*. London: SAGE Publications, pp.80–93.

Razfar, A. and Gutierrez, K. (2003) 'Reconceptualising Early Childhood Literacy: The sociocultural influence', in N. Hall, J. Larson and J. Marsh (eds) *Handbook of Early Childhood Literacy*. London: SAGE, pp. 34–49.

Roemer, M. (1995) *Telling Stories: Postmodernism and the invalidation of traditional narrative*. London: Rowman and Littlefield Publishers

Rowland, T., Turner, F., Thwaites, A. and Huckstep, P. (2009) *Developing Primary Mathematics Teaching*. London: SAGE.

Schoenfeld, A. (1996) 'In Fostering Communities of Inquiry, Must It Matter That the Teacher Knows "the Answer"?', *For the Learning of Mathematics*, 16 (3), 11–16.

Sfard, A. and Kieran, C. (2001) 'Cognition as Communication: Rethinking Learning-by-Talking through Multi-Faceted Analysis of Students' Mathematical Interactions', *Mind, Culture, and Activity*, 8 (1), 42–76.

Smidt, S. (2009) *Introducing Vygotsky: A guide for practitioners and students in early years education*. Oxon: Routledge.

Stevenson, P. (2013) *Tales from Smugglers Cove* [storytelling to public]. 31 July.

Treffers, A., and Beishuizen, M. (1999) 'Realistic Mathematics Education in the Netherlands', in I. Thompson (Ed.) *Issues in Teaching Numeracy in Primary Schools*. Buckingham: Open University Press, pp.27–38.

University of Cambridge (2014) *Dramatic Mathematics: nrich.maths.org*. Available at http://nrich.maths.org/2433/index (accessed 31 March 2014).

Vygotsky, L. (1934) *Thought and Language*. Translated by A. Kozulin (Ed.). London: The MTI Press.

Wertsch, J. V. (1991) *Voices of the Mind: A sociocultural approach to mediated action*. Cambridge, MA: Harvard University Press.

Wye, C. (2005) *The Story Pot Storytelling with Early Years*. Available at http://www.storiesinmotion.co.uk/The_Story_Pot_storytelling_with_Early_Years.pdf (accessed 31 March 2014).

Zipes, J. (2006) *Why Fairy Tales Stick: The evolution and relevance of a genre*. Oxon: Routledge. Childrens' books referenced

어린이책 참고문헌

Arnold, K. (1994) *Knock, Knock, Teremok!* New York: North-South Books.

Beck, I. (2004) *The Enormous Turnip*. Oxford: Oxford University Press.

Browne, E. (1998) *Handa's Surprise*. London: Walker Books.

Browne, E. and Parkins, D. (1993) *No Problem!* London: Walker Books.

Burns, M. (1994) *The Greedy Triangle*. London: Scholastic.

Dodd, L. and Sutton, E. (1978) *My Cat Likes to Hide in Boxes*. London: Penguin.

Forest, H. (1998) *Stone Soup*. Arkanas: August House LittleFolk.

Grimm Brothers (1995) *The Elves and the Shoemaker*. Stafford: Nutshell Publishing Ltd.

Hutchins, P. (1986) *The Doorbell Rang*. New York, Greenwillow Books.

Imai, M. (1994) *Little Dumpty*. London: Walker Books.

Lewis, K. (1992) *Floss*. London: Walker Books.

Lord, J. V. and Burroway, J. (1972) *The Giant Jam Sandwich*. Basingstoke: Macmillan Children's Books.

Matterson, E. (1991) *This Little Puffin*. London: Penguin Group.

Ransome, A. (2003) *Old Peter's Russian Tales*. London: Jane Nissen Books.

Rathmann, P. (2012) *Good Night Gorilla*. London: Egmont.

Rayner, C. (2008) *Augustus and His Smile*. London: Mantra Lingua.

Smith, C. (2007) *One City, Two Brothers*. Bath: Barefoot Books.

Toy Hong, L. (1993) *Two of Everything*. Chicago, IL: Albert Whitman and Company.

찾아보기

Teaching Mathematics through Story: A creative approach for the early years
by Caroline McGrath

이야기를 활용한 수학 교수

지은이 캐롤린 맥그래스
옮긴이 김진호 · 박만구 · 박문환 · 서보억 · 이동환
펴낸이 조경희
펴낸곳 경문사
펴낸날 2017년 3월 2일 1판 1쇄
등 록 1979년 11월 9일 제 313-1979-23호
주 소 04057, 서울특별시 마포구 와우산로 174
전 화 (02)332-2004 팩스 (02)336-5193
이메일 kyungmoon@kyungmoon.com
facebook facebook.com/kyungmoonsa

값 16,000원

ISBN 979-11-6073-008-1